SONT-ILS MORTS POUR RIEN ?

JEAN LACOUTURE
JEAN-CLAUDE GUILLEBAUD

SONT-ILS MORTS POUR RIEN ?

Un demi-siècle d'assassinats politiques

ÉDITIONS DU SEUIL
*27, rue Jacob, Paris VIe*

COLLECTION « L'HISTOIRE IMMÉDIATE »
DIRIGÉE PAR JEAN-CLAUDE GUILLEBAUD

ISBN 978-2-02-099832-1

www.editionsduseuil.fr

Pour Anne de Cazanove, notre amie.

Introduction

Comme pour compenser l'apparente atténuation du tragique planétaire due à l'espacement des conflits militaires entre grandes puissances, le déclin des idéologies les plus militantes et la fin des guerres coloniales, l'assassinat politique a pris depuis un demi-siècle une place majeure dans les relations internationales – des États-Unis à l'Inde, du Proche-Orient à la Russie.

Les auteurs de ce livre ne se proposent pas d'apporter de nouvelles révélations sur les crimes de cette nature perpétrés au cours des dernières décennies – ni d'établir une corrélation entre la justesse d'une cause et la haine meurtrière qu'elle engendre : le poignard de Brutus ne fait pas de César un « juste », et Marat meurt de la main d'un être plus honorable que lui.

Ce qui sera examiné ici, c'est moins la genèse du crime, les circonstances de son accomplissement, le passage de la justice, que les conséquences de ces forfaits. La question posée sera surtout celle de l'efficacité, on n'ose pas dire du « rendement » historique de l'attentat, en tant que donnée de la vie publique, nationale ou internationale. Celle qu'aurait eue, si Bonaparte n'en avait réchappé, l'attentat de la rue Saint-Nicaise – ou la vengeance expéditive d'un membre de la SA liquidant Hitler après la « Nuit des longs couteaux ».

Dans quelle mesure les balles qui ont frappé le président Kennedy le 22 novembre 1963 à Dallas ont-elles changé l'histoire des États-Unis – c'est-à-dire du monde ? Ou celles qui ont abattu quatre ans plus tard Martin Luther King ? En quoi l'assassinat d'Yitzhak Rabin a-t-il ruiné les perspectives de paix au Proche-Orient, ou celui d'Aldo Moro achevé de démasquer la folie du terrorisme rouge dans les années 1970 en Europe ?

Il s'agira moins ici de description des faits ou même d'évaluation des mobiles que de mesure des conséquences de ces actions à tous égards criminelles. De l'assassinat considéré comme un argument politique, comparé à l'élection, à l'émeute ou à la corruption.

Si Machiavel ose aborder le sujet sans trembler, peu l'ont imité – bien que l'assassinat, comme argument du prince, ou de ses contestataires, ne cesse de hanter les annales politiques et diplomatiques. Assez pour que l'on y voie une donnée permanente des relations publiques.

L'expérience et la culture des auteurs les ont conduits à limiter leur étude à des « cas » qui ont marqué le dernier demi-siècle, dont ils ont été des témoins responsables. On n'évoquera donc ici ni Jaurès ni le Mahâtmâ Gandhi. Mais la rage des hommes (parfois très lucide) n'aura pas laissé depuis lors de donner matière aux enquêteurs.

Jean Lacouture, Jean-Claude Guillebaud

22 novembre 1963

John Kennedy : les portes de la guerre…

L'horreur, ressentie d'emblée, partout, fut assortie d'une claire conscience du caractère historique de l'événement, mais non de sa signification – et moins encore de ses origines : « Le 22 novembre 1963, écrit le grand sociologue Michel Crozier, éclairé par de longues années d'enseignement aux États-Unis, le tragique saisit l'Amérique. Selon un sondage digne de foi, plus de la moitié des Américains furent la proie de troubles psychologiques dans les heures qui suivirent l'assassinat de John F. Kennedy. L'Amérique heureuse sur laquelle s'interrogeait Simone de Beauvoir avait vécu. Un héros solitaire était venu, bravant le destin, et y avait laissé la vie… Entré dans le mythe, il symbolisait les catastrophes à venir [1]. »

Dans l'immense biographie du président assassiné qu'il a publiée en 2004, désormais tenue pour l'ouvrage de référence [2], Robert Dallek soutient que la mort de leur trente-cinquième président « frappa les Américains plus qu'aucun autre événement depuis l'agression de Pearl Harbour » qui, en 1941, avait jeté leur pays dans la guerre, « plus même que l'assassinat d'Abraham Lincoln ». Il cite le grand historien anglais Isaiah Berlin, qui juge le crime « aussi important que l'eût été l'assassinat de Franklin Roosevelt en 1933 » – au temps où les fascismes préparaient la conquête de l'Europe…

À l'épouvante et au deuil se mêle bientôt le soupçon relatif à la version officielle des circonstances du drame, qu'exprime notamment un observateur étranger comme Michel Winock, dans *Esprit*, parlant de « la troublante impuissance de l'Administration américaine à

1. *Le Mal américain*, Fayard, 1980, p. 95.
2. *An Unfinished Life, John F. Kennedy*, Little Brown, Boston.

faire la lumière sur le forfait [...] qui permet d'imaginer quel stock de haines, de violences, de corruption, pèse encore sur la société politique américaine. Le crime de Dallas étend encore sur le monde l'ombre du mal».

Cette ombre ne va cesser de s'épaissir, très vite dénoncée par les meilleurs observateurs américains, qui parlent non d'«impuissance», mais de complicités, en raison de l'insistance des divers détenteurs du pouvoir de Washington à accréditer la fable du tireur isolé, marginal, divaguant, le dénommé Lee Harvey Oswald. Cet ancien «marine» ayant un temps «choisi l'URSS», marié à une Soviétique, qui a fait l'acquisition d'une carabine huit jours avant le crime, est supposé avoir été laissé par le FBI libre de circuler à sa guise aux approches du parcours présidentiel, un fusil sous le bras ; et, ainsi équipé, de pénétrer dans un bâtiment officiel, la bibliothèque municipale, située sur ce même itinéraire.

Réputé médiocre tireur, doté d'une arme peu sûre, Oswald aurait atteint trois fois une cible mouvante située à plus de cent mètres, en contrebas... Version des faits déjà extraordinaire, que la Commission d'enquête ne critiquera pas sérieusement, refusant de tenir compte d'un film alors tourné par un amateur nommé Zabruder et des versions de plusieurs autres témoins, qui donnent à penser que le coup mortel aurait pu partir d'un terre-plein situé face à la victime...

Là où l'affaire devient vraiment rocambolesque, c'est quand, deux jours après son crime, le nommé Lee Harvey Oswald est prestement arraché aux investigations de la justice par le coup de feu d'un truand répondant au nom de Ruby, notoirement manipulé par la police locale... Truand à l'âme assez délicate pour affirmer qu'il a abattu le prisonnier parce qu'il ne pouvait supporter l'idée de voir Mme Kennedy assister au procès de l'assassin de son mari. De la balle magique au voyou miséricordieux... L'«ombre du mal» ne cesse de s'allonger, de crime en crime et de camouflage en provocation.

Si une majorité de citoyens américains oscillant entre 60 et 80 % se refusent depuis quarante ans à ajouter foi à cette fable que prétendit accréditer une commission présidée par le plus prestigieux des magistrats de ce pays, expressément missionné pour ce faire par le nouveau Président, c'est simplement parce qu'elle est peu crédible.

Si beaucoup se résignèrent – la famille Kennedy comprise – à y voir ou à en faire le dénouement officiel de la tragédie, c'est parce que ce tissu d'invraisemblances aurait permis de faire l'économie de développements plus tragiques.

Dans la biographie déjà citée, écrite des décennies plus tard et à l'issue d'années d'enquêtes et de critiques des rapports des deux commissions parlementaires responsables (Warren et Stokes), Robert Dallek se réfère à celui qui est devenu, le 22 novembre 1963, peu après 13 heures, le personnage central du débat : le nouveau président Lyndon B. Johnson, présenté comme le premier des tenants de la théorie du complot dont l'origine ne saurait être, à ses yeux, qu'extérieure aux États-Unis…

D'abord persuadé (au moins le laisse-t-il entendre…) que le crime est le fait de Vietnamiens impatients de venger l'assassinat du président Ngô Dinh Diêm, perpétré trois semaines plus tôt, non sans complicités américaines, le successeur de John Kennedy l'impute ensuite à des Cubains anti-castristes, avant d'y voir une « opération communiste ». D'où les démarches qu'il multiplie pour étouffer l'affaire afin de sauver la paix…

En vue de convaincre le grand juriste Earl Warren de présider la commission d'enquête qu'appelle l'opinion, Lyndon Johnson fera valoir qu'il importe avant tout de mettre hors de cause Khrouchtchev et Castro pour « éviter un conflit nucléaire ». Afin d'associer le sénateur Russell à ces travaux, le Président ira même jusqu'à prétendre que mettre en cause « M^{r} K » ou Fidel pourrait provoquer la mort de « quarante millions d'Américains [1] ». On convient qu'à partir de ces données, étouffer l'affaire, ou la réduire aux coups de folie d'un personnage lunaire et d'un truand sentimental tels qu'Oswald et Ruby, était faire œuvre pie.

Ignorant les réactions de rejet de l'acte du 22 novembre et de regret du disparu de la part des deux présumés coupables (celle notamment de Castro enregistrée par Jean Daniel, témoin direct de l'affliction du « leader » cubain qu'il fit connaître aussitôt dans un article de la revue américaine *New Republic*, et aussi celle de Khrouchtchev, qu'un

1. Robert Dallek, *op. cit.*, p. 11.

de ses collaborateurs a décrit, rapporte Pierre Salinger, bouleversé, errant à travers les bureaux du Kremlin…), on préféra s'en tenir à la dénonciation du tueur déséquilibré : c'est le mot en usage dans ces circonstances.

Après des centaines d'autres, et pour tenter de découvrir la signification et surtout les conséquences du crime de Dallas, on se lancera sur la piste du ou des coupables, inspiré par le vieil adage « *Is fecit cui prodest* » (« A agi celui à qui l'acte profite »), qui a le mérite de souder un acte à ses conséquences.

Une saga d'immigrants catholiques

Comme toutes les histoires de « clan », celle des Kennedy était porteuse de tragédies. De la pathétique émigration irlandaise qui, au milieu du XIXe siècle, jette dans la périphérie de Boston des milliers de familles éperdues, démunies et méprisées, émergent entre autres deux familles, les Fitzgerald et les Kennedy, passées en un demi-siècle de la limonade au whisky, de la banque à la mairie de leur ville d'accueil et au Parlement du Massachusetts. Cette saga d'immigrants catholiques détrônant les « brahmanes » de la cité de Henry James était de nature à susciter beaucoup plus que de la jalousie.

Ce type de progression d'une famille catholique irlandaise à travers la société américaine n'est pas unique. Exceptionnelle tout de même, elle est propre à persuader les héritiers que tout est possible dans une société ouverte à l'entreprise – douteuse, sulfureuse ou non. La lutte pour la vie des Irlandais du ghetto catholique de Boston ouvre bien des perspectives, et fait taire bien des scrupules. Surtout quand, conduite par Joe Kennedy, le père de John, elle prend la forme de la conquête du pouvoir à tous les échelons, de la banque au cinéma et à la politique. Il faut imaginer les rancunes suscitées par l'extraordinaire faveur dont jouit auprès de Roosevelt Joe Kennedy, qui se voit tour à tour chargé par l'inventeur du *New Deal* de contrôler les opérations des banques new-yorkaises (« Le renard dans le poulailler », grince-t-on) et, plus étonnant encore, d'être son ambassadeur à Londres. Magnifique revanche pour le petit-fils des émigrants irlandais que de pénétrer ainsi à la cour de St James... Joe Kennedy en fait un fâcheux usage, en multipliant les manifestations d'« *appeasement* » à l'égard du nazisme – au point de voir Winston Churchill réclamer à Roosevelt son rappel...

Que de rancunes, déjà, et de soif de revanche autour d'eux... En attendant la tragédie de Dallas, le fils aîné, porteur de toutes les espérances du père qui lui a donné son prénom, Joseph, disparaît en 1943. Engagé dans l'US Air Force, il est abattu au cours d'une opération dans le ciel d'Angleterre. Le cadet, John, le futur Président, revient, lui, en héros de la guerre dans le Pacifique, ayant ramené sain et sauf dans une île déserte, tout blessé qu'il soit, son équipage torpillé. Tragédies toujours : mais celle-ci marque avec éclat l'apparition d'un personnage.

Une ascension fulgurante, mais...

Pilotée et financée par le terrible chef du clan, l'ascension politique de John Kennedy – après un bref passage par le journalisme et la publication de deux essais, *Why England Slept* (« Pourquoi l'Angleterre dormait ») et *Profiles in Courage* (« Portraits d'hommes courageux ») – paraît assurée. Il souffre pourtant d'un handicap redoutable, la maladie d'Addison, qui affecte les glandes surrénales. Longtemps considérée comme inguérissable, peut-être aggravée par les blessures de guerre, elle fera de John Kennedy un homme constamment courbé par la douleur – une douleur qui fouetta peut-être son ardeur au travail, non sans exaspérer son érotomanie...

Le vieux Joe aux commandes, la carrière de John, très vite flanqué de son bouillant cadet Robert, dit « Bobby », s'affirme fulgurante. Élu à vingt-neuf ans à la Chambre des représentants, dès 1946, il entre à trente-cinq ans au Sénat en 1952, en dépit du raz-de-marée républicain qui a porté Eisenhower à la Maison Blanche aux dépens du brillant intellectuel démocrate Adlai Stevenson. À Boston, le jeune Kennedy a arraché la victoire au formidable Henry Cabot Lodge, incarnation de ces « brahmanes » de la cité qui, vingt ans plus tôt, n'auraient pas reçu chez eux un Kennedy...

Sur un nuage, vers les sommets ? Inspirés par leur père, les frères

Kennedy ne savent pas alors se tenir à l'écart des activités d'un autre Irlandais fameux, le sénateur du Wisconsin Joe McCarthy, animateur d'un « Comité des activités anti-américaines » (autrement dit de la « chasse aux sorcières communistes »), qui, à force de sectarisme et d'illégalités, provoque l'indignation internationale. Robert est directement associé, pour un temps, à ces activités. Cet écart de conduite lui sera reproché à l'heure des grands règlements de comptes…

Il importe de tenir compte d'une autre face de la carrière de son frère, l'élu de Boston : ce qu'il faut appeler le « mal d'amour », ou mieux du sexe, un appétit érotique qui prendra la forme d'un constant dérèglement. En 1963, quelques mois avant sa mort, John Kennedy confiera au chancelier Kiesinger (qui est loin d'être de ses intimes…) qu'il ne peut vivre sans « connaître » trois femmes chaque semaine… Cela ne va pas sans prises de risques de toute nature, dans une société puritaine comme celle des États-Unis, surtout si l'on ne craint pas de faire appel à des intermédiaires qui sauront vous le faire payer – et sous le regard hostile d'un patron du FBI, J. Edgar Hoover, passionnément attentif à ce genre de débordements. Sujet grave, et sur lequel on reviendra.

Voilà bien des pièges, et des handicaps, et des « dossiers », à l'aube d'une carrière que pilote, pour un temps en tout cas, Joe Kennedy, au risque d'être déconcerté par l'usage qu'en feront ses fils. Le vieux forban semble n'avoir jamais vu dans la politique qu'une façon de s'enrichir plus expéditive que la banque.

Ce qui fascine, dans la saga des Kennedy, c'est l'interprétation que ses deux fils donneront de la stratégie du chef de clan. L'homme qui a trahi Roosevelt verra ses héritiers revenir, par des voies plus ou moins obliques, à l'esprit et au style du *New Deal* des années 1930 – sans pouvoir se libérer complètement de ce qui, dans leur fulgurante ascension, les rattache aux pratiques, aux relations, aux dettes du patriarche.

Avant même que surgissent les grands défis et les menaces majeures liés à la conquête et à l'exercice du pouvoir, on voit que, des origines aux pratiques locales, des procédures de carrière aux handicaps personnels, le rayonnant John F. Kennedy, le *« wonder boy »* qui a épousé à trente-cinq ans la charmante Jacqueline Lee Bouvier, journaliste issue de la « gentry » new-yorkaise, est un homme sur lequel pèsent bien des menaces et qui devra relever plus de défis encore que ses prédécesseurs – catholique, infirme, érotomane, porteur d'un nom exécré par beaucoup… Mais il est riche, beau, généreux et doté de talents qui le situent hors du commun.

Maison Blanche et mauvais génies

Sitôt élu au Sénat en 1952, sitôt branché sur la Maison Blanche. En 1956, à trente-neuf ans, John se contentera de briguer la vice-présidence, que lui souffle le sudiste Estes Kefauver. Pourtant ce jeune et séduisant sénateur Bostonien accorde déjà des interviewes à la presse internationale, dénonçant notamment la poursuite de la guerre en Algérie – ce qui lui vaut des critiques dans la presse française mais, plus important, une réputation de « libéral », autrement dit de progressiste, dans l'électorat américain.

Le vieux Joe tient son champion : ce sera pour 1960, face au vice-président du vieil Eisenhower, ce Nixon oblique et ombrageux, héritier crépusculaire d'un règne républicain de huit années, plus terne encore que celui de Harry Truman. L'Amérique a besoin de lumière, de rythme, d'imagination – de ce que le caracolant John Fitzgerald Kennedy va appeler la « nouvelle frontière ».

Les vieux routiers de Washington observent cependant que « JFK », s'il est bien le maître et l'inspirateur de son équipe de stars, n'a pu se débarrasser de deux pièces majeures de la machinerie étatique : le patron de la CIA, Allen Dulles, digne frère de celui qui, au State Department, avait incarné pendant huit ans ce que l'impérialisme américain a de plus impérial ; et surtout, à la tête du FBI (depuis 1929 !), J. Edgar Hoover, personnage nocturne entre tous, mélange de Javert et de Grand Inquisiteur, qu'il n'a pu éloigner, du fait des dossiers que détient et nourrit passionnément cet ennemi juré de toute forme de démocratisation de l'État et de la société.

C'est sous le regard hostile – non, sous la menace constante et ressentie comme telle – de ces deux manipulateurs de la puissance des États-Unis, à l'intérieur et à l'extérieur, dans un climat de conflit permanent, que travailleront John Kennedy et son frère Robert, qu'il a nommé « attorney général », c'est-à-dire ministre de la Justice. Hoover et Dulles savent que le Président et son frère sont bien décidés à se débarrasser d'eux lors d'un second mandat. Tout leur sera bon pour prévenir cette opération. Le remplacement à la tête de la CIA d'Allen Dulles par John McCone, à la fin de 1961 – le vieux « patron » payant à retardement le prix de la désastreuse opération de la baie des Cochons –, provoqua une détente provisoire dans les relations entre l'Agence et la Maison Blanche. Nous verrons que cette détente fut plus apparente que réelle.

Nul n'ignore que J. Edgar Hoover « tient » le Président, ne serait-ce que par les dossiers dont il dispose, relatifs aussi bien à la carrière du vieux Joe qu'à l'une ou l'autre des aventures féminines de son fils, « tenu » par un « mafioso » notoire, Sam Giancana, avec lequel il aurait partagé une « bonne fortune »... À cela s'ajoutent des services électoraux qu'aurait rendus au candidat démocrate, lors de l'élection de 1960, une mafia de Chicago qui ne néglige pas de s'impliquer dans la vie politique. Ici, en tout cas, Fouché joue contre Bonaparte.

Un président réformiste

Il n'est pas question de relater ici, fût-ce au galop, les « mille jours » de l'homme qui est entré à la Maison Blanche, le 4 janvier 1960, salué par le poète Robert Frost et la grande cantatrice noire Marian Anderson (interventions qui auraient surpris ses prédécesseurs) et à propos duquel la presse américaine parlera de l'avènement du roi Arthur et du règne de « Camelot », le grand hebdomadaire *Newsweek* saluant même la « queenification » de Jacqueline : on n'en retiendra que ce qui, dans l'ordre intérieur ou extérieur, était propre à conduire à une issue tragique.

John Kennedy, du fait de sa formation, de ses goûts, de son inexpérience en matière économique, entendait se consacrer de préférence aux relations internationales. Les préoccupations sociales et les problèmes posés par les relations entre communautés – on n'est pas pour rien le fils d'immigrants catholiques – lui importaient néanmoins beaucoup plus qu'on ne l'a dit. C'est ce que révèle – fût-il modeste – son bilan en ce domaine.

On peut hausser les épaules, constater que les « mille jours » de sa présidence n'ont pas aboli ni même réduit sensiblement le paupérisme, et que les efforts amorcés par son administration alertée par Martin Luther King pour corriger les effets de la discrimination raciale ne portèrent leurs fruits que sous la présidence d'un Lyndon Johnson mieux armé que son prédécesseur pour convaincre les sénateurs racistes du Sud. Ceux qui ont connu les fils de Joe le milliardaire gardent cependant en mémoire qu'ils n'abordaient les questions sociales que sur un ton révélant comme une angoisse. Compassion conventionnelle ? Paternalisme ? Voilà un mot qui, à l'oreille d'un maître de l'*United Steel*, sonne alors comme « socialisme »...

Le traitement accordé à la « question noire », dite des « droits civiques », fut-il de nature à faire du lobby ségrégationniste (auquel le parti démocrate devait alors une bonne part de sa fragile suprématie) l'ennemi de l'élu de novembre 1960 – sachant qu'ici le mot « ennemi » n'est pas sans conséquence sur la survie du président des États-Unis, on le sait depuis Abraham Lincoln ? On serait tenté de dire que non, compte tenu des accusations de pusillanimité portées contre John Kennedy, à ce propos, par Martin Luther King – qui, dans un premier temps, lui avait reconnu « la clairvoyance et le courage nécessaires pour aller plus loin en ce domaine que ses prédécesseurs ».

C'est ailleurs qu'il faut aller chercher le foyer de la colère vengeresse, les origines du crime de Dallas. Pour chargés d'explosifs qu'aient été les rapports entre le pouvoir – surtout exercé par le parti démocrate – et le mouvement de réhabilitation du monde noir américain, ce n'est semble-t-il ni dans la juste impatience des uns ni dans la fureur provoquée chez les autres par le moindre correctif qu'il faut chercher l'origine de l'élimination de John Kennedy.

Nouvelles frontières

Quoi qu'en pensent ses électeurs, dont beaucoup situent la « nouvelle frontière » dans le champ économique, et qui voient surtout dans la juvénile administration démocrate le moteur d'un bond en avant de la production américaine, c'est à la politique étrangère, et clairement aux relations Est-Ouest, que JFK choisit de consacrer l'essentiel de ses efforts. Pour cela, il est nanti d'un « brain-trust » dont on a cité quelques animateurs – un McGeorge Bundy, un Rostow –, qui considèrent avec plus d'intérêt la carte du monde que la courbe de production de la General Motors.

Mais porte-t-il (ils) assez d'attention à ce qui rattache celle-ci à celle-là ? À la veille de lui remettre ses immenses pouvoirs, Dwight Eisenhower, le vieux général victorieux, a lancé un magnifique cri d'alarme contre l'accroissement vertigineux du pouvoir « militaro-industriel » : non plus de l'industrie de guerre, mais de l'industrie de la guerre. Comme le vent fait de la marine à voile, la guerre (ou sa préparation) nourrit l'industrie – et pas seulement celle des canons.

Ainsi mis en garde, John F. Kennedy fut-il assez sensible à l'emprise, sur son pouvoir, de cette force gigantesque ? Nous le verrons très attentif, de Berlin à Cuba, et même au Vietnam, à en contrôler l'emploi. Il laisse pourtant se développer autour de lui, parmi ses plus proches, de McNamara à Rostow, Taylor, et un temps son frère Robert, une « hybris » de puissance des armes qui fera de lui sinon un otage des militaires, en tout cas un chef qui s'est mis dans la situation d'irriter ses grands vassaux.

Ce qui frappe d'emblée, pourtant, chez ce fils de milliardaire que tout opposait au marxisme, dût-il avoir pris le visage bonasse de Nikita Khrouchtchev, c'est la volonté d'ouverture vers l'Est qu'il manifeste d'abord, attitude qui lui vaut aussitôt la haine d'une large fraction de la société américaine, inspirée entre autres par la John Birch Society, pour laquelle toute tentative d'*appeasement* avec le communisme revient à commercer avec le mal.

On dira certes que, d'emblée, face à l'activisme khrouchtchévien, le Président manifeste son inflexibilité à propos de la question de Berlin, réaffirmant avec éclat que la ligne de démarcation séparant les deux Allemagnes est la frontière entre le « monde libre » et l'autre, et que toute atteinte portée à ce statut est un *casus belli*. Le dialogue n'en est pas moins ouvert, et le restera trois années durant – fût-ce sous la forme tempétueuse de la crise dite des « missiles de Cuba » d'octobre 1962.

Cuba… Avant de revenir plus longuement sur la cascade de crises où beaucoup ont vu l'origine de la tragédie de Dallas – que le coup partît de l'un ou l'autre camp –, il faut évoquer en quelques phrases la démarche, sinon vers l'accommodement, en tout cas vers une forme de détente, liée au nom de John Kennedy. Flanqué d'hommes à l'esprit délié, enclins à croire comme Diogène que l'« écoute » doit précéder la « frappe » – les McGeorge Bundy, Chester Bowles, Galbraith, Stevenson, qu'il n'avait pas choisis par hasard –, l'auteur de *Strategy of Peace* s'efforce trois années durant de donner vie à une diplomatie fondée sur le dialogue avec l'adversaire.

Compte tenu des deux « affaires » porteuses de tous les risques, celles de Cuba et du Vietnam dont on étudiera plus loin le traitement assuré par l'équipe formée au début de 1961 en fonction d'impératifs, de pressions, de manœuvres plus ou moins bien arbitrés par la Maison Blanche, il faut bien constater que l'approche globale des rapports avec la grande puissance de l'Est est profondément modifiée. Nouvelle frontière ? Nouvelle démarche, en tout cas.

Le général président Eisenhower pouvait bien être devenu le sage vieillard ennemi du recours aux armes – et de l'industrie de l'armement –, le secrétaire d'État John Foster Dulles, flanqué de son frère Allen, patron de la CIA, ne concevait la diplomatie américaine que sous la forme de la confrontation avec l'URSS, assortissant la réduction du budget de la défense d'une incessante menace de *retaliation* (« riposte ») nucléaire. Si sa pensée stratégique était passée du farouche *rollback* (« refoulement ») de l'Empire soviétique au plus sage *containment* (« endiguement ») du communisme, la diplomatie de Washington était celle d'une gigantesque forteresse assiégée rêvant à des sorties victorieuses.

Kennedy et ses boys tentèrent de lui donner de l'air. Les crises de Berlin en 1961 et de Cuba en 1962 ne peuvent faire oublier les démarches antérieures. Dès le lendemain de l'entrée en fonction de John Kennedy, le leader soviétique avait décidé de libérer deux aviateurs américains abattus quelques mois plus tôt au-dessus du territoire russe. D'où ce propos encourageant du jeune Président : « Pas à pas, il sera possible de dissiper les malentendus et les soupçons et de poser les bases d'une amicale collaboration. » Propos qui assurèrent d'emblée à JFK, auprès de son opinion publique, la réputation d'une « colombe ». Non sans risque… Lune de miel fugitive ? Pour orageuse qu'elle devînt, la relation Kennedy-Khrouchtchev s'ouvrit en tout cas sous le signe de la bonne volonté réciproque.

Six mois plus tard, néanmoins, la crise de Berlin parut mettre le monde aux portes de la guerre. Khrouchtchev remit en cause les clauses d'un accord de coexistence dans la capitale allemande qui était l'un des fondements de la paix mondiale et fit oublier pour longtemps les promesses des premiers jours, déjà ternies par la crise de Cuba et le désastreux débarquement de la baie des Cochons d'avril 1960. Pour un très large secteur de l'opinion américaine, John Kennedy et ses « têtes d'œuf » de la Maison Blanche sont et resteront des hommes qui voient dans les communistes des hommes…

Que cette équipe de jeunes Américains ait fait face, parfois de piètre façon comme à Cuba ou au Vietnam, à l'Empire soviétique et à ses satellites n'empêchera pas que, pour un Américain sur trois, les fils de Joe Kennedy, si vacillant jadis devant les puissances de l'Axe, furent, face au « mal » communiste, des *appeasers*. Ce qui peut appeler le châtiment du Juste.

Le « désastre parfait » de la baie des Cochons

La gestion incohérente et parfois frénétique de la crise – des crises – cubaine par l'équipe Kennedy, le frère cadet du Président s'impliquant fâcheusement dans cette affaire, est souvent considérée comme à l'origine de la tragédie de Dallas. C'était semble-t-il – on y reviendra – l'une des hypothèses que retenait Lyndon Johnson.

On résume fréquemment le premier épisode belliqueux de ce conflit, dont on ne sait s'il est un chapitre du vieux débat entre Américains, « latinos » du Sud et « gringos » du Nord, ou un épisode de la lutte entre capitalisme et communisme, par les trois mots « baie des Cochons ». Il est de fait que quand JFK ouvre les dossiers que lui laisse son prédécesseur, il y trouve un projet de renversement par les armes du régime néo-marxiste inventé à Cuba par Fidel Castro, « Che » Guevara et leurs compagnons, vainqueurs du répugnant régime de Batista. Ce pouvoir qui vire chaque jour un peu plus au « rouge » et s'affirme, bravade ou non, très proche de Moscou, met-il en cause la sécurité des États-Unis ? Il a en tout cas provoqué l'exode de nombreux « ci-devant » cubains, regroupés en Floride, surtout à Miami, où résident beaucoup d'Américains qui, dépossédés ou non par les « rouges » de La Havane, sont devenus des personnages influents. Dès la fin de 1959, un parti de la revanche s'est formé à Miami – comme à Coblence en 1793.

Bien que le Président ait mis son veto à une intervention directe des forces armées des États-Unis, la CIA fit prévaloir sa « ligne dure » : l'opération du débarquement fut déclenchée à partir de Puerto Cabezas, au Nicaragua, le 15 avril 1961, par deux milliers de volontaires cubains débarqués dans la petite baie des Cochons. Les services de renseignements de La Havane ayant fait leur travail, les assaillants se virent d'emblée confrontés à des forces près de dix fois supérieures – et furent taillés en pièces. De cette opération, le grand historien Theodore Draper devait écrire qu'elle était « un exemple, rare en histoire, du désastre parfait ».

Le désespoir affiché, les jours suivants, par le jeune Président (que plusieurs familiers ont décrit en pleurs) n'était pas sans fondement : opposé en principe à l'opération, il l'avait en fin de compte tolérée non sans lui enlever toute chance de réussite du fait de la non-participation, imposée par lui, de l'US Air Force. Incapable de faire prévaloir son veto, il avait ruiné les très faibles chances de réussite des insurgés, en leur refusant la « couverture » aérienne américaine. Pour certains, c'est là qu'il faut chercher les responsables du « contrecoup » de Dallas : la vengeance collective, le 22 novembre 1963, des insurgés du 15 avril 1961. Le pouvoir cubain restera constamment harcelé par la CIA d'Allen Dulles – qui n'était pas homme à se résigner au « désastre parfait ». À tel point que Fidel Castro, tout persuadé qu'il fut de trouver un jour l'oreille de l'homme de la Maison Blanche, prêta la main, deux ans plus tard, à l'une des pires provocations de Moscou à l'endroit de la puissance américaine.

Le 16 octobre 1962, dans le bureau ovale, John Kennedy se voit présenter des photos aériennes qui révèlent, sans doute possible, l'installation près de La Havane, à deux cents kilomètres des côtes américaines, d'engins nucléaires, de missiles et d'ogives. Ces armes, à coup sûr opérationnelles, constituent une menace d'extermination pour son pays. Convoquant immédiatement l'exécutif du Conseil national de sécurité, le 18 octobre il déclare à ses participants – dont McNamara, Rusk, Bundy, Schlesinger et son frère Robert – qu'une réaction militaire, d'ailleurs justifiée par ce défi, pourrait pousser Moscou à déclencher un conflit nucléaire – et à partir de quelles bases ! Que faire ?

McNamara, tout chef des forces armées qu'il est, suggère prudemment que l'on propose à Khrouchtchev l'échange du retrait des fusées américaines installées en Turquie (d'ailleurs devenues, il le sait bien, plus ou moins obsolètes) contre celui des engins de même nature implantés à Cuba : ce qui pourrait être pris pour l'acceptation du fait accompli… Au bombardement immédiat, sans préavis, préconisé par les généraux Maxwell Taylor et Curtis LeMay (celui qui, cinq ans plus tard, se vantera d'avoir « ramené le Vietnam à l'âge de pierre »), Dean Rusk et Bob Kennedy s'opposent fermement : « Ce serait un Pearl Harbor inversé. Nous avons toléré quinze ans de provocations de Moscou : et maintenant nous prendrions notre revanche sur un petit pays ? »

L'idée de soumettre Cuba à un blocus maritime (une « quarantaine », en anglais) se dégage bientôt, soutenue à fond par les frères Kennedy. Elle provoque de la part de certains des militaires présents (LeMay, notamment) une riposte quasiment insultante : le Président est accusé de se résigner à une capitulation comparable à celle de Munich. John Kennedy, exaspéré, ayant quitté la pièce, un amiral nommé David Shoup reprend, en l'aggravant, le propos injurieux de LeMay. Seul un raid aérien préventif serait à la mesure du défi. Fallait-il voir là l'amorce d'une sédition contre un Président trop prudent ? C'est une question que l'on devra formuler, plus posément, mais gravement, à propos du Vietnam et de Dallas.

Non sans que Bob Kennedy ait, de sa propre initiative, mais avec l'encouragement de son frère, établi un contact personnel avec l'ambassadeur soviétique Dobrynine pour vérifier si un échange entre les missiles Jupiter installés en Turquie et les engins récemment découverts à Cuba était une bonne hypothèse de travail (ce que n'excluait pas le diplomate russe), John Kennedy se prépara à relever, devant ses adversaires et le peuple américain, le plus redoutable défi que se soit vu lancer un président américain depuis Roosevelt.

Le 22 octobre 1962, il sait prononcer les mots fatidiques :

« Les années 1930 nous ont enseigné une leçon claire : que les menées agressives, si on leur permet de s'intensifier sans contrôle ni contestation, mènent finalement à la guerre [...]. Nous ne prendrons pas prématurément les risques d'une guerre nucléaire mondiale [...]. Mais nous ne nous déroberons pas à ce risque [...]. Nous considérerons tout lancement de missile nucléaire depuis Cuba contre toute nation de l'hémisphère occidental comme une attaque de l'Union soviétique contre les États-Unis appelant une riposte totale. »

Qui a vécu, fût-ce de ce côté de l'Atlantique, les fiévreuses journées de la fin de l'été 1962, et recueilli l'écho des commentaires admiratifs alors faits par le peu naïf Charles de Gaulle, ne croit qu'il s'agit d'une simple gesticulation. Que les frères Kennedy aient manifesté là un certain génie de la théâtralisation est bien possible. Mais les témoignages ultérieurs de leurs plus proches collaborateurs, de McNamara à Schlesinger, confirment le climat quasiment tragique dans lequel opéra et décida le Président.

Ce qu'il faut retenir aussi – et peut-être surtout – de la gestion de la crise des fusées par John Kennedy, c'est le conflit qui l'opposa alors à la CIA et à l'armée. On a cité les propos insultants et menaçants adressés au chef de l'État américain par un général tel que Curtis LeMay. Quand, l'année suivante, le théâtre de la tragédie sera transféré vers le Vietnam, où les exigences de la CIA et de l'état-major pourront mieux encore se développer et s'exprimer, on mesurera que le président Kennedy était entré dans la zone des tempêtes.

L'engagement vietnamien

C'est en ouvrant le dossier vietnamien que l'on croit trouver sinon l'origine de la tragédie, en tout cas l'un des foyers d'où partit le coup du 22 novembre 1963 – du fait du rôle personnel joué en ce domaine par JFK, et surtout des conséquences qu'entraîna, à court terme, sa disparition. Ce n'est pas lui pourtant, mais son prédécesseur Eisenhower, qui avait donné au Sud-Vietnam la garantie militaire de l'État américain. C'était au lendemain de la signature des accords de Genève de 1954 qui, afin de mettre fin à la première guerre d'Indochine, divisaient provisoirement le Vietnam en deux États, du Nord et du Sud, non sans stipuler que l'accord devait être ratifié en 1956 par un référendum : lequel fut « oublié », avec la bénédiction de Washington, assuré de la victoire des Nordistes. Ce qui ne laissait pas de jeter une ombre sur la légitimité du régime sudiste.

Négligeant cette tare originelle, et le caractère strictement autoritaire du régime des mandarins catholiques du Sud – qui faisaient face il est vrai à une dictature marxiste –, John Kennedy avait repris à son compte la garantie donnée par Eisenhower à Ngô Dinh Diêm et l'avait matérialisée par un encadrement administratif et surtout par l'activité de ceux qu'on appelait des « conseillers militaires », lesquels étaient principalement chargés de l'organisation des « hameaux stratégiques » quadrillant le pays et supposés faire pièce au noyautage du Sud-Vietnam par ce qu'on commença à appeler, vers 1958, le « Viêt-cong », avatar sudiste du Viêt-minh. Pour ambigu que fût leur rôle, ces « conseillers militaires » opéraient avec succès, contribuant à la survie du Sud-Vietnam. Lors de la passation des pouvoirs à Washington, en 1960, on estimait leur nombre à un peu moins d'un millier.

L'assassinat des deux frères Ngô Dinh Diêm et Ngô Dinh Nhu en 1963 dans la voiture blindée qui les conduit en prison, déchus, n'est pas fait pour réconcilier les frères Kennedy avec le pouvoir à Saigon. Bon nombre de « diemistes » sont persuadés que la Maison Blanche a inspiré cette sauvage opération : ce qui incitera certains observateurs à voir là l'origine du complot qui aboutit aux coups de feu de Dallas. Ce fut en tout cas, pour un temps, l'opinion, murmurée, de Lyndon Johnson.

Mais, mandarinal ou militaire, le pouvoir poursuivait à Saigon un effort de guerre auquel était bel et bien associé le pouvoir américain, dût le général « pacifiste » qu'était Eisenhower avoir toujours tenu, on l'a vu, à ce que cette activité soit assurée non par des combattants déclarés, mais par des « conseillers militaires ». La légende veut que cette forme d'intervention fut transformée par Kennedy, ou sous son autorité, les « conseillers » se muant en combattants déclarés, dont le nombre aurait été rapidement multiplié.

Pour y voir plus clair, il faut se reporter aux Mémoires [1] du responsable direct, Robert McNamara, ministre de la Guerre, qui publie les chiffres tirés des archives de cette administration. On constate que si, à la veille de l'assassinat de John Kennedy, on comptait seize mille trois cents Américains dits « conseillers » (ils étaient un peu moins de mille, on l'a vu, sous Eisenhower), on en comptait vingt-trois mille trois cents un an plus tard, et, en juillet 1965 – alors qualifiés de « combattants » –, quatre-vingt-un mille quatre cents, avant qu'ils se retrouvent cent quatre-vingt-quatre mille trois cents à la fin de la même année, et cinq cent quarante-trois mille quatre cents en 1973... On voit bien qu'il y a changement à la fois qualificatif (du « conseiller » au « combattant ») et quantitatif, entre les présidences Kennedy d'une part, Johnson et Nixon de l'autre.

Jusqu'en décembre 1962, le jeune Président n'avait pas paru porter un intérêt extrême à la question vietnamienne, traitée non seulement par la CIA et l'armée – le général Maxwell Taylor est, comme Robert McNamara, l'un de ses proches – mais par de bons professionnels comme Mike Forrestal, Averell Harriman et le sénateur Mansfield. Les premiers poussent à un accroissement de l'intervention au Vietnam, les derniers à un dégagement progressif. Ce que semble souhaiter le Président – agacé par les pronostics pessimistes de Mansfield, mais avouant qu'ils ne sont pas très différents des siens.

La croissante impatience du Président à propos de l'effort militaire au Vietnam est provoquée par l'activisme d'un Taylor, sinon de McNamara. Le contingent des « conseillers » de l'US Army au Sud-Vietnam est passé, on l'a vu, d'un peu moins de mille au début de 1960 à plus de seize mille en mars 1963. Mais le ministre de la Défense lui-même, qui s'est vu citer ce chiffre avec humeur par Kennedy, envisage alors un certain retrait. Ses plus proches conseillers parlent même du rappel d'un millier d'hommes à la fin de l'année. La question d'un début de

1. *Avec le recul*, traduction française par Paul Chemla, Seuil, 1996.

retrait est en tout cas à l'étude pendant l'été 1963, avec l'agrément évident du Président.

Une solution politique ?

S'agissant de l'affaire vietnamienne, il est clair que John Kennedy avait en tête une solution politique. Ce n'est pas en vain qu'il avait participé au règlement de la crise du Laos pendant l'été 1962, crise dénouée (en apparence...) par la formation d'un gouvernement dit « neutraliste » entre tenants de l'Est et de l'Ouest – solution bien fragile à laquelle l'avait rallié le général de Gaulle, dépêchant auprès de lui, à cet effet, Jacques Chaban-Delmas, président de l'Assemblée nationale.

Il serait abusif de soutenir que John Kennedy voyait là, comme le chef de l'État français, un modèle de la solution applicable au Vietnam. Mais tout au long des multiples conciliabules consacrés par lui au Vietnam au cours de l'année 1963 et jusqu'aux jours précédant la tragédie de Dallas, John Kennedy fut, de tous les membres du « brain-trust » de la Maison Blanche, le plus ardent à préconiser – avant de l'amorcer – une réduction progressive de l'effort proprement militaire des États-Unis au Vietnam. Il n'est que de se reporter à la biographie de Robert Dallek et aux Mémoires de McNamara pour s'en persuader.

« La décision en vue du retrait de certaines forces engagées au Vietnam, écrit Dallek, fut rendue publique dans un mémorandum du 11 octobre 1963 qui faisait prévoir un retrait de mille hommes avant la fin de l'année [1]. » La décision fut confirmée le 31 octobre par le Président à l'occasion d'une conférence de presse tenue après une série d'entretiens passionnés avec son frère qui, plus interventionniste que lui jusqu'alors, s'était rangé à son point de vue, comme McNamara, Taylor, Bundy...

À l'issue d'une visite conjointe au Vietnam de Robert McNamara et du général Maxwell Taylor, la décision fut prise et rendue publique par la Maison Blanche de commencer le mouvement de retrait des

1. Dallek, *op. cit.*

« conseillers » américains du Vietnam par le rapatriement d'un millier de ceux-ci avant la fin de l'année 1963. C'est bien ce qui ressort des dernières déclarations publiques faites sur le Vietnam par JFK, le 14 novembre 1963 : « Je ne veux pas que les États-Unis aient à envoyer des soldats là-bas [...]. Notre objectif est de ramener les Américains chez eux, en permettant aux Sud-Vietnamiens de se maintenir eux-mêmes en tant que pays libre et indépendant [1]. » Propos fatidiques tenus huit jours avant sa mort.

Le combat incombe aux Vietnamiens

« Oui, assurait quatre ans plus tard Robert Kennedy à l'auteur de ces lignes dans son bureau de sénateur de l'État de New York, au Capitole, oui, en 1963, le Président était bien décidé à un retrait progressif de nos forces militaires engagées, en tant que telles, au Vietnam. Cela ne signifiait pas un abandon, moins encore un désintérêt. Il estimait que notre devoir était d'aider le Sud-Vietnam à survivre. Mais que le combat proprement dit devait de plus en plus incomber aux Vietnamiens eux-mêmes. »

On imagine l'effet que put produire la divulgation – on a vu que le Président ne faisait pas mystère de ses intentions, ne serait-ce que face à la presse – dans les têtes belliqueuses dont grouillaient la CIA et bon nombre de milieux militaires, à commencer par l'US Air Force. Faut-il donc chercher là, dans les fureurs et la frustration provoquées par cette esquisse de retrait du Vietnam, l'origine du crime de Dallas ? C'est bien la thèse présentée dans un film d'Oliver Stone intitulé *JFK* : de bons spécialistes s'en sont gaussés, faute de pouvoir en démontrer l'absurdité.

Reste que lors d'un entretien antérieur à celui qui a été évoqué plus haut, le sénateur Robert Kennedy, qui était, à l'époque du crime, attorney général, disposant de plus de dossiers qu'aucun autre responsable public – avant d'être marginalisé au lendemain du 22 novembre 1963 – donnait à entendre que la CIA était probablement à l'origine de l'attentat

1. McNamara, *Avec le recul*, *op. cit.*, p. 27.

de Dallas, sinon de la mise en place de l'ensemble de l'opération. Si tant est que l'assassin fût bien celui que la justice a désigné, quel organisme était mieux à même de manipuler ce Lee Harvey Oswald, de le piloter de Moscou à Dallas ?

Dans la biographie qu'il a consacrée à Robert Kennedy, Evan Thomas [1] rapporte qu'au soir de l'attentat de Dallas, le frère du Président assassiné prit à part John McCone, le successeur d'Allen Dulles à la direction de la CIA, pour lui demander si cette organisation « n'avait pas tué le Président ». Le biographe ne rapporte pas la réponse que fit le chef des services d'espionnage des États-Unis... Pourquoi donc le frère très aimé du Président assassiné, informé mieux que personne, accepta-t-il, comme l'ensemble du clan Kennedy, de se rallier publiquement à la thèse officielle de l'attentat perpétré par un déséquilibré solitaire ? Apparemment pour obéir à la consigne dictée par le nouveau Président qui, on l'a vu, faisait valoir que la mise en cause de responsables plus considérables serait dangereuse pour la paix du monde. Compte tenu de l'évolution des rapports entre le président Johnson et lui, le sénateur Kennedy était plus libre de ses propos en 1967 qu'au lendemain du crime.

Robert Kennedy mettait en cause la CIA, organisme « spécialisé », si l'on peut dire, dans les coups fourrés. Mais on a fait écho à des prises de position de militaires de haut rang, tel le général Curtis LeMay qui, à l'occasion de crises comme celle des missiles de Cuba, en vint à dénoncer le Président, en présence de plusieurs des plus hauts responsables de la stratégie américaine, comme un « munichois », un *appeaser*, ce qui, dans le langage de l'époque, signifiait un traître, un complice plus ou moins conscient du communisme.

On peut imaginer l'effet que put produire, sur de tels personnages, sur ceux que l'on commençait à appeler les « faucons », l'annonce du retrait progressif des forces engagées au Vietnam. L'homme qui avait préféré au face-à-face nucléaire à propos des missiles de Cuba un compromis avec Moscou – fût-il salué par l'opinion internationale comme un succès –, comment ne pas voir en lui un complice du communisme ? Et la preuve en était qu'il reculait maintenant devant le Viêt-cong !

1. Simon and Schuster, New York, 2000, p. 283.

Mais la mafia ?

Mettre ainsi l'accent sur l'hypothèse du coup monté par la CIA et l'armée contre le complice des « rouges » conduit évidemment à sous-estimer l'autre version, qui met en cause les spécialistes du crime organisé, ceux que le public français appelle les « gangsters » ou la « mafia » et que la presse américaine désigne par le mot de *« mobsters »*, dont le personnage central, successeur d'Al Capone, est « Momo » Salvatore Sam Giancana, maître de Chicago, volontiers associé à Jimmy Hoffa, patron des *« teamsters »*, les « camionneurs ».

Il est établi qu'en 1960, avant l'arrivée au pouvoir des Kennedy – et sans que celle-ci y ait coupé court –, les patrons de la CIA et notamment Richard Bissell, spécialiste des « coups tordus », avaient engagé les meilleurs spécialistes de la Mafia, avec l'accord de Giancana, pour assassiner Fidel Castro – assassinat qui devait être combiné avec l'opération de débarquement d'avril, dite « de la baie des Cochons », que le nouveau Président ne sut ni prévenir ni soutenir. Cet épisode du fiasco du printemps 1960 avait fait de Kennedy l'homme à abattre de l'association Bissell-Giancana, qui ne manquait nulle part d'hommes de main – au Texas moins qu'ailleurs…

Si l'on privilégie ici la « théorie vietnamienne », qui voit l'origine du coup de Dallas dans la stratégie asiatique du Président, et les réactions qu'elle suscita au sein de la CIA, des « faucons » et surtout dans l'armée, c'est parce que de tous les aspects majeurs de la politique de John Kennedy – rapports Est-Ouest, dynamisation de l'économie, droits civiques… – c'est le domaine où la relation s'établit le plus clairement entre le crime et ses conséquences.

La disparition violente de John Kennedy n'a guère modifié les rapports entre l'Est et l'Ouest, ni la situation à Cuba, en Amérique latine ou dans les Caraïbes, ni les relations entre Washington et l'Europe. Mais elle a radicalement bouleversé le cours des choses au Vietnam. À la veille de sa mort, le jeune Président ne parle que de réduire l'intervention armée américaine au Sud-Vietnam. Et quelques jours avant le crime, on l'a vu, il annonce officiellement le retrait de mille de ces « conseillers » avant la fin de l'année.

Un an plus tard, sous Johnson, le verrou a sauté. Plus d'un demi-million de combattants américains sont engagés au Vietnam en 1973... Si un acte se juge aux effets qu'il produit, ici, ils sont saisissants ! Il est naturellement impossible de certifier que c'est le réseau politico-militaire partisan de l'intervention à outrance au Vietnam qui a abattu ou fait abattre par un comparse la « colombe » Kennedy le 22 novembre 1963. John Fitzgerald Kennedy ne fut peut-être pas une victime directe de la guerre du Vietnam. Son comportement en ce domaine reste lourd d'ambiguïtés – plus trouble que ne l'a présenté son frère dans les années qui ont suivi sa mort. Et l'évolution vers l'intensification de l'effort de guerre observée après 1963 chez certains de ses fidèles, comme Robert McNamara, incite à poser bien des questions.

Mais on peut dire que tout s'est passé comme si son élimination, le 22 novembre 1963, à Dallas, avait contribué à ouvrir plus grandes, au Vietnam, ce que l'Hector de Jean Giraudoux appelait les « portes de la guerre ».

JL

4 avril 1968

Martin Luther King : mort et victoire d'un « rêveur »

Le cours de l'Histoire, parfois, s'accélère. Deux événements et deux discours en portent témoignage. Pour ce qui est des événements, un peu plus de quarante années les séparent. En janvier 2009, l'Amérique se dotait du premier président « noir » de son histoire. L'entrée officielle de Barack Obama à la Maison Blanche correspondait à l'un des plus saisissants accomplissements du rêve américain depuis la proclamation d'indépendance le 4 juillet 1776. Aux yeux du monde, la puissance des États-Unis – qui étaient devenus plus impopulaires que jamais après les deux mandats de George Walker Bush – se trouverait désormais incarnée par un jeune métis, né d'un père africain et d'une mère blanche, mais aussi époux d'une authentique descendante d'esclaves de la communauté de Chicago. À eux deux, Michelle et Barack Obama allaient transformer derechef l'image d'elle-même qu'offre au reste de la planète la super-puissance américaine.

L'histoire s'accélère, en effet. La victoire électorale d'Obama le 4 novembre 2008 ramène à la une un autre événement, tragique celui-là. Au moment de l'investiture solennelle du nouveau président, en janvier 2009, les médias internationaux s'emploient à l'unisson à refaire le décompte des années. Quarante ans auparavant, le jeudi 4 avril 1968, le pasteur Martin Luther King, âgé de trente-neuf ans, était au balcon du motel La Lorraine, à Memphis dans le Tennessee. Dans la journée, il avait participé à plusieurs réunions pour préparer de nouvelles marches non violentes en faveur des droits civiques et, la veille, il avait encore prêché devant vingt mille personnes. À 18 h 01, alors que, de son perchoir, il discute avec le musicien Ben Brach – qui doit se produire le soir même avec lui –, il est atteint par une balle de gros calibre. Le projectile lui fracasse la mâchoire avant de lui briser la colonne vertébrale. Une heure plus tard, le jeune pasteur, prix Nobel de la paix de 1964, infatigable avocat des droits civiques et « apôtre » de la non-violence, meurt à l'hôpital Saint-Joseph.

À travers lui, c'est le projet d'égalité raciale qu'on a voulu abattre. Au cœur même de l'État, certains responsables ne cachaient pas leur aversion pour le militant anti-ségrégationniste. Pour ne citer qu'un exemple, le tout-puissant patron du FBI, John Edgar Hoover (1895-1972), avait déclaré en janvier 1964, alors même que Martin Luther King venait d'être désigné « homme de l'année » par le magazine *Time* : « Nous devons le marquer pas à pas, comme le Noir le plus dangereux pour l'avenir de ce pays, au point de vue du communisme, des Noirs et de la sécurité nationale. » Idéologue proche de l'extrême droite, Hoover avait plusieurs fois tenté de déshonorer Luther King, voire d'acculer au suicide l'homme menacé, déçu, injurié, calomnié qu'il était devenu. Obsédé par l'idée que le pasteur avait des liens avec les « communistes », le FBI faisait installer systématiquement des micros dans les chambres d'hôtel où logeait celui-ci durant ses déplacements.

D'un discours l'autre

Après deux événements, rapprochons deux discours.

Le 28 août 1963, à l'issue de la fameuse « marche sur Washington », la plus grande manifestation de toute l'histoire des États-Unis, Luther King s'était adressé aux quelque deux cent cinquante mille personnes réunies au pied du Lincoln Memorial. Quittant le fil du texte qu'il avait préparé, il improvisa comme peut le faire un pasteur dans son église. Les quelques phrases que, du même coup, il prononça allaient entrer dans l'histoire universelle.

« Je fais un rêve, lance-t-il, c'est un rêve profondément enraciné dans le rêve américain. Je fais le rêve qu'un jour cette nation se lèvera et vivra en accord avec la véritable signification de son credo : "Nous tenons pour évidentes ces vérités selon lesquelles tous les hommes sont créés égaux, qu'ils sont dotés par leur Créateur de droits imprescriptibles, parmi lesquels la vie, la liberté et la quête du bonheur[1]." [...] Je fais le rêve qu'un jour sur les collines rouges de Géorgie, les fils des anciens esclaves et les fils des anciens propriétaires d'esclaves pourront s'asseoir ensemble à la table de la fraternité. »

Quarante années plus tard, en pleine campagne pour les primaires du parti démocrate, c'est au « rêve » du pasteur assassiné que Barack Obama va se référer dans une adresse au peuple américain, appelée elle aussi à faire date. Le 18 mars 2008 au National Constitution Center de Philadelphie, devant une bonne dizaine de drapeaux américains, le candidat Obama articule d'un ton très solennel un discours de quarante minutes qu'il a choisi d'appeler *« A More Perfection Union »* (« Une union plus parfaite »).

Il prend d'abord méthodiquement ses distances avec les propos incendiaires de son ancien pasteur, le révérend Jeremiah Wright, qui vient de critiquer violemment – et de manière très embarrassante – le « racisme des Américains ». Dans l'un de ses sermons prononcé à Chicago, Wright n'a pas hésité à s'écrier : « Que Dieu maudisse l'Amérique ! » Obama, quant à lui, refuse de se présenter comme un candidat « racial », ainsi que le suggèrent certains de ses concurrents au sein même du parti démocrate, notamment Hillary Clinton. Il prend néanmoins acte de l'« impasse raciale » dans laquelle se trouve encore l'Amérique mais ajoute aussitôt qu'il entend y remédier.

Devant une assistance médusée, il poursuit : « Bien que l'on soit tenté de juger ma candidature sur des critères purement raciaux, nous avons remporté des victoires impressionnantes dans les États les plus blancs du pays. En Caroline du Sud, où flotte encore le drapeau des Confédérés, nous avons construit une coalition puissante entre Afro-Américains et Américains blancs. Cela ne veut pas dire que l'appartenance raciale n'a joué aucun rôle dans la campagne. À plusieurs reprises des commentateurs m'ont trouvé ou trop noir ou pas assez noir. [...] Contrairement au dire de certains de mes critiques, blancs ou noirs, je n'ai jamais eu la naïveté de croire que

1. Martin Luther King reprend ici les termes de la proclamation de l'indépendance américaine de 1776.

nous pourrions régler nos différends raciaux en l'espace de quatre ans ou avec une seule candidature, qui plus est une candidature aussi imparfaite que la mienne. Mais j'ai affirmé ma conviction profonde – une conviction ancrée dans ma foi en Dieu et ma foi dans le peuple américain – qu'en travaillant ensemble nous arriverons à panser nos vieilles blessures raciales et qu'en fait nous n'avons plus le choix si nous voulons continuer d'avancer dans la voie d'une union plus parfaite. »

La différence de ton entre les deux discours témoigne, à elle seule, du chemin parcouru en quatre décennies. Au romantisme mystique de Martin Luther King répond l'assurance distanciée du futur président. Le premier évoluait dans le registre de l'eschatologie chrétienne. Le second joue dans celui du pragmatisme politique. En réfutant les propos « racialistes » de son ancien pasteur, c'est au blocage des esprits que s'en prend Obama. Toute l'histoire américaine, suggère-t-il, ne se ramène pas à la question noire. Son statut de métis, explique le candidat, lui a permis d'entendre et même de comprendre – aussi – les peurs et les frustrations qui habitent les Américains blancs et pauvres. Dans la bouche d'un « Afro-Américain », cela n'a jamais été dit de cette façon. Évoquant sa grand-mère blanche, Obama révèle qu'elle lui a « un jour avoué qu'elle avait peur lorsqu'elle croisait un Noir dans la rue, et que, plus d'une fois, elle a[vait] proféré des stéréotypes raciaux ou ethniques qui [lui] faisaient grincer des dents ». « Ces personnes, ajoute-t-il, font partie de moi. Et elles font partie de l'Amérique, ce pays que j'aime. »

De toute évidence, l'héritage de Martin Luther King est bien présent à l'esprit de Barack Obama. Ce dernier ne serait sans doute pas là si un jeune pasteur noir idéaliste ne lui avait ouvert la voie. À plusieurs reprises, il reviendra sur les mérites de Martin Luther King. En avril 2008, à Fort Wayne (Indiana), il dit sobrement : « Depuis longtemps, nous avons une politique qui n'est pas à la hauteur des défis auxquels nous faisons face. Au lieu d'une politique qui soit à la hauteur de l'appel à l'unité du Dr King, elle se sert de la race pour nous diviser. » Obama, sans renier l'action passée de King, s'efforce de réconcilier l'Amérique avec elle-même et refuse significativement de s'adresser à la seule communauté noire.

Là gît le vrai changement d'optique.

L'opinion américaine ne s'y trompe pas. Le « discours de Philadelphie » est publié, scruté, commenté à travers tout le pays. Le lendemain de sa proclamation, l'intégrale du texte est le deuxième article le plus envoyé par e-mail sur le site du *New York Times*. La victoire symbolique et posthume du pasteur non violent est d'autant plus remarquable qu'au moment de l'assassinat de Luther King, certains assuraient que son entreprise avait échoué et que son étoile avait pali au sein même de la communauté noire.

« Moi j'ai des cauchemars »

Comment cela a-t-il été possible ? En 1968, année de son assassinat, la démarche de Martin Luther King est-elle réellement en échec ? Il est tentant de répondre oui. Dès la fin des années 1950, mais surtout après la mort tragique de John Fitzgerald Kennedy en 1963, la lenteur des progrès vers l'égalité raciale, la modestie des changements obtenus par le Dr King ont favorisé l'émergence, au sein de la communauté noire, des mouvements prônant la lutte armée. Les « musulmans noirs » d'Elijah Muhammad et de Malcolm X critiquent ouvertement la stratégie non violente de King. Né en 1925, Malcolm Little, alias Malcolm X, s'est converti à l'islam en prison et a choisi de s'appeler El-Hadj Malik El-Shabazz. Quant à Stokely Carmichael, ancien militant du Comité des étudiants non violents (SNCC), il a rompu, lui aussi, avec la « douceur évangélique » pour lancer un mot d'ordre plus offensif, celui de *Black Power*. Il a entraîné dans son sillage le SNCC, acquis jusqu'alors à Martin Luther King. Carmichael est en désaccord avec l'espérance de King. Il met en avant le concept de « racisme institutionnel » ou « structurel ». À ses yeux, l'Amérique blanche est incapable de renoncer à la ségrégation.

Le 4 juillet 1965, à Baltimore, une femme du Mississippi, militante du Black Power, Fannie Lou Hamer, va plus loin dans la critique du pasteur. Devant les trois cents délégués du Congrès pour l'égalité raciale (CORE), elle prend explicitement King à partie. « Pendant qu'il rêve, dit-elle, moi j'ai des cauchemars [1]. » L'étoile du pasteur a bien pâli. En novembre 1967, l'envoyé spécial du *Monde* rend compte des élections pour la mairie de Cleveland, où Martin Luther King est venu soutenir – contre le gré de l'intéressé – le futur maire de la ville, le Noir Carl Stokes. Il décrit un King découragé et qui ne rencontre, autour de lui, qu'indifférence. « Ç'a été dur, confie-t-il au journaliste français. Je n'ai jamais vu des gens aussi apathiques. Rien ne les intéresse [2]. » Depuis plusieurs années, il est vrai, les initiatives militantes de King ne sont plus guère vraiment relayées. En mars 1965, pour protester contre la répression d'une manifestation hostile au gouverneur de l'Alabama George Wallace – qui refuse d'abandonner sa politique ségrégationniste –, King propose un boycott national des produits de cet État du Sud. Le boycott est l'arme non violente par excellence. Cette fois, il n'est pas suivi.

Les Noirs américains, désormais, n'ont d'yeux que pour le Black Power dont les médias, vaguement fascinés eux aussi, relatent quotidiennement les « provocations ». Le boxeur Cassius Clay, converti à l'islam sous le nom de Mohammed Ali – sous l'influence de Malcolm X –, contribue au succès populaire de la formule *Black is beautiful* qui exalte la beauté mais aussi la fierté et la virilité noires. Aux yeux des chefs du Black Power, Martin Luther King n'est qu'un « bourgeois moraliste », une sorte d'« oncle Tom » manipulé par les Blancs. Malcolm X, opposé à la stratégie du pasteur, se montrera d'une troublante lucidité en déclarant quelques jours avant son propre assassinat : « Certes mes méthodes sont radicalement opposées à celles du Dr King, apôtre de la non-violence, doctrine qui a le mérite de mettre en relief la brutalité du Blanc à l'égard du Noir. Mais, dans l'atmosphère qui règne actuellement en Amérique, je me demande lequel de ces deux extrémistes : le “violent” Malcolm X ou le “non violent” Dr King sera mort le premier [3]. »

Ce sera finalement Malcolm X, tué à Harlem le 14 février 1965,

1. *Le Monde* du 5 juillet 1966.

2. Rapporté par Jacques Amalric au lendemain de l'assassinat de King, dans un article intitulé significativement « L'homme d'un rêve », *Le Monde*, 6 avril 1968.

3. Propos rapportés par Julia Hervé, fille de l'écrivain noir Richard Wright, quelques jours après la mort de Martin Luther King, *Le Monde*, 10 avril 1968.

trois ans avant Martin Luther King. Ses meurtriers sont des membres du groupe Nation of Islam. Ils criblent de balles celui qui avait rompu, l'année précédente, avec cette organisation à laquelle il appartenait depuis les années 1950.

Venues des ghettos, des manifestations violentes éclatent un peu partout dans la seconde moitié des années 1960. Elles affecteront deux cent soixante-quatre villes entre 1965 et 1967, dont le quartier de Watts à Los Angeles, mais aussi Newark, Detroit ou Cleveland. Elles sont comme un démenti cinglant apporté à la stratégie de King. Elles se font sans lui, contre sa volonté. Même si ce durcissement du mouvement noir l'a incité à radicaliser ses propres positions, King est perçu comme « le produit et le symbole d'une étape dépassée de l'histoire américaine », pour reprendre l'expression du journaliste américain Andrew Kopkind. Dans le dernier livre publié par King en 1967, *Où allons-nous ? La dernière chance de la démocratie en Amérique*, il a clairement amorcé ce qu'on pourrait appeler un virage à gauche et pris brutalement ses distances avec le président Lyndon Johnson. Il reprend maintenant à son compte le slogan *Black is beautiful*. Cela ne suffit pas à restaurer son image, pas plus que son engagement déterminé – et risqué – contre la guerre du Vietnam. Par l'effet d'un très injuste paradoxe, ajoute Kopkind, il apparaît comme « le leader moral de la communauté blanche, bien plus que le leader politique de la communauté noire [1] ».

Un bourgeois du Sud

Toutes sortes de raisons expliquent ce désamour tardif entre Martin Luther King et la communauté noire. Les premières sont sociales et culturelles. Petit-fils et fils de pasteur, né à Atlanta en Géorgie le 15 janvier 1929, King est issu de la classe moyenne. Il n'a jamais connu la misère. Ses brillantes études, notamment au Morehouse College, une université réservée aux garçons noirs, puis au séminaire de Crozer, dans la ville de Chester en Pennsylvanie, ont fait de lui

1. *Le Nouvel Observateur*, 5 avril 2008.

un intellectuel doublé d'un théologien érudit. Docteur en « théologie systématique », il a rédigé une thèse de troisième cycle intitulée : *Comparaison de la conception de Dieu chez Paul Tillich et Henry Nelson Wieman.*

Culturellement, il est imprégné d'auteurs comme Henry David Thoreau, H. Richard Niebuhr, Karl Jaspers, Martin Heidegger, Georg Wilhelm Friedrich Hegel ou Gandhi. (Il ira d'ailleurs en Inde en 1958, « sur les traces de Gandhi », à l'invitation du Premier ministre Jawaharlal Nehru.) Il a également lu et étudié avec soin l'œuvre du théologien protestant Walter Rauschenbusch (1861-1918), l'un des fondateurs américains du christianisme social. King veut avant tout rester fidèle aux valeurs évangéliques. Il le répétera et l'écrira sans relâche. Dans ses *Lettres de la prison de Birmingham,* où il est brièvement écroué en 1963, et en réponse à certaines critiques, il note encore : « Je rends grâce à Dieu de devoir à l'Église noire la dimension de la non-violence qui est entrée dans notre combat. Je suis convaincu que si cette philosophie n'avait pas prévalu, bien des rues du Sud charrieraient des flots de sang [1]. »

Il est vrai que c'est d'abord en chrétien déclaré qu'il s'était engagé, le 1er décembre 1955 à Montgomery (Alabama), dans sa première action anti-ségrégationniste. Ce jour-là, une femme noire de quarante-deux ans, Rosa Parks, refuse de céder sa place dans l'autobus à un Blanc, comme le prescrivent encore les lois de l'Alabama. Scandalisé, King et un autre pasteur lancent durant l'office du dimanche un mot d'ordre de boycott de la compagnie d'autobus concernée. L'appel de King définit clairement les règles de la non-violence auxquelles il invite chacun à se conformer. « Nous en avons assez d'être maltraités, déclare-t-il. Nous avons été trop patients. Une des gloires de la démocratie, c'est qu'elle donne au peuple le droit de protester. Nous le ferons, mais sans violence ni haine. L'amour du prochain sera notre règle. » Pour la première fois dans une ville du Sud, les manifestants noirs surmontent la peur que leur inspirent les sinistres défilés racistes du Ku Klux Klan, organisation ségrégationniste fondée en 1866 par

1. Voir Martin Luther King, *Je fais un rêve. Les grands textes du pasteur noir*, Bayard-Centurion, réédition 2008.

d'anciens officiers sudistes après la guerre de Sécession. Des milliers de Noirs, hommes, femmes et enfants, osent défiler dans les rues de Montgomery.

Cette initiative marque le début d'un vaste mouvement qui prend de court les autorités racistes de l'Alabama. Ces dernières tenteront à plusieurs reprises d'intimider le pasteur trouble-fête. Elles le poursuivent en justice (pour excès de vitesse !), le condamnent pour violation de la loi anti-boycott à cent quarante jours de prison. Rien n'y fait. Le succès du boycott, qui dure trois cent quatre-vingt-deux jours, accule la compagnie d'autobus à une quasi-faillite. Pour y échapper, elle doit renoncer aux règles ségrégationnistes qu'elle imposait jusqu'alors à ses usagers. En novembre 1956, la Cour suprême entérine spectaculairement cette victoire acquise à Montgomery en déclarant non conformes à la Constitution les lois imposant une discrimination raciale dans les transports.

L'année suivante, King est déjà devenu célèbre, tant aux États-Unis qu'à l'étranger. On le surnomme « le nouveau Moïse » et il sillonne l'Amérique (il prononcera deux cent huit discours dans la seule année 1957). Le leader du panafricanisme Kwame Nkrumah l'invite à Accra pour participer aux cérémonies marquant l'indépendance du Ghana. Le 23 juin de la même année, King est reçu en audience privée par le président Eisenhower. À plusieurs reprises, il recevra le soutien des Kennedy. En septembre 1964, avant même de recevoir le prix Nobel de la paix, il est accueilli au Vatican par le pape Paul VI. Toujours obstinément attaché à la non-violence, bien qu'il soit régulièrement brutalisé et arrêté par la police, il conduit – aussi – son action en intellectuel, c'est-à-dire en publiant des livres. Le premier d'entre eux, édité en 1958, s'intitule *Combats pour la liberté*. Bien d'autres suivront, dont la tonalité, il faut le reconnaître, sera de plus en plus pessimiste [1].

La popularité grandissante de Martin Luther King, y compris dans la bourgeoisie blanche, lui permet d'obtenir quelques résultats notables, surtout dans les États du Sud. Elle lui vaut surtout des promesses

1. Notamment *Révolution non violente* et *La Force d'aimer* (1963), et *Où allons-nous ?* (1967). Tous ces ouvrages ont été publiés en France chez Payot.

vagues et nourries de bonnes intentions ou aboutit à des réformes législatives non suivies d'effet. Ces succès relatifs ne suffisent pas à tempérer l'impatience de la communauté noire du Nord qui vit, elle, dans la misère épouvantable des ghettos urbains. Or cette misère et la culture de révolte qui l'accompagne, Martin Luther King les connaît mal. Il est un homme du Sud. Il connaît mieux l'humiliation raciale que la pauvreté. La déréliction des minorités noires qui ont afflué vers les grandes villes industrielles du Nord et y ont été « parquées » dans des quartiers à l'abandon est d'une nature spécifique.

Dans les États du Nord, les lois ne sont pas explicitement ségrégationnistes comme celles du Sud, mais la misère, l'éclatement des familles, l'accoutumance à la violence, à la haine ou à la drogue y sont plus destructeurs encore. Or ces conditions de vie ne cessent de s'aggraver dans les années 1960, alors même que la lutte pour les droits civils obtient ses premiers résultats. Le fossé qui se creuse entre Martin Luther King et le petit peuple des ghettos est donc aussi le produit de la géographie sociale. Célèbre dans le monde entier, King se sent rejeté par les habitants de Harlem et d'autres quartiers à l'abandon. Il tente de surmonter cette défiance en s'engageant sur le terrain. En 1966, Martin Luther King et son ami le pasteur Ralph Abernathy – avec qui il avait organisé les premières manifestations non violentes – s'installent délibérément dans un quartier pauvre de Chicago (Illinois). Ils veulent se mettre au service des laissés-pour-compte. La violence quotidienne et la dureté des conditions de vie qu'ils découvrent – et endurent – dans cette métropole du Nord les impressionnent beaucoup plus qu'ils ne l'imaginaient. Abernathy ne supportera bientôt plus de vivre dans un ghetto et déménagera discrètement.

En 1968, c'est un homme quelque peu désenchanté, un militant déçu par l'incompréhension et l'ingratitude des siens que l'on s'apprête à abattre. C'est aussi un homme usé. Il y a de quoi. Si l'on en croit le décompte proposé par le site officiel du prix Nobel de la paix, le Dr King a parcouru près de dix millions de kilomètres entre 1957 et 1968, parlé en public deux mille cinq cents fois, été arrêté par la police une vingtaine de fois et agressé physiquement à quatre reprises.

Naissance d'une légende

Amer et désenchanté, il ignore que, de son propre assassinat, va naître une formidable légende. Une fois mort, Martin Luther King apparaîtra à tous pour ce qu'il était vraiment : un personnage prophétique et l'initiateur d'un mouvement universel d'émancipation auquel se référeront bientôt les opprimés de la terre entière, à commencer par les victimes de l'apartheid en Afrique du Sud. Le crime du motel La Lorraine à Memphis renverse soudainement les perspectives. Finies les critiques, finis le désamour et la surenchère agressive : le Dr King devient une figure de la grande Histoire dans laquelle se reconnaissent tous les Noirs d'Amérique. Son assassinat commence par mettre le feu à tout le pays. Et quel feu !

Dès le lendemain du crime, des émeutes éclatent partout : Chicago, Detroit, Cincinnati, Baltimore, Kansas City, Brooklyn, Jacksonville, Newark… Elles sont les plus violentes que l'Amérique ait connues depuis longtemps. Pour la seule ville de Washington, on comptera sept cents incendies volontaires et d'innombrables scènes de pillage. Le centre des villes est livré à des bandes de jeunes desperados noirs, armés et parfois drogués. La violence est plus dévastatrice qu'en 1966 ou 1967. Elle entend paradoxalement répondre au meurtre d'un non-violent mais révèle soudainement l'intensité des frustrations, des misères et des haines. Au rêve idéaliste du pasteur répond le cauchemar bien réel d'une vengeance sans merci. Se déchaîne alors cette agressivité directe dont Martin Luther King répétait précisément qu'elle était sans issue véritable. « L'ultime faiblesse de la violence, disait-il, est que c'est une spirale descendante, engendrant la chose même qu'elle cherche à détruire. Au lieu d'affaiblir le mal, elle le multiplie. En utilisant la violence, vous pouvez tuer le menteur, mais vous ne pouvez pas tuer le mensonge, ni rétablir la vérité [1]. »

Cent cinquante villes sont touchées, parfois très durement. Le maire de Detroit comparera plusieurs quartiers de sa ville aux ruines

1. Extrait d'un sermon de 1967 intitulé *Where Do We Go from Here*.

de Berlin en 1945, ce qui est sans doute exagéré mais illustre l'état d'esprit du moment. L'Amérique blanche connaît un début de panique. Les émeutes nécessitent le déploiement de plusieurs dizaines de milliers de gardes nationaux (quinze mille rien qu'à Washington pour protéger le Congrès et la Maison Blanche). On doit même faire appel à des unités de l'armée, notamment quatre mille sept cents parachutistes qui affrontent les tirs de snipers et livrent de véritables batailles de rue. On comptera quarante-six morts, trois mille blessés, deux mille immeubles détruits et vingt-trois mille arrestations.

Le président Lyndon Johnson s'emploie – vainement – à désamorcer la colère des Noirs en rendant lui-même un hommage insistant au pasteur disparu et en proclamant un deuil national pour le dimanche 7 avril. C'est la première fois dans l'histoire du pays qu'un tel hommage est rendu à un Afro-Américain. Les drapeaux sont mis en berne dans tous les États, sauf en Géorgie où le gouverneur reste un farouche partisan de la ségrégation raciale. Le 9 avril, jour des funérailles de King, la chanteuse Mahalia Jackson répond au vœu du pasteur disparu en reprenant le cantique qu'il préférait : *Take my Hand, Precious Lord* (« Seigneur, prends-moi la main »). Les chanteurs Sammy Davis et Harry Belafonte sont présents, ainsi que Jackie Kennedy, veuve du président assassiné cinq ans plus tôt, et le vice-président Hubert Humphrey.

Tandis que d'imposantes funérailles suivies par cent vingt millions de téléspectateurs se déroulent à Atlanta, les émeutes reprennent de plus belle. À Wall Street, temple de la Finance blanche, où l'inquiétude est perceptible, on a observé une minute de silence en hommage au pasteur. À Memphis, la veuve du Dr King, Coretta, conduit elle-même la marche de solidarité avec les éboueurs de la ville, marche que son mari avait préparée quelques jours avant de mourir. Elle diffuse à cette occasion une déclaration à la fois magnifique et révélatrice du découragement éprouvé par le pasteur dans les derniers moments de son existence. « Mon mari, dit-elle, considérait l'éventualité de sa mort sans amertume ni haine. Il savait qu'un monde malade, entièrement infesté de racisme et de violence, mettait en doute son intégrité, minimisait ses buts et déformait ses pensées, et que ce monde l'amènerait en fin de compte à mourir. Et il luttait avec toute son énergie pour sauver ce monde de lui-même [1]. »

Mais qui est l'assassin ?

Reste à savoir qui a tiré en direction du Dr King, le soir du 4 avril, aux abords du motel La Lorraine. La question se révélera moins simple qu'on ne le croit tout d'abord. La police municipale de Memphis et les agents du FBI travaillent cette fois efficacement. Les soupçons se portent aussitôt sur un Blanc au fort accent sudiste qui avait loué une chambre en face de celle du pasteur. On y a trouvé un fusil à lunette, une paire de jumelles, des sous-vêtements et un exemplaire du journal local. Deux mois plus tard, on annonce l'arrestation de cet homme, James Earl Ray (qui se fait aussi appeler John Willard ou Eric Galt), un repris de justice, évadé de la prison de Jefferson City où il purgeait une peine de vingt ans pour vol à main armée. L'arrestation de Ray à l'aéroport de Londres Heathrow a été rendue possible grâce à la coopération des autorités canadiennes et britanniques. L'homme tentait de quitter la Grande-Bretagne avec un passeport canadien au nom de Ramon George Sneyd.

Rapidement extradé vers le Tennessee et accusé du meurtre de Martin Luther King, il passera aux aveux le 10 mars 1969. La décision de plaider coupable (procédure du *plea bargaining*) a été prise par l'intéressé sur les conseils de son avocat et afin d'éviter la peine de mort. Elle frustre l'Amérique d'un authentique procès qui eût permis de mieux connaître les motivations véritables du meurtrier. La frustration est d'autant plus grande que le magazine *Time* a « révélé », avant même l'arrestation de Ray, qu'un homme d'affaires de Memphis aurait offert cinq mille dollars pour faire assassiner le Dr King. D'autres prétendues révélations seront médiatisées, notamment celle d'un détenu de la prison de Dalton en Géorgie, qui a bien connu James Earl Ray en 1963 dans un pénitencier du Missouri. Il affirme que celui-ci s'était vanté de s'être vu proposer un million de dollars par un homme du

1. *Le Monde*, 9 avril 1968.

Ku Klux Klan pour éliminer le pasteur. Une interminable polémique s'ensuit. Elle ne permet pas d'éclairer l'ensemble des zones d'ombre et suscite pendant des années, toute proportion gardée, une vague de rumeurs et d'hypothèses comparable à celle qui a suivi l'assassinat de John Fitzgerald Kennedy le 22 novembre 1963.

James Earl Ray, qui apparaît comme un médiocre voyou, maintes fois arrêté, est finalement condamné à quatre-vingt-dix-neuf ans de prison par le juge W. Preston Battle, lequel mourra peu après d'une crise cardiaque. Trois jours après sa condamnation, Ray se rétracte, congédie son avocat et se dit victime d'une machination. Il affirme que c'est un certain Raoul qui l'aurait obligé à acheter le fusil et à louer la chambre du motel ainsi qu'une Ford Mustang de couleur blanche aperçue par des témoins. Les véritables assassins, ajoute-t-il, sont justement ce Raoul et son frère Johnny qu'il assure avoir rencontrés à Montréal. Par la suite, James Earl Ray maintiendra obstinément cette version et tentera d'obtenir une révision de son procès. À sept reprises ses demandes seront rejetées.

En mars 1969, une sous-commission du Sénat est chargée d'enquêter pour savoir si Martin Luther King a été ou non victime d'un « complot ». Le relais sera pris au début des années 1970 par une autre commission du Congrès. Elle fera comparaître le 16 août 1978 le condamné, qui clame son innocence mais ne se montre guère convaincant. La presse évoque, pour s'en moquer, une « enquête spectacle ».

Dans les années qui suivent, d'autres « révélations » sont faites. De nombreux articles et livres d'investigation sont publiés. On met successivement en cause la Mafia et « certaines agences gouvernementales ». La thèse du complot séduit une partie de l'opinion et même, détail intéressant, des membres de la famille King. En 1997, le fils de Martin Luther King, Dexter Scott, se rallie publiquement à la version de James Earl Ray et soutient les efforts de ce dernier pour obtenir la révision de son procès. Il révèle que Ray, questionné à l'hôpital du pénitencier de Nashville où, mourant, il a été hospitalisé, a juré n'être pour rien dans la mort du pasteur. L'assassin présumé décédera l'année suivante, en avril 1998.

En 1999, c'est Coretta Scott King, la veuve du pasteur, qui intente un procès au propriétaire d'un restaurant de Memphis, Loyd Jowers. Il avait révélé sa participation à une « conspiration » visant à l'assassinat du Dr King. Ladite conspiration, murmure-t-on, serait analogue à celle qui aurait abouti à l'assassinat de Kennedy. Le jugement, rendu par un jury de six Blancs et six Noirs, évoque l'implication de certaines « agences fédérales ». Cette thèse « conspirationniste » est officiellement récusée en 2000 – trente-deux ans après le crime – par le département de la Justice des États-Unis.

Le démenti ne mettra pas fin aux rumeurs ni aux « révélations » incriminant les services de l'État. En avril 2002, le *New York Times* fait sensation en produisant le témoignage d'un pasteur, Ronald Denton Wilson, qui affirme que son père, Harry Clay Wilson, se trouvait avec le Dr King à Memphis le 4 avril 1968 et qu'il est le véritable meurtrier. Il aurait voulu « sauver le pays » du communisme. En 2004, le pasteur Jesse Jackson, qui était un proche de Martin Luther King et qui fut candidat à la présidence des États-Unis, fera part lui aussi des soupçons que lui inspire la version officielle.

* *
*

Avec le recul, le questionnement « conspirationniste » semble de moins en moins convaincant. Sa permanence montre toutefois à quel point la mort du pasteur hante cette Amérique dont King a infléchi l'histoire. Lors de la campagne présidentielle de 2008, John McCain, le candidat républicain, a lui-même reconnu que « cet homme était une figure transcendante de l'histoire américaine ». Quant à Barack Obama, il déclare à la veille de son investiture du 20 janvier 2009 : « Aujourd'hui, nous célébrons la vie d'un pasteur qui, voici plus de quarante-cinq ans, s'est dressé sur le National Mall, dans l'ombre de Lincoln, et qui a partagé son rêve pour notre nation. Demain nous reviendrons ensemble, comme un peuple uni, sur le même National Mall où le rêve du docteur King résonne toujours. »

Le « rêveur » de Memphis a gagné la partie.

JCG

6 juin 1968

Robert F. Kennedy : en plein vol…

Les balles qui abattirent Robert Francis Kennedy dans la nuit du 4 au 5 juin 1968, dans le sous-sol d'un hôtel de Los Angeles (il décédera le lendemain, 6 juin), ne mirent pas seulement un terme à la flamboyante campagne qui semblait conduire à la Maison Blanche le jeune sénateur de l'État de New York, porté par une confuse mais ardente espérance vers une frontière plus « nouvelle » encore que celle que son frère donnait pour objectif au peuple américain, huit ans plus tôt.

Elles coupaient court aussi à la révélation progressive de l'un des personnages les plus énigmatiques de son temps, irréductible à toute définition, rétif aux classifications, plus propre à inspirer les dramaturges, romanciers ou poètes que les analystes politiques, avant que l'exercice du pouvoir lui ait permis de donner sa mesure, au terme de ce que Norman Mailer a salué comme une « extraordinaire révolution intérieure ».

Les deux personnages illustres dont le meurtre avait précédé le sien de cinq ans, puis de quelques mois, John Kennedy et Martin Luther King, n'avaient accompli qu'une partie de leur tâche, mais leurs personnalités s'étaient pleinement affirmées. Celle de « Bobby », frère cadet de John, était, comme on dit du métal, « en fusion », en cours de modelage et d'affirmation. Ce que le crime de 1968 réalisa fut une manière d'avortement : nul ne saura jamais jusqu'où et comment le cadet des Kennedy, succédant à ce Johnson qu'il méprisait, et prévenant l'avènement de ce Nixon qu'il abhorrait, allait remodeler ou bouleverser la société américaine.

On peut affirmer néanmoins que, pour inachevée que fût sa carrière, Bobby avait en maints domaines affirmé une personnalité plus originale encore que celle de son frère. Il faut donc rejeter au rang des platitudes les formules d'« éternel second » et de « frère perpétuel » qui émaillent ouvrages ou films qui lui ont été consacrés. Second, oui, dans l'ordre chronologique…

Peut-on parler d'un homme qu'on a connu, non certes intimement, mais de façon qui excède un peu les rapports professionnels, comme d'un autre ? D'un être dont la disparition vous a atteint, non seulement comme celle d'un personnage admiré, mais comme de celui avec lequel on a échangé un peu plus que des informations ? Disons que l'on ne se croira pas tenu ici à la froide objectivité.

Ayant, dans un passé alors récent, dénoncé le rôle d'activiste joué auprès de son frère John par l'« attorney général » (et conseiller très écouté) Robert Kennedy, soit à propos du Vietnam, soit à propos de Cuba (jusqu'à l'affaire des « missiles » de 1962, qui lui donna l'occasion d'affirmer sa lucidité), j'avais, au cours d'un long séjour aux États-Unis, en 1967, appris à connaître le sénateur de New York, subissant dès lors une fascination dont bien peu savaient se défendre. À cette incarnation flamboyante du génie irlandais, qui faisait penser si fort au *Baladin du monde occidental* de Synge, il n'était pas facile de résister.

Que ce soit dans son bureau du Capitole, où m'avaient conduit deux des plus ardents adversaires de l'intervention américaine au Vietnam, le sénateur Frank Church et mon ami Jo Kraft, le grand *columnist* du *Washington Post* ; dans sa maison de Virginie, Hickory Hill, où flanqué de son ami et futur biographe, l'historien Arthur Schlesinger, il s'informait anxieusement de la nature politique du Viêt-cong ; ou, à Paris, chez Jean Monnet, s'informant de l'appui qu'il pouvait attendre du général de Gaulle en vue d'une « neutralisation » du Vietnam, j'ai pu mesurer à quel point ce James Dean ébouriffé était engagé dans la recherche de l'issue à donner au terrible imbroglio vietnamien, espérant que cette intrépide lucidité s'exercerait aussi, à la Maison Blanche, en faveur des « droits civiques » des Noirs ou des relations entre « son » Amérique et celle que Castro s'employait à mettre en ébullition.

La dimension sanglante de la vie…

Que cherchait Bobby, si longtemps confiné dans le rôle du troisième, puis second des princes de la lignée, alors voué au rôle du « cogneur », chasseur d'abord de sorcières marxistes, puis de rois de la pègre ? Boulimie de pouvoir, appétit maniaque de la domination ? Bon observateur des Kennedy, Arthur Schlesinger écrit que l'esprit de ces Irlandais était hanté par ce qu'il appelle, dans le style élisabéthain, « *the bloodiness of life* », la « dimension sanglante de la vie ».

Retraçant la carrière de John, on a évoqué cet aspect de l'histoire du clan, la sauvage course au pouvoir – financier d'abord, politique ensuite – de Joe Kennedy, bootlegger, banquier, producteur de films, séide de Roosevelt, ambassadeur à Londres séduit par les nazis, qui avait décidé que son fils Joe junior serait président des États-Unis. La mort du prétendant par primogéniture ayant porté John au premier rang, Bob restait dans la pénombre.

Des études moins brillantes que celles de ses frères, d'un collège de bénédictins au Milton College de Harvard (de modeste réputation, en dépit de ce patronage prestigieux), la non-participation (en raison de son âge) aux combats de la guerre où se sont illustrés les aînés, l'ont rejeté dans l'ombre. Couvé par sa mère, il est quelque peu négligé par le patriarche : on fera un assistant, un lieutenant, de ce gringalet à l'air triste qui fait petite figure sur les terrains de football – un jeu qui, ici, exige une autre corpulence et qu'il aime pourtant à la folie.

Plus que ses aînés, qui ont formé leurs personnalités et conquis leurs grades avant que soient dévoilées aux yeux du grand public la personnalité pour le moins trouble et la carrière controversée du vieux Joe, Bobby est très sensible à la contradiction dans laquelle il vit, Irlandais catholique (beaucoup plus attaché que ses frères à la religion) et fils d'un milliardaire que la presse traite volontiers d'escroc. Ce puritain combatif saura toujours se servir de l'argent – de beaucoup d'argent… – sans l'aimer.

Brutalité...

On ne reviendra pas sur la rapide ascension politique de John Kennedy, l'aîné survivant et très admiré. D'emblée le cadet s'est vu confier le rôle de l'acolyte, quand ce n'est pas celui de l'homme de main. À John, plus couramment appelé « Jack », l'éloquence et l'élection ; à Robert, dit « Bobby », les manœuvres de couloirs, les menaces suggérées, les combinaisons tactiques. Les frères bénédictins qui ont formé Bobby lui ont appris, entre autres évangiles, celui qui ne réprouve pas l'usage des richesses d'iniquité.

Après un bref passage par le ministère de la Justice, Bob Kennedy est rappelé auprès de son frère, qui, à trente-trois ans, ose affronter, pour le siège de sénateur du Massachusetts, le formidable Henry Cabot Lodge. On peut situer en cet automne 1952 non seulement l'engagement de Robert Kennedy dans la vie politique, mais aussi la révélation inattendue de ce qu'on appelle aux États-Unis sa « *ruthlessness* », sa « brutalité ». Et si surprenant que cela puisse paraître aujourd'hui, c'est alors que s'opère la tardive fusion intellectuelle et sentimentale avec son frère – qui l'a jusqu'alors tenu pour un raté mélancolique. L'hédoniste flamboyant qu'est Jack a découvert en Bobby, puritain exigeant, l'associé idéal, capable d'affronter implacablement ceux qui prétendront lui barrer la voie vers cette Maison Blanche que lui fait entrevoir son père et qu'annonce son entrée au Sénat.

Sur cette route, un écart de conduite : poussé par son père, Robert est associé, en 1953, aux travaux de la commission présidée par le sénateur du Wisconsin, Joseph McCarthy, dite « des activités anti-américaines », de sinistre mémoire. Il sera, six mois durant, mêlé aux manœuvres de cet état-major de la « chasse aux sorcières » communistes : ce que son biographe Arthur Schlesinger appelle le « *jihad* de Bobby ».

Il faut quelques mois au cadet des Kennedy pour mesurer la brutale illégalité des enquêtes menées par le Comité, notamment par l'inspecteur Roy Cohn. La fougue mise dans ses investigations contre les « rouges » se retrouve dans la lettre de démission qu'il adresse au formidable sénateur-président : il y est question de « *madness* » (« folie »), et la conclusion de Bobby est que tout cela conduit à un désastre». D'où il ressort que si ce jeune homme est capable d'emportements abusifs, il est avant tout un homme qui ne transige pas avec la loi.

Son père l'avait embarqué dans la fâcheuse aventure de la chasse aux sorcières. Son frère, réélu sénateur du Massachusetts en 1956, et de telle façon qu'il est dès lors reconnu comme un personnage de la scène politique nationale, va, lui, l'introniser comme champion de la lutte contre le crime organisé (*Chief Counsel for the Senate Racket Committee*), cette Mafia dont le cinéma hollywoodien des années 1960 a fait le substitut des Indiens chasseurs de scalps des westerns de jadis et des gangsters en feutre sombre des années de la prohibition. Désormais le crime organisé s'est incrusté dans des structures apparemment honorables, syndicales ou autres. Voici Bobby face aux *teamsters* et aux *mobsters*.

Traque et trique, de la menace à la chasse à l'homme : de cette saison violente restera à Bobby, jusqu'aux derniers jours, la réputation ou, mieux, le masque du *tough guy*, du «cogneur» qui, fût-ce dans un juste combat – contre les gangsters du «syndicalisme» comme Jimmy Hoffa ou les mafieux comme «Momo» Sam Giancana –, mettra une rage d'inquisiteur et emploiera les méthodes d'un shériff. Promu en 1957 conseiller juridique du Comité sénatorial contre la corruption et le crime organisé, il y manifestera un furieux courage, où se mêlent un tempérament de chasseur et une vertu de puritain. Tout se passe comme si chacun de ces *mobsters*, de ces syndicalistes corrupteurs, à commencer par le patron des *teamsters*, Jimmy Hoffa, était un ennemi personnel. Il donne à son travail une efficacité sans précédent, l'allure d'une vendetta. «Vous êtes le mal absolu !» jette-t-il à Hoffa, qui hurle : «J'aimerais tuer ce petit bâtard !» Tel est le climat.

Excessif, au moins dans la forme, dans la personnalisation d'une action qui frise la chasse à l'homme, le zèle déployé par «RFK» au sein de la commission d'enquête sénatoriale fait de lui, en un peu plus de deux ans, l'un des citoyens américains les mieux informés en ce domaine et les mieux armés contre le crime organisé. Tandis que le FBI de J. Edgar Hoover, qui va jusqu'à nier l'existence même de la mafia, concentre ses moyens sur la chasse aux communistes

(« quelques centaines de types inventés ou manipulés par la CIA », glousse le cadet des Kennedy), lui est devenu, du fait de son rôle au sein de la commission, l'ennemi numéro un de la mafia (ce qui lui a permis de constater tristement que son frère bien-aimé a partagé les faveurs d'une dame avec le chef de cette organisation à Chicago, « Momo » Giancana...) et de toute forme de crime organisé : le voilà mûr pour le poste que lui offrira John, élu président.

Il y a bien des façons de faire face au crime, ou à la fraude. La placide, la hautaine, la sournoise, la rageuse, l'hystérique... Bobby sembla s'appliquer, pendant près de dix ans, à incarner moins la loi que la répression du crime, et à la confondre avec le châtiment. Avant d'être l'enchanteur des foules de 1968, il fut le Fouquier-Tinville enragé de 1955, attaché, semblait-il, à transformer tout procès en règlement de comptes. Il était juste et bon de faire « tomber » Jimmy Hoffa, syndicaliste mafieux ; il eût été mieux de ne pas donner à la victoire de la loi l'allure d'un combat de rues. S'il est pratiquement impossible de retrouver la main des « victimes » du procureur de 1953 dans l'assassinat du sénateur, candidat de 1968, qui dira quand, et comment et pourquoi, se forme et se diffuse un projet criminel ?

« *Manipulator...* »

John Kennedy ne s'est pas plus tôt donné pour objectif la Maison Blanche, en 1960, qu'il a choisi son frère comme directeur de campagne (« *manager* »). L'un a quarante-trois ans, l'autre trente-cinq. Le chasseur de scalps est désormais voué à la chasse aux voix – lui qui n'a guère quitté la côte Est, de Boston à Miami, appartient (avec éclat...) à une religion très minoritaire et ne connaît guère, de Chicago, de Houston ou de Los Angeles, que les ramifications du syndicat du crime.

Evan Thomas a intitulé le chapitre de sa biographie de Bob Kennedy consacré à cette campagne « *Manipulator*[1] ». Et il résume le partage des

1. *Robert Kennedy*, Evan Thomas, Simon and Schuster, 2000.

rôles entre les deux frères : John sera noble et Bob sera *tough* (« brutal »). L'histoire récente avait ainsi distribué les rôles, quand bien même tel ou tel de leurs intimes, comme Kenny O'Donnell, donnait à entendre que des deux, le *sweet guy* était le moraliste puritain chasseur de sorcières et de gangsters. En fait, tout éclat et lumière, John était un animal politique, multiforme et multiface, de la race des Choiseul et des Disraeli. Robert était un puritain, un militant, dans la lignée des Cassius et des Thomas More. Des gens qui meurent rarement dans leur lit.

Cette équipe à double face avait à résoudre trois types de problèmes (entre mille) : d'abord convaincre le parti démocrate que le jeune sénateur du Massachusetts était un meilleur candidat que le juriste Hubert Humphrey ou que Lyndon Johnson, le puissant leader de la majorité sénatoriale. Ensuite, persuader les électeurs de Virginie et du Wisconsin qu'un candidat catholique n'était pas frappé d'illégitimité consubstantielle pour succéder à Lincoln et à Eisenhower, barrant la route au « mormon » Richard Nixon. Enfin, venir à bout de la vendetta des *teamsters* et autres syndicats moins corrompus, dont l'influence s'exerçait sur le parti et qui, tenant Bobby pour le diable, trouvaient en cette campagne l'occasion de prendre leur revanche sur le tombeur de Jimmy Hoffa.

Pourquoi Lyndon Johnson accepta-t-il de se contenter de jouer les seconds rôles aux côtés de ce John Kennedy, ce catholique, son cadet ? Est-ce seulement parce qu'un Texan ne pouvait compter sur le vote noir – que Bobby Kennedy contribua à faire pencher vers son camp en obtenant la libération de Martin Luther King de l'une des geôles, en l'occurrence celle d'Atlanta, où il venait d'être jeté ? Ce qui pouvait faire prévoir, de la part des Kennedy, un engagement pour la cause des droits civiques qui ne fut que timidement amorcé entre 1960 et 1963.

Une fort méchante rumeur courut longtemps à propos de la conduite de la campagne menée par Bobby : il aurait accepté l'alliance et les bons offices du fameux « boss » de la mafia de Chicago, Sam Giancana. Un biographe aussi peu complaisant qu'Evan Thomas exclut cette hypothèse – moins pour des raisons de principe que parce que les Kennedy « tenaient » déjà Chicago du fait de l'alliance passée avec le tout-puissant maire Daley (lequel, il est vrai, n'était peut-être pas sans relations lui-même avec le susnommé Giancana).

Commentaire de Joe le père à la veille du scrutin victorieux : « Jack aura fait tout ce qu'un être humain peut faire en ce domaine [...], Bobby, un peu plus... » Dialogue, à la même époque, entre les deux frères. Bob :

« Comment vas-tu ?

– Épuisé, mon gars... (*Man, I am tired...*)

– Et pourquoi donc, Jack ? C'est moi qui ai fait le boulot ! »

Quelques jours plus tard, s'adressant à un journaliste, le nouveau Président déclarait : « Moi, j'ai fait le spectacle (« *I just show up* ») [...], lui, le travail. C'est de loin le meilleur homme que j'aie connu... »

Le nouveau Président ne consulta guère son entourage avant de nommer son frère attorney général, c'est-à-dire ministre de la Justice – poste que Bobby avait, dans son esprit, conquis de haute lutte en tant que chef de guerre contre la mafia. Sa décision n'en fut pas moins combattue, et par la haute administration et par la presse, dénonçant à la fois le népotisme qu'impliquait une telle nomination, la jeunesse et l'inexpérience politique et juridique du promu, et la violence de son tempérament.

Mais la commission sénatoriale devant laquelle devait se présenter le nouveau ministre lui fit bon accueil, toutes griffes rentrées, de part et d'autre. Propos de l'un des commissaires rapportés par James Reston : « Nous croyions affronter un boxeur comme Jack Dempsey : nous avons reçu Shirley Temple... » Ceux qui auront affaire à Bobby, trois années durant, n'en diront pas toujours autant, mais il est sûr que le féroce animateur de la Commission anti-mafia des années 1950 s'était mué en un ministre très maître de lui – non moins implacable dans l'application de la loi.

Le ministre et le policier

On a évoqué, à propos de John Kennedy, le rôle proprement inimaginable joué, au sein de l'administration dont Bobby prenait la tête, par J. Edgar Hoover, inamovible patron du FBI depuis 1929 (l'année précédant celle de la naissance du cadet des Kennedy !). Les rapports entre le vieux policier, qui ne voyait qu'une sorte de délinquants dans son pays, les communistes, et son nouveau ministre, peuvent être résumés en cette formule de l'un des adjoints de Hoover : « Il n'y a qu'un homme que le patron haïsse plus que Martin Luther King, c'est Bobby Kennedy ! » Reconnu comme une institution nationale, et détenteur de tous les secrets intimes ou relatifs à la vie publique, bénéficiaire de la moitié des crédits du ministère, « JEH » allait être, pour le nouvel attorney, trois années durant, un implacable ennemi intérieur. Quand il faudra s'interroger sur le ou les responsables de l'assassinat du cadet des Kennedy, tous les regards se tourneront vers le patron du FBI. En vain, semble-t-il. Quoique entre le « faire » et le « laisser faire »...

Reste que les États-Unis vécurent un peu plus de trois ans dans l'extraordinaire contradiction entre un ministre de la Justice voué à la destruction du crime organisé – mafias, *mobsters* – et un maître de la police refusant de prendre en compte ce phénomène central de la vie américaine et concentrant ses moyens contre le crime individuel (type Bonnie and Clyde) et un parti communiste fantasmatique.

Échange typique. L'attorney général Kennedy convoque le patron du FBI à New York, J.F. Malone :

« Où en est chez vous le crime organisé ?

– Monsieur l'attorney général, je ne peux vous répondre, nous avons ici une grève des journaux... »

Insolence calculée ? Aveu de carence ? Manifestation de connivence entre le FBI et les mafias ? Arthur Schlesinger, historien patenté, donne à entendre qu'Edgar Hoover entretenait des relations amicales avec Frank Costello, une des « figures » de la mafia new-yorkaise. Tout se passait quoi qu'il en soit comme si le maître de la police des États-Unis, obsédé par le combat contre le parti communiste, avait signé un pacte de non-agression avec le crime organisé...

Le vieil ennemi de l'attorney général, Jimmy Hoffa (qui déclarait à son entourage : « Trouvez-moi quelques bombes au plastic : j'aurai ce fils de pute ! Sa maison n'est pas gardée... »), réussit, plus de trois années durant, à échapper à toutes les procédures, trouvant même un éditorialiste pour écrire que « le combat de Jimmy Hoffa contre les

Kennedy est celui de tous les hommes qui veulent rester libres [1]... ». Il a été reproché à Robert Kennedy de « poursuivre les criminels plus que le crime », conduite plus politique peut-être que juridique. Il tenait cette imputation pour un éloge.

« Decision making »

La question des droits civiques, c'est-à-dire de l'égalité raciale, n'avait pas été au centre de la campagne présidentielle. Les Kennedy (pour appartenir à une minorité longtemps brimée ?) étaient instinctivement en faveur de l'égalité raciale. Au surplus, le vote noir avait contribué à la courte victoire de 1960, et restait décisif en vue de la réélection de 1964. On l'a rappelé à propos de John Kennedy, l'attorney général ne ménagea pas ses visites en Géorgie et en Alabama, qui furent autant de défaites pour la ségrégation, scolaire notamment : en septembre 1961, les écoles de New Orleans, d'Atlanta et de Memphis en étaient purgées.

Qu'il s'agisse de défendre les *Freedom Riders* de Martin Luther King agressés par les hommes du Ku Klux Klan en Alabama, ou d'appuyer les démarches du pasteur en vue de la généralisation des droits civiques, électoraux d'abord, dans les États du Sud, on a vu que l'attorney général pouvait être crédité de gestes un peu plus audacieux que ses prédécesseurs. Interrogé en 1962 sur ce qu'il considérait comme son objectif majeur, Bob Kennedy répondait : « les droits civiques ». Et pourtant, Arthur Schlesinger relève que « Robert Kennedy fut longtemps aussi impopulaire chez les militants des droits civiques que parmi les ségrégationnistes ». Le climat avait-il évolué plus vite que lui ?

Le rôle de l'attorney général Kennedy dans l'administration présidée par son frère excéda largement le domaine judiciaire, ou même économique. Bobby fut, tout au long des mille jours de la présidence de son frère, un responsable très actif, très influent du processus de *decision making* dans toutes les crises importantes, qu'il s'agisse

1. William Loeb, du *Manchester Union Leader*.

de l'opération d'avril 1961 contre Cuba, des tensions Est-Ouest ou de l'affaire des missiles de septembre 1962. On le vit très présent, très écouté, très dynamique à propos de la situation dans les Caraïbes ou au Vietnam. Pour le meilleur ou pour le pire… Et lui qui allait être, en 1967, un si fervent partisan des négociations avec Hanoi, voire d'un aménagement des relations avec La Havane, se manifeste plutôt, lors des séances du *brain trust* de la Maison Blanche, en 1961-1962, comme un « faucon », plus ardent que son frère à soutenir les opérations anti-Castro (qui pourraient prendre la forme d'un attentat contre le *leader maximo*) et à participer plus directement à la lutte du pouvoir de Saigon contre le Viêt-cong.

Au sein de l'état-major qui délibère à la Maison Blanche, il est un conseiller très écouté, d'abord par son frère. Ses avis, jusqu'à la crise majeure des « missiles de Cuba » où il soutient ardemment contre les militaires et la CIA le compromis avec Moscou (négocié par lui-même, on l'a vu, avec l'ambassadeur Dobrynine), furent plutôt ceux d'un combattant que d'un diplomate. Peu enclin à la chasse aux sorcières à l'intérieur, il est considéré par son frère, les assistants et le secrétaire d'État Dean Rusk (qu'il tient pour un lourdaud) comme intransigeant dans l'ordre international.

À l'approche de l'échéance électorale de 1964, Robert proposa à son frère de l'écarter du ministère de la Justice, où il s'était acquis une réputation de brutalité de nature à faire fuir les électeurs. Le Président refusa. C'est donc à titre d'intraitable défenseur de la loi que l'attorney général allait affronter, à trente-huit ans, la grande épreuve.

« Le triste labyrinthe de la vie publique »

Le 22 novembre 1963, alors qu'il déjeune avec des amis au bord de sa piscine de Hickory Hill, Robert Kennedy est appelé au téléphone vers 13 heures par J. Edgar Hoover – qui ne l'a jamais fait auparavant : « J'ai une nouvelle pour vous. On a tiré sur le Président. » Fin de la communication. Une heure plus tard, c'est la mort de son frère que lui apprend, sur le même ton, l'homme du FBI. Son ami Ed. Guthman l'entend murmurer: « Je savais qu'ils allaient avoir l'un de nous. Je croyais que ce serait moi. »

Tous voient d'emblée en lui un homme fracassé. L'accueil de la dépouille, les soins portés à sa belle-sœur Jacqueline rentrant de Dallas, la préparation des funérailles le tiennent debout. Mais le mépris qu'il porte au successeur de son frère se manifeste à tout instant, encore qu'il se résigne à poursuivre sa tâche au sein du gouvernement, comme le font d'aussi fidèles kennedyens que McNamara et McGeorge Bundy. A-t-il vraiment imposé à Johnson, qui s'y était installé dès le premier soir, d'attendre quelques heures de plus pour occuper le bureau ovale ?

Il se garde de se mêler trop passionnément à l'enquête sur les origines et les circonstances de l'attentat de Dallas, et se retient de mettre publiquement en cause les grossières invraisemblances des versions officielles. Il a d'emblée, on l'a vu, évoqué la CIA, dont il connaît l'hostilité à l'évolution de la stratégie vietnamienne du président assassiné. Et il connaît mieux que personne les liens qui unissent les exilés cubains de Floride à la Mafia – ayant lui-même prêté une oreille complaisante à tel projet d'empoisonnement de Castro par de bons spécialistes… Projet que certains disent à l'origine du crime de Dallas…

Le silence qu'il s'impose à propos de l'assassinat de son frère peut être lourd de sous-entendus, et refléter surtout l'abattement absolu où l'a jeté la tragédie. Son biographe Evan Thomas suggère que la réserve dans laquelle se tient Bobby est peut-être due à un sentiment de culpabilité : si l'hypothèse des émigrés cubains était retenue, le crime serait lié à des complots anti-Castro auxquels il a été mêlé, lui, l'attorney général.

Tout – et d'abord le mépris que lui inspire le nouveau Président – donnait à penser que Robert Kennedy adopterait une attitude de repli à l'endroit de l'« usurpateur » – d'autant qu'on lui avait rapporté un affreux propos de Johnson : « Ce crime de Dallas est le prix qu'ont payé les Kennedy pour avoir trempé dans plusieurs tentatives d'assassinat à Cuba et au Vietnam. » Non seulement il ne refusa pas de se maintenir quelques mois au gouvernement, mais il fit mine de prêter la main à une opération visant à le porter à la vice-présidence lors de la campagne de Johnson en 1964 ! Ne fit-il mine de s'associer à ce projet que parce qu'il donnait des sueurs froides à « LBJ » ? Le ticket aurait à coup sûr remporté la victoire, mais transformé Washington en champ de tir ! Un opportun voyage en Europe permit à Bobby de couper court à cette intrigue – avant que soit annoncée sa candidature au Sénat, pour l'État de New York.

Médiocre début de campagne : il semble effrayé par les foules attirées par le nom magique. Mais son adversaire Kenneth Keating s'en prenant au passé de son père, il retrouve toute sa pugnacité, et le combattant l'emporte en lui : son score est inférieur à celui de la plupart de ses prédécesseurs démocrates – les « boss » du crime organisé ont tout fait contre lui – mais le siège qu'il vient de conquérir sans éclat à New York est l'un de ceux qu'envie tout candidat à la présidence des États-Unis. Le voilà sur orbite.

« Robert Kennedy était *in the Senate, but not of it* ("dans le Sénat, pas du Sénat") », disait cruellement Mike Mansfield, le très influent leader de la majorité, naguère proche du président assassiné. Pour son ami Richard Goodwin, il était obsédé par l'idée de s'évader du « triste labyrinthe de la vie publique ». Et c'est curieusement au cours d'un voyage en Amérique latine, en novembre 1965, que l'accueil chaleureux que lui font les foules brésiliennes et péruviennes ranime en lui l'animal politique.

Le sénateur de l'État de New York a donné à entendre que ses combats auraient pour objectifs la misère et les droits civiques. On ne saurait dire qu'il n'a pas combattu sur ces deux fronts. Mais on le verra constamment soucieux de ne pas être dénoncé comme un « libéral » – mot qui, dans le vocabulaire politique américain, est plus ou moins synonyme de « socialiste » –, « radical » désignant les sympathisants marxistes. Si forte que soit l'attention qu'il porte aux *poors*, et si fermement qu'il ait dénoncé les responsabilités du pouvoir dans les terribles émeutes californiennes de Watts, en 1965, le cadet des Kennedy restera, au moins jusqu'à son entrée dans la campagne présidentielle, en 1967, un politicien que l'on situerait, compte tenu de ce qu'est le paysage politique américain, dans une gauche réformiste.

Notons que, en ce milieu des années 1960, Bob Kennedy se prend de passion pour la lecture d'Albert Camus (mort en 1960, au temps de l'élection de JFK). La lecture de *L'Étranger* ou du *Mythe de Sisyphe*, voire de *La Peste*, peu banale de la part d'un homme politique américain, ne saurait bien sûr fonder une stratégie politique, et l'ancien attorney général y trouve surtout une théorie de l'absurde qui l'aide à intégrer psychologiquement le désastre de Dallas. L'homme qui, sans exercer avec beaucoup de conscience son mandat de sénateur, court alors d'Amérique latine en Europe et au Proche-Orient, est de moins en moins le « cogneur » qui acculait dans les cordes Jimmy Hoffa et les « mafieux » de tout poil. Il est en train de devenir l'homme qu'attend la société américaine en vue de proposer une autre « nouvelle frontière ».

Avant qu'il ait donné le moindre signe explicite de nature à faire prévoir un acte de candidature, au début de 1967, un sondage donne à Robert Kennedy 52 % d'opinions favorables contre 32 % en faveur d'une réélection de Lyndon Johnson. Comment expliquer une pareille attente ? Si le frère du président disparu l'emporte alors dans l'opinion sur l'homme de la Maison Blanche, c'est essentiellement en raison de l'intensification de la guerre du Vietnam, deux ans après l'« incident » du golfe du Tonkin – l'attaque, que de bons observateurs mettront toujours en doute, de bâtiments de l'US Navy par des vedettes lance-torpilles nord-vietnamiennes.

On a vu que Bobby n'a pas d'abord été un pacifiste, à propos du Vietnam ; que, parmi les plus proches conseillers de son frère, il n'a pas toujours donné des conseils de prudence. Mais dès lors que John Kennedy a, pendant l'été 1963, fait prévaloir l'idée que « ce sont les Sud-Vietnamiens qui doivent gagner leur guerre » et entamé le processus de repli des « conseillers », son cadet n'a cessé de mettre ses compatriotes en garde contre l'engagement asiatique.

Simple réticence, distanciation ? Non. Son entrée en dissidence à propos du Vietnam va le conduire loin. Informé notamment par son ami Jo Kraft, il ne se contente pas de dénoncer de plus en plus violemment les bombardements du Nord-Vietnam. Il ose prendre des contacts avec la délégation du Front de libération du Sud-Vietnam (le Viêt-cong) par l'intermédiaire de l'ambassadeur de cette organisation à Alger. Le prétexte de ces pourparlers est la libération d'un Américain tombé aux mains des maquisards sud-vietnamiens. La négociation échoue,

Washington refusant toute contrepartie. Mais Kennedy a découvert que le « Front » sud-vietnamien n'est pas un ramassis de terroristes et de brigands.

La campagne qu'il déclenche alors contre l'engagement massif des forces américaines (dix-huit mille « conseillers » en 1963, quatre cent mille combattants en 1967) et surtout contre les bombardements des villes et la défoliation des campagnes vietnamiennes n'est pas sans risque. En 1966, les sondages révélaient que 76 % des citoyens américains soutenaient sans réserve l'effort de guerre, près de 40 % considérant même que le recours à l'arme nucléaire pourrait s'avérer justifié pour venir à bout des « rouges » vietnamiens ! C'est l'époque où un caricaturiste de Chicago fait paraître un Bobby Kennedy barbouillé de rouge, comme ses « amis communistes ». La légende est : « Je veux donner mon sang à l'ennemi communiste au Vietnam. » L'époque aussi où, recevant le sénateur de New York à la Maison Blanche, Lyndon B. Johnson lui jette à la figure qu'il a « du sang américain sur les mains ».

Je me crois autorisé à faire état ici d'un témoignage direct. J'ai rencontré Bobby pour la première fois au début de 1967 dans son bureau de sénateur, au Capitole, conduit là par notre ami commun Jo Kraft et par le sénateur Frank Church, ardent adversaire de l'engagement américain au Vietnam. Il était alors en quête d'idées pour mettre fin à la guerre. Ne serait-ce pas la neutralisation du Sud ? Il faisait grand cas des projets en ce sens du général de Gaulle, et prenait conseil auprès du meilleur des responsables français en ce domaine, l'ambassadeur Étienne Manac'h. Comment amorcer la négociation ? Le « Front » du Sud n'était-il pas une simple marionnette entre les mains de Hanoi ? Avait-il de vraies assises populaires au Sud ?

Depuis lors, de sa belle maison de Virginie, Hickory Hill, peuplée d'enfants blonds et de chiens fous, où il me reçut flanqué de son ami Arthur Schlesinger, à son hôtel parisien ou au salon de Jean Monnet, peu de mois avant sa mort, je ne l'ai jamais rencontré sans qu'il me harcèle de questions sur le Vietnam, les moyens d'entrer en rapport avec Hanoi ou le Viêt-cong, les mesures à prendre pour assurer le succès des négociations en vue d'une « neutralisation ».

S'il consultait des experts plus responsables que moi en ce

domaine – Raymond Aubrac, notamment –, je peux témoigner de son attachement passionné à la recherche d'une paix au Vietnam, alors que s'enflait jusqu'à l'absurde la stratégie d'écrasement – stratégie personnifiée par ce même général Curtis LeMay (« Nous les ramènerons à l'âge de pierre ») qui avait cinq ans plus tôt dénoncé son frère et lui comme des « munichois » lors de la crise des missiles de Cuba.

Candidat, oui ou non ?

L'homme qui entre en lice au début de l'été 1967 est à coup sûr porté par un mouvement d'opinion. Le formidable accroissement de l'effort de guerre américain au Vietnam (rappelons-le, quatre cent mille hommes au début de 1968, dont 60 % d'appelés, arrachés à leurs études ou à leur métier) a bouleversé une opinion que nous avons vue, en 1966, encore très favorable à la croisade contre le communisme asiatique. Le temps passant, la saga des Kennedy, le « royaume de Camelot » est comme une nostalgie, les lumières appelées à chasser l'ombre.

Mais quel homme, aussi, aura concentré sur lui autant de haines bien armées, des *teamsters* corrompus de Chicago à la mafia new-yorkaise, des patrons de la Steel Corporation aux rebelles cubains abandonnés en 1960 ? Et, plus violents que tous, les défenseurs de la ségrégation de l'Alabama ou du Missouri. C'est l'époque où Sam Giancana va disant qu'il a Bobby dans son viseur.

Celui-ci répugne, en légaliste, à combattre Johnson, cet homme qu'il méprise : c'est le successeur de son frère, le leader du parti démocrate. Mais la terrible offensive du Têt de février 1968 bouleverse la donne : dans tous les foyers américains, on a pu voir les commandos viêt-cong envahir l'ambassade américaine de Saigon ! La faillite de Johnson est manifeste. Il est temps d'intervenir. D'autant que le sénateur Eugene McCarthy, tout aussi démocrate – ne pas confondre avec le chasseur de sorcières des années 1950 ! – a, lui, déclaré sa candidature et fait brillamment campagne contre le Président en faillite.

C'est le 15 mars seulement, huit mois avant l'élection, qu'il décide enfin d'entrer dans le combat. Moyennant quoi, deux semaines plus tard, le président Johnson, face à la nation, déclare qu'il ne briguera pas la réélection, non sans annoncer qu'il met d'ores et déjà un terme aux bombardements du Vietnam et propose d'ouvrir des négociations avec Hanoi : comme pour couper l'herbe sous le pied à Robert Kennedy, qui s'apprêtait à faire campagne sur ces deux thèmes.

La voie est ouverte. Et d'autant mieux, si l'on peut dire, que le parti républicain choisit pour candidat Richard Nixon, personnage peu attractif et dont l'image reste marquée par la défaite qu'il a subie huit ans plus tôt du fait du premier des Kennedy. L'horizon se dégage devant l'homme qui a si longtemps contenu sa passion pour le pouvoir, sachant qu'il était pour lui plus périlleux, dans le sens le plus physique du mot, que pour aucun autre : il n'est pas un de ses proches – de Schlesinger à Sorensen – qui ne mette l'accent sur son insouciance provocante en ce domaine.

« *Ferveur populaire* »

Un beau film d'Emilio Estevez [1] reconstitue les dernières heures de Bobby à l'hôtel Ambassador de Los Angeles – où il devait trouver la mort – et évoque chaleureusement le climat de ferveur populaire dans lequel se déroulait la campagne de RFK à la veille de la convention de Chicago qui allait l'opposer à Eugene McCarthy. Concurrent dont la « ligne », dès longtemps orientée à gauche, à propos du Vietnam comme des droits civiques, différait à vrai dire peu de la sienne. Mais si beaucoup d'intellectuels et de libéraux penchaient pour son rival, Bobby était porté par une intense sympathie de masse. McCarthy incarnait un choix politique. Kennedy, une attente populaire. De quoi ? De ce qu'il faut bien appeler, platement, l'invention d'une autre société…

Voir le film d'Estevez fait resurgir, quarante ans plus tard, la personnalité envoûtante de l'ancien procureur acharné à la perte des *teamsters*, de l'attorney général de naguère, chasseur de « mafieux », mué en ce qu'il n'est peut-être pas ridicule alors d'appeler un porteur d'espérance… Où le tragique se mêle constamment à l'enthousiasme. Quelques semaines avant son entrée en campagne, le pasteur King, héraut des droits civiques, est assassiné à Memphis par un militant

1. *Bobby*.

raciste. Bobby murmure à l'adresse d'un ami : « Ç'aurait pu être moi… »

Le journaliste suisse Claude Zurcher, qui « couvrit » la campagne pour la télévision genevoise, résume bien ce climat :

« La guerre du Vietnam, les émeutes raciales de Watts, l'assassinat de Martin Luther King le mois précédent avaient tendu à l'extrême le climat social et politique. Chaque Américain souhaitait un changement et Bobby Kennedy représentait l'homme qui pouvait apporter ce changement ; d'où sa popularité, les foules énormes qui se pressaient à son passage, la ferveur qui accueillait ses discours. Il avait la faveur des Noirs et des immigrés latinos. Ses propositions pour résoudre les problèmes de la société américaine électrisaient les foules. »

Le 4 mai 1968, le sénateur de New York est à Los Angeles, où va se décider l'issue de la campagne démocrate. La veille, McCarthy l'a emporté dans l'Oregon. Mais s'il s'impose ici, dans la prestigieuse et populeuse Californie, le cadet des Kennedy entrera à la convention de Chicago en leader du parti – où il dispose d'une majorité de principe. En Président… Le résultat du scrutin est communiqué peu avant minuit : RFK l'emporte, 52 % contre 48 %. Dans la cohue qui agite l'hôtel Ambassador, il jette quelques phrases d'espoir : « Nous allons abolir les inégalités raciales […], mettre un terme à la haine qui a tué Martin Luther King […]. Nous allons en finir avec la désastreuse guerre du Vietnam… »

Peu avant minuit, fendant la foule au bras de sa femme Ethel et suivi d'un garde du corps, Bill Barry, il pénètre dans une salle de restauration située en sous-sol pour gagner plus vite sa voiture. La police locale n'est représentée que par un seul agent, nommé Eugene Cesar. Carence presque inimaginable, s'agissant de celui qui va devenir le chef de l'État… À peine entré dans cette pièce où s'entassent près de quarante personnes, flanqué de son assistant Karl Veker, il voit se dresser face à lui un jeune homme qui tire, presque à bout portant. Quatre coups ? Certains en ont entendu cinq, d'autres huit – la question étant de savoir si un autre tireur était embusqué… Bob Kennedy, atteint près de l'oreille et au cou, s'est effondré. Un de ses lieutenants, Paul Schade, se jette sur lui pour faire écran de son corps et un autre, Karl Veker, fonce sur le tireur, alors que retentit un huitième coup de feu. On entend

RFK murmurer: «*Is everybody safe ?*» («Tout le monde est-il sauf?») Cinq personnes, dont un enfant, gisent au sol. Bobby est transporté d'urgence à l'hôpital du Bon Samaritain, où l'on découvre sur lui quatre impacts de balles, dont un derrière le cou. Or tous les témoins sont formels: l'assassin faisait face à la victime. D'où l'hypothèse d'un autre tireur – sur laquelle on reviendra brièvement. Dans la voiture qui suit l'ambulance, on entend l'un des compagnons de RFK, Jesse Unruh, répéter: «Nous ne voulons pas d'un autre Oswald.»

Robert Kennedy, opéré trois heures durant, devait expirer vingt-six heures après l'attentat, le 6 juin, à 1 h 45. Il avait quarante-deux ans. Le deuil prit d'emblée une proportion nationale. Mais lequel d'entre les innombrables ennemis (et spécialistes du crime) que comptait Robert Kennedy avait agi ou armé l'assassin? Les assassins?

«Ami d'Israël, il doit mourir»

Celui qui a tiré quatre ou cinq coups de feu sur la victime, presque à bout portant, est un jeune homme de vingt-quatre ans, Sirhan Bishara Sirhan, Palestinien né à Jérusalem, dont la famille a immigré quinze ans plus tôt en Californie, où il a mené jusqu'alors la vie d'un adolescent raisonnable, assez studieux. Mais les enquêteurs vont relever, dans ses carnets intimes, des notations effrayantes: «Bob Kennedy, ami d'Israël, doit mourir. Il faut tuer Bob Kennedy...» Dans ces documents, on peut déchiffrer la date du 5 juin 1968. Quelques jours plus tôt, au cours de l'une de ses interventions, en Oregon, le candidat Kennedy avait approuvé la livraison de cinquante appareils Phantom à l'État hébreu...

Maître de l'enquête, le coroner Thomas Noguchi conclut que si trois balles avaient atteint le sénateur à la tête, au cou et à la poitrine, huit coups avaient été tirés. Cinq autres personnes ont été atteintes. Les présomptions sont fortes qu'un second tireur intervint. Sans preuve irréfutable, encore que le candidat démocrate semble avoir été touché, au cou, par une balle tirée par-derrière, alors que Sirhan, c'est avéré, lui faisait face.

En tout cas, Noguchi concluait ainsi son étude: «L'existence d'un second tireur reste une possibilité. Si bien que je n'ai jamais dit que Sirhan Sirhan avait tué Robert Kennedy. » Mais l'hypothèse de manipulations d'État ou de crime organisé s'impose ici moins clairement que dans l'affaire de Dallas. Pas de document visuel, un tireur vraiment motivé…

Devant le tribunal californien, Sirhan tenta d'abord de plaider non coupable (!) avant de se raviser. Condamné à mort en mai 1969, il attendait d'être conduit dans la chambre à gaz quand, en 1972, l'État de Californie abolit la peine de mort. Il continue de purger sa peine, près d'un demi-siècle plus tard, dans la prison de Corcoran.

*   *
*

Que cherchait Bobby ? On a tôt fait de parler de boulimie héréditaire du pouvoir, d'un appétit maniaque et sans frein. Toute une littérature est consacrée à ce thème. C'est un aspect que l'on ne peut négliger, pas plus qu'on ne doit minimiser l'étrange « légitimisme » qui aura marqué tant de gestes et de comportements du jeune sénateur, agissant comme l'héritier naturel d'un souverain assassiné en lutte contre l'usurpateur. Il est de fait que le Washington kennedyen avait pris, par bien des aspects, l'allure d'une cour. Il y a, dans l'aventure des fils du milliardaire profasciste Joseph Kennedy, un côté « chevaliers de la Table ronde », où les sorcières celtiques coopèrent étrangement à la promotion du clan avec les coulissiers de Wall Street et les patrons les plus cyniques de l'appareil démocrate.

Mais tant de pittoresque, et si trouble, n'explique pas la ferveur alors soulevée. Il faut chercher ailleurs les raisons pour lesquelles le troisième fils du vieux Joe était devenu la cible de l'« *establishment* » américain, pourquoi il était soutenu dans sa campagne par les marginaux de la société américaine, pourquoi tant de jeunes électeurs fondaient sur lui leurs espoirs, pourquoi tout ce qui compte de conservateur aux États-Unis, à commencer par une fraction de la hiérarchie catholique, menait campagne contre lui et pourquoi l'attentat dont il fut victime s'inscrit dans la ligne de l'assassinat de Martin Luther King.

Avec une sorte d'intuition sauvage, et fort de quelque expérience,

Robert Kennedy avait senti avant d'autres que la vie politique américaine devait être transformée et les relations internationales réformées. Si contraint dans ses vues que puisse être un personnage aussi étroitement inséré dans la société politique de son pays, on sentait en lui – les foules sentaient en lui – comme une nostalgie profonde, presque lyrique, un espoir un peu fou dans on ne sait quel changement. Le savait-il lui-même ?

Il est clair – les contacts étaient pris, les projets en ce sens élaborés – que Robert Kennedy avait fait de la paix au Vietnam l'objectif primordial de son quadriennat. Projet qui contribuait à sa popularité. La fin d'une guerre où étaient engagés plus de quatre cent mille citoyens américains eût alors épargné beaucoup de vies et changé le visage de l'Amérique des années 1970. Mais on ne trouve guère le moyen de lier ce projet au geste de l'assassin de Los Angeles.

Paix ici, justice là, Bobby a fait peur – la peur qui anime, plus que tout, les assassins.

JL

9 mai 1978

Aldo Moro : « mon sang retomberait sur le pays »

L'image fera le tour du monde. Prise le 9 mai 1978 vers 14 heures, elle marque un grand basculement historique de l'Italie, l'apogée mais aussi la fin annoncée des sanglantes « années de plomb », l'irrésistible déclin de l'extrême gauche et l'échec programmé de l'« option terroriste » en Europe. Elle symbolise aussi la fin du projet de « compromis historique » entre le parti communiste et la démocratie chrétienne. La photographie est une vue plongeante. On y voit le coffre ouvert d'une R4 de couleur rouge. À l'intérieur gît le corps amaigri d'un sexagénaire barbu, à demi recouvert d'une couverture. Il est couché sur le dos, ses jambes sont à demi repliées, sa tête est penchée sur l'épaule gauche et sa main droite posée sur le haut de la cuisse.

Le cadavre est celui d'Aldo Moro, dirigeant historique et « progressiste » de la démocratie chrétienne. C'est l'une des figures politiques les plus marquantes – et les plus respectées – de l'après-guerre. Il a été cinq fois président du Conseil et, en toute logique, devait être élu président de la République aux élections prévues pour le mois de décembre. Au moment des faits, il était surtout en passe de réussir un rapprochement politique jadis inimaginable : celui qui scellerait une alliance entre la vieille démocratie chrétienne (DC) et le puissant parti communiste (PCI) dirigé par le réformiste Enrico Berlinguer. Ce « compromis historique » s'accompagnerait d'une entrée de quelques ministres communistes au gouvernement. L'initiative, lancée en pleine période de guerre froide, est audacieuse. Elle déplaît souverainement aux Américains et, notamment, aux responsables de la CIA.

La voiture rouge est garée via Caetani, au cœur de Rome, à mi-distance – c'est délibéré – entre le siège de la démocratie chrétienne et celui du parti communiste. La police a été informée vers la fin de la matinée en interceptant une communication téléphonique destinée au professeur Tritto, assistant universitaire d'Aldo Moro. La voix étrangement calme d'un homme a simplement murmuré : « Vous devriez communiquer un ultime message à la famille. Elle trouvera le corps de l'*onorevole* [1] Moro dans une voiture rouge garée rue Caetani. »

Les policiers aussitôt accourus sur les lieux, sirènes hurlantes, ont effectivement trouvé un cadavre dans le coffre d'une Renault 4. Craignant qu'il ne s'agisse d'une voiture piégée, ils ont fait appel aux artificiers et se tiennent à distance. Avant même que la radio ait annoncé la nouvelle, une foule de curieux – prévenus par le bouche-à-oreille – converge vers les deux entrées de la rue Michelangelo Caetani, vite bouclées par la police. Peu après 14 heures, le ministre de l'Intérieur en personne, Francesco Cossiga, arrive sur place. À sa demande, un policier soulève la couverture qui masque le corps et Cossiga, reconnaissant le visage d'Aldo Moro, fait un signe de croix.

C'est à cet instant précis que la photographie est prise. On distingue, sur la droite, le bras qui tient levé le coin de la couverture. En arrière-plan, on aperçoit une foule qui s'est agglutinée autour de la voiture après avoir franchi les barrages de police. L'auteur du cliché, Gianni Giansanti, accédera grâce à lui à la célébrité mondiale. Il deviendra l'un des plus prestigieux photoreporters de sa génération et, beaucoup plus tard, le portraitiste attitré du pape Jean-Paul II, avant de mourir d'un cancer en 2009.

Quant au crime révélé par l'ouverture du coffre de la petite voiture, il est sans doute celui qui, dans l'Europe de la seconde moitié du XXe siècle, sera le plus commenté, scruté et analysé. Il fera l'objet d'innombrables enquêtes mais aussi d'essais, de romans, de pièces de théâtre, de longs métrages. Trente ans après, il donne toujours lieu à des polémiques ténébreuses et suscite encore de fracassantes « révélations ». Il est vrai que, dans cette affaire, tout conspire depuis le début à enflammer les esprits.

Et d'abord la longue, très longue mise en scène du rapt et de

1. *Onorevole* : qualificatif de politesse qu'on emploie en Italie pour désigner un élu du Parlement et, par extension, une personne considérée comme importante.

l'assassinat. Il se sera écoulé près de trois mois entre l'enlèvement et le crime, les mois les plus singuliers qu'ait vécus l'Italie de l'après-guerre.

Une nouvelle « incroyable »

Aldo Moro a été enlevé cinquante-cinq jours auparavant, le 16 mars 1978. Certes, le rapt politique ou crapuleux est chose courante dans l'Italie de la fin des années 1970. On en a compté onze depuis le début de 1978. Il y en avait eu soixante-seize l'année précédente. Néanmoins, c'est la première fois en Europe qu'un homme d'État de cette envergure est kidnappé. Les circonstances du rapt sont à la fois glaçantes et rocambolesques. Ce jour-là, l'escorte habituelle du président de la DC charge l'*onorevole* à son domicile, au 79 de la via Forte Trionfale, dans le quartier de Monte Mario. La journée s'annonce importante puisque Moro doit se rendre au Parlement pour participer au vote d'investiture du nouveau gouvernement, investiture que rend possible – pour la première fois – un accord avec les communistes. Le défenseur du « compromis historique » se prépare à savourer une victoire politique.

Moro prend place dans la Fiat 130 bleue et commence à feuilleter les journaux du jour. Il a posé à côté de lui cinq grosses serviettes noires. L'une d'elles contient les travaux de ses étudiants qu'il doit retrouver en fin de matinée à l'Institut des sciences politiques. Le chauffeur, Domenico Ricci, est un carabinier en civil. À côté de lui se trouve Oreste Leonardi, le plus ancien garde du corps, l'ami et confident, du président. La voiture officielle est suivie d'une Alfetta blanche transportant trois autres policiers armés.

Vers 9 heures, le convoi s'engage sur la via Fani quasiment déserte. Juste devant, une Fiat 128 blanche munie d'une plaque diplomatique freine subitement à hauteur de la via Stresa et provoque sciemment un carambolage. Deux hommes armés sortent aussitôt du véhicule et mitraillent à bout portant les deux gardes du corps. Jaillis d'une deuxième voiture, une Fiat 132 bleu métallisé arrivée par l'arrière, d'autres hommes abattent froidement les trois derniers gardes du corps. Au total, quatre-vingts balles sont tirées sur les voitures qui n'étaient pas blindées.

Les terroristes embarquent leur otage dans la Fiat bleue qui redémarre en trombe tandis que plusieurs habitants du quartier téléphonent au 113 pour donner l'alarme. Les carabiniers arrivent rapidement via Fani, où une foule est déjà rassemblée. Ils relèvent le seul garde du corps encore en vie, Francesco Zizzi. Atteint de trois balles, ce dernier mourra peu après à l'hôpital Gemeli situé dans le quartier. Bêtise ou négligence ? Au lieu de poursuivre aussitôt les ravisseurs, les carabiniers laissent quarante minutes à ceux-ci pour s'enfuir. Les barrages ne seront mis en place qu'à 9h50. (La défaillance sera vertement reprochée aux autorités.) Une demi-heure auparavant, la deuxième chaîne musicale de la RAI a interrompu son programme pour annoncer, au conditionnel, l'enlèvement. La nouvelle qualifiée d'« incroyable » par le journaliste suscite la stupeur dans tout le pays. « *Incredibile, incredibile* » : l'adjectif sera mille fois répété par la suite [1].

Deux jours plus tard, le 18 mars, un « communiqué numéro 1 » revendique la prise d'otage au nom des Brigades rouges et annonce l'ouverture d'un « procès populaire » contre l'homme politique. L'Italie comprend que l'affaire est sérieuse. Les Brigades rouges sont un groupe armé d'extrême gauche créé en 1973 par le sociologue Renato Curcio et dirigé à Rome par Mario Moretti. Son choix de la lutte armée « prolétarienne » s'inscrit, en Europe, dans le contexte d'une radicalisation du gauchisme d'après mai 1968. En Italie, les BR se veulent également une réplique combattante aux campagnes d'attentats menées depuis 1969 par l'extrême droite fascisante, parfois manipulée par les services secrets. Au « terrorisme noir » s'est ainsi ajouté un « terrorisme rouge », et leurs actions conjuguées ont fait entrer le pays dans un cycle sanglant qu'on appellera les « années de plomb ».

À la même époque, deux autres pays affrontent la menace terroriste : la République fédérale allemande, avec la « Fraction armée rouge » d'Andreas Baader et Gudrun Ensslin, et le Japon, avec

1. Concernant les détails de l'enlèvement et du crime, on s'inspire du récit le plus complet publié en France, celui de Robert Solé, alors correspondant du *Monde* à Rome et qui a rédigé l'un des premiers livres sur l'affaire Moro, *Le Défi terroriste. Leçons italiennes à l'usage de l'Europe*, Seuil, 1979.

– notamment – l'« Armée rouge japonaise », groupe fondé en 1971 et dont l'action violente fera près de deux cents morts, parmi lesquels les vingt-six victimes du massacre de l'aéroport de Lod en Israël, le 30 mai 1972. Les trois pays confrontés au terrorisme d'extrême gauche, on en fera souvent la remarque, se trouvent être les trois vaincus de la Deuxième Guerre mondiale.

Entre 1969 et 1988, l'Italie connaîtra quant à elle un total de quinze mille attentats, qui font plus de quatre cents morts et de nombreux blessés. À elles seules, les BR, qui ont choisi la clandestinité, blessent aux jambes (la « jambisation ») ou tuent de nombreux magistrats, journalistes et industriels. Leur première action violente est la prise en otage, en 1973, du directeur du personnel des usines Fiat. L'année suivante, les brigadistes, ainsi qu'on a coutume de les appeler, inaugurent une série d'enlèvements dont celui d'un magistrat de Gênes qui sera soumis à un « procès du peuple » et libéré un mois plus tard. Le 4 février 1978, trois mois avant la capture de Moro, c'est un conseiller à la cour de cassation, Riccardo Palma, qui est tué à la mitraillette.

L'enlèvement et le meurtre d'Aldo Moro constituent le « coup d'éclat » des Brigades rouges mais précipitent pour cette raison l'organisation dans une période de divisions intestines, d'arrestations régulières par la police, d'émiettement. Certains « combattants » accepteront les propositions de la justice et feront acte de « repentance » pour bénéficier d'un traitement judiciaire plus favorable. L'interminable saga des « repentis » occupera d'ailleurs l'actualité judiciaire en Italie pendant des années.

Le 16 mars 1978, quand ils apprennent le rapt *incredibile* du président de la démocratie chrétienne, les Italiens – classe politique en tête – ont donc de bonnes raisons de s'inquiéter. La journée sera longue. Les réunions au sommet aussitôt convoquées, le vote de confiance accordé comme prévu au gouvernement de Giulio Andreotti par la Chambre et le Sénat, les défilés syndicaux organisés dès l'après-midi dans les principales villes italiennes, la mobilisation immédiate de trente mille policiers pour tenter de retrouver la piste des ravisseurs et de leur otage font de ce jeudi une journée de stupeur et d'angoisse. Ce qu'on va baptiser l'« affaire Moro » débute dans un étrange climat. « Quelque chose d'essentiel s'est brisé, écrit Robert Solé. En même temps, une union nationale inhabituelle s'est produite. On a le sentiment que rien ne pourra plus être comme avant [1]. »

Lettres de la « prison du peuple »

Les cinquante-cinq jours qui s'écoulent entre le rapt et l'assassinat sont si étranges, si extravagants, si angoissants que tous ceux qui les ont vécus s'en souviennent avec effroi. Les ravisseurs vont mettre en scène leur forfait et conduire les « négociations » avec beaucoup de maîtrise et manipuler les médias avec une intelligence froide qui laisse rétrospectivement songeur. Dans le monde du terrorisme, cette gestion médiatique fera école. Jour après jour, semaine après semaine, les BR vont d'abord diffuser des « communiqués » numérotés en sélectionnant avec soin le journal destinataire. Ainsi le « communiqué numéro 1 », accompagné d'une photographie de l'otage et glissé dans une enveloppe jaune, a-t-il été déposé dans un passage souterrain de Rome à destination du quotidien *Messagero*, mais aussi à des journaux de Gênes, de Milan et de Turin.

Sur le cliché – qui paraîtra en une de tous les journaux –, Aldo Moro, placé devant l'étoile à cinq branches des *Brigate Rosse*, y affiche l'air triste qu'on lui connaît et que l'écrivain sicilien Leonardo Sciascia, auteur d'un essai polémique sur l'« affaire Moro », décrit ainsi : « Moro semblait [toujours] être en proie à la plus antique lassitude. Par moments seulement, entre yeux et lèvres, on entrevoyait un éclair d'ironie ou de mépris : mais aussitôt voilé par cette lassitude, par cet ennui [2]. »

Les auteurs du « communiqué numéro 1 » stigmatisent la démocratie chrétienne désignée comme la « tête de pont de l'impérialisme en Italie ». Ils annoncent la diffusion d'autres textes de ce genre, en précisant qu'ils seront tous tapés avec la même machine à écrire, et donc reconnaissables. En l'espace d'un mois et demi, il y aura neuf

1. Robert Solé, *Le Défi terroriste*, *op. cit.*, p. 74.
2. Leonardo Sciascia, *L'Affaire Moro*, Grasset, 1978. Réédition Grasset-Les Cahiers Rouges, 1991, p. 50.

« communiqués », dûment publiés dans la presse et minutieusement décryptés.

Mais les terroristes ne s'en tiennent pas à ce mode de communication. Ils commencent bientôt à diffuser des lettres dont ils affirment qu'elles sont écrites par Aldo Moro (ce qui est vrai). La première d'entre elles accompagne, le 29 mars (avec deux autres missives destinées à la famille), le « communiqué numéro 3 ». Elle est adressée à Francisco Cossiga, ministre de l'Intérieur, qui fond en larmes en la lisant. Dans cette lettre, Aldo Moro recommande à *Caro Francisco* l'ouverture de négociations avec les Brigades rouges, ce qu'aucun gouvernement n'a accepté de faire jusqu'alors. Venant d'un homme d'État, cette suggestion trouble la classe politique. Moro se rend-il compte de ce qu'il demande ? Durant les semaines qui suivent, pas moins de soixante-dix lettres de l'otage sont envoyées à la presse ou directement à leurs destinataires [1]. Elles suscitent dans la presse et au Parlement une cacophonie de commentaires, pas toujours innocents.

En apparence, bien sûr, c'est l'affliction qui domine. Des hommages au « grand homme d'État » sont publiés un peu partout. Des témoignages de solidarité affectueuse sont adressés à l'épouse du prisonnier, Eleonora Moro. Le pape Paul VI – à qui Moro a écrit – rédige une lettre manuscrite à l'intention des brigadistes, lettre bientôt transmise aux journalistes accrédités au Vatican. Elle donne une idée de l'émotion générale. « Je vous supplie à genoux, écrit le pape : libérer M. Aldo Moro sans condition. » Le pape ajoute une mention personnelle et, détail sans précédent au Vatican, s'exprime à la première personne : « Je n'ai aucun moyen d'entrer en contact avec vous. » Pas une seule voix ne s'élèvera, ni à droite ni à gauche, pour contester l'initiative solitaire du souverain pontife. Un responsable du parti socialiste, Enrico Manca, dira même : « Il a interprété notre sentiment à tous [2]. » Seule la famille jugera un peu ambiguë – et prudente – son intervention.

1. Retrouvées à Milan dans une maison ayant appartenu aux terroristes par le chef des carabiniers, le général Carlo Alberto Dalla Chiesa (qui sera lui-même assassiné par la Mafia), ces lettres ne seront rendues publiques que plusieurs années après. Elles feront l'objet d'une publication en France : Aldo Moro, *Mon sang retombera sur vous*, Tallandier, 2005, rééd. Points, 2008.

2. Robert Solé, *Le Défi terroriste*, *op. cit.*

Pendant quelques jours, on se persuade que le plus important dans les lettres de Moro n'est pas leur contenu mais les codes secrets qu'elles cherchent à transmettre. Ainsi se livre-t-on à de minutieuses analyses sémiotiques pour y chercher des indications concernant la cache utilisée par les brigadistes. On ira même plus loin en organisant une séance de spiritisme, en présence du « démochrétien » Romano Prodi, au cours de laquelle les « esprits » indiquent comme lieu possible de détention les villages de Bolsena, Viterbo et Gradoli [1]. Dépêchée sur les lieux, la police ne trouve évidemment rien.

Est-il devenu fou ?

Pourtant, au-delà des apparences et des ostentations, passé le stade de l'émotion, le débat politique qui s'engage est plus empoisonné qu'on ne l'imagine. Faut-il négocier avec les brigadistes qui réclament bientôt, en échange de leur otage, la libération de treize terroristes parmi lesquels Renato Curcio, fondateur historique des BR ? Doit-on prendre au sérieux ce qu'écrit Moro ou considérer qu'il agit sous la contrainte ? Le président de la DC a-t-il encore toute sa tête ? Pourquoi sa sécurité a-t-elle été aussi mal assurée, alors même qu'on évoquait depuis longtemps des risques d'attentats ou d'enlèvement ? Par l'effet des circonstances et du fait de la longue réflexion que l'otage entreprend dans la solitude de sa « prison du peuple », Aldo Moro se mue insensiblement en imprécateur du monde politique. Il n'est tendre ni avec ses adversaires ni même, parfois, avec ses amis démocrates chrétiens.

Le principal reproche que le prisonnier adresse à ses pairs concerne leur refus de négocier avec les terroristes. Dans la classe politique, en effet, chacun – à l'exception de l'extrême gauche et, plus tardivement, du parti socialiste – s'abrite derrière une défense résolue de l'« autorité de l'État ». Celle-ci serait gravement atteinte si, pour libérer Moro, on

1. Rapporté par Andrea Colombo, in Anna Laura Braghetti et Paolo Tavella, *Le Prisonnier. 55 jours avec Aldo Moro*, traduit de l'italien par Claude Galli, Denoël, 1999, p. 194.

enfreignait la règle de la fermeté face aux assassins. Cette atteinte serait d'autant plus funeste que, en Italie, l'État passe traditionnellement pour faible et même chancelant. Le parti communiste est le premier à proclamer solennellement, dès le premier jour, son refus de négocier. Les communistes pressent la démocratie chrétienne d'en faire autant, ce qu'elle fera « la mort dans l'âme », le 30 mars, dans les colonnes du quotidien *Il Popolo* : « Il n'est pas possible, écrit-on, d'accepter le chantage des Brigades rouges. » Le 4 avril, dans un bref discours prononcé à la Chambre, le président du Conseil, Giulio Andreotti, réaffirme avec insistance ce choix de la fermeté. « On ne peut pas négocier avec des gens qui ont les mains ruisselantes de sang [1]. »

Il est vrai que, durant la longue détention de Moro, les attentats n'ont pas cessé alors que le procès du « noyau historique » des BR a repris à Turin. Le 24 mars, l'ancien premier adjoint du maire de cette ville est blessé par balle ; le 11 avril, toujours à Turin, un gardien de prison est abattu par un commando de brigadistes ; le 20 avril, un gardien de la prison San Vittore est tué lui aussi ; le 27 avril, c'est au tour d'un dirigeant de la Fiat d'être abattu à Turin. Ce climat de terreur n'incite pas les politiques à la souplesse.

Dans plusieurs de ses missives, Moro conteste pourtant cette référence rigide à un principe abstrait. Dans la première d'entre elles, adressée à Francesco Cossiga, il récuse le respect aveugle de l'« autorité de l'État », et cite à l'appui de son point de vue plusieurs exemples historiques d'échanges de prisonniers ou de négociations couronnées de succès. « Le sacrifice des innocents, ajoute-t-il, au nom d'un principe abstrait de légalité, alors qu'un indiscutable état de nécessité devrait engager à les sauver, est inadmissible. »

Dans une autre lettre, écrite le 4 avril à l'intention de Benigno Zaccagnini, secrétaire général de la DC, et adressée à la rédaction milanaise de *La Repubblica*, il se fait plus véhément et se réfère à une malédiction biblique qui donnera son titre au recueil posthume de ses lettres. « Est-il possible, écrit-il, que vous soyez tous d'accord pour vouloir ma mort en vertu d'une prétendue raison d'État ? Si ce crime devait être perpétré, une spirale terrible s'ouvrirait [...]. Mon

1. *Le Monde*, 6 avril 1978.

sang retomberait sur vous, sur le parti, sur le pays. » Il précise que ce choix de la « négociation » a toujours été le sien et qu'il est conforme aux exigences chrétiennes. Il demande à deux de ses amis politiques d'en témoigner. Un peu plus loin il ajoute : « En vérité, je me sens aussi un peu abandonné par vous. »

Mais Moro ne s'en tient pas à ce reproche. Il s'en prend tout aussi vertement aux mœurs politiques de son pays et à ce qu'on appelle en Italie la *combinazione*. Il est vrai que l'*onorevole* Moro, professeur de droit, a la réputation d'un homme intègre. L'écrivain Pier Paolo Pasolini, assassiné sur une plage d'Ostie en 1975, avait écrit de lui qu'il était « le moins impliqué de tous ». Cette réputation, ajoutée au risque de mort qui plane sur Moro, donne du poids aux accusations qu'il porte. *Combinazione* ? Dans l'une de ses lettres, datée du 10 avril, il s'en prend par exemple au sénateur « démochrétien » Emilio Taviani, ancien ministre de l'Intérieur, dont il avait jadis critiqué l'arrivisme forcené. Taviani, ennemi juré des brigadistes, a réitéré son refus de toute négociation. Après avoir rappelé que Taviani était depuis toujours effrayé à l'idée de voir la DC faire un « compromis historique » avec les communistes, Moro lui reproche son « absence de scrupules » et surtout, en termes à peine voilés, d'être « l'homme des Américains ».

Ainsi pris à partie, les politiciens réagissent en déniant au prisonnier tout libre arbitre dans l'écriture de ses lettres. Certains vont même jusqu'à suggérer qu'il n'a plus toute sa raison. Un député communiste, Antonello Trombadori, clame dans les couloirs du Parlement : « Moro est mort. » D'autres, en termes plus mesurés, disent – et même écrivent – que l'homme qui s'exprime du fond de sa « prison » « n'est pas le Moro que nous avons connu ». C'est ce qu'assure par exemple un document signé collectivement le 25 avril par une cinquantaine de personnes, tous « amis de longue date » du prisonnier. « Ce n'est pas l'homme que nous connaissons, affirment-ils, avec sa vision spirituelle, politique et juridique qui a apporté sa contribution inspirée à la rédaction de la Constitution républicaine elle-même. » Venant de ses amis, le texte équivaut à un abandon pur et simple.

Aldo Moro, qui a eu connaissance du texte, y répond deux jours plus tard par une longue lettre très argumentée et qu'on peut résumer par l'une des formules qu'il utilise au sujet de cette « pétition » : « Je ne l'aurais pas cru possible. » La famille de l'otage s'indigne elle aussi. Le 30 avril, elle diffuse un communiqué dans lequel elle accuse carrément « la quasi-totalité du monde politique italien » de chercher à présenter Moro comme « substantiellement fou » et de « ratifier sa condamnation à mort ». En réalité, on reproche à mots couverts à Moro de reprendre à son compte les raisonnements de ses ravisseurs, de parler dorénavant « comme les Brigades rouges ». Dans le livre enflammé où, quelques mois après la mort du prisonnier, il prendra sa défense, Leonardo Sciascia commente ainsi ces reproches de « folie » : « C'est la thèse qui, telle une pierre tombale, se referme sur l'homme vivant, combatif et pénétrant qu'est encore Moro dans la "prison du peuple", tandis qu'on rappelle et qu'on célèbre le Moro déjà mort, le Moro à monumenter [1]. »

Dans les derniers jours, le « front de la fermeté » commence néanmoins à se fissurer. À l'action de la famille s'ajoute l'activisme de Bettino Craxi, patron du parti socialiste qui insiste pour qu'on trouve une solution négociée, par exemple en acceptant un échange de prisonniers. Le journal d'extrême gauche *Lotta continua* milite lui aussi pour une médiation et parvient à mobiliser nombre d'intellectuels laïques et catholiques. La Conférence épiscopale italienne (CEI), au début favorable à la fermeté, change finalement de position et se rallie au camp des « négociateurs ». Tous adjurent la démocratie chrétienne d'assouplir pareillement sa position. Celle-ci paraît sur le point de s'y résoudre début mai, mais il est trop tard.

Dans leur neuvième et dernier « communiqué », les BR annoncent (le 5 mai) l'exécution imminente de Moro en utilisant la formule suivante : « Nous concluons la bataille commencée le 16 mars en exécutant la sentence. » Cela sera fait le 9. Des brigadistes expliqueront plus tard que l'otage a été tué avec deux armes différentes à l'intérieur du coffre de la Renault dans un garage de la via Montalcini.

1. Leonardo Sciascia, *L'Affaire Moro*, *op. cit.*, p. 76.

L'affaire après l'affaire

La mort de Moro ne clôt pas l'affaire du même nom. On pourrait même dire qu'une deuxième « affaire » commence. En s'opposant à toute tractation, la classe politique italienne peut-elle être jugée responsable de la mort du « grand chef d'État » ? La famille en est persuadée et le montre en refusant que soient organisées des funérailles nationales. Eleonora Moro, la veuve du disparu, est inflexible. Mieux encore, elle rédige une prière accusatrice qui sera dite le 16 mai durant une messe célébrée à l'église du Christ-Roi. « Pour ceux qui, par jalousie, lâcheté, par peur ou stupidité, ont ratifié la condamnation à mort d'un innocent, prions... » Emmené par la famille dès le 10 mai, une fois l'autopsie pratiquée, le corps sera donc inhumé discrètement dans le village de Torrita Tiberina, à une cinquantaine de kilomètres de Rome. Quant aux « obsèques nationales », organisées malgré tout le 13 mai, elles rassemblent toute la classe politique, mais sans la dépouille mortelle ni la famille. Eleonora Moro, malgré la présence du pape, n'a pas voulu assister à cette messe... politicienne.

On s'interroge déjà pour savoir si, après l'arrestation probable des auteurs du crime, on pourra en apprendre un peu plus sur les circonstances du drame et, du même coup, trancher le débat qui continue d'empoisonner la classe politique. On sera peu à peu déçu. Les premiers auteurs de l'enlèvement seront arrêtés dès le mois d'octobre mais leur chef, Mario Moretti, ne sera pris qu'en 1981. C'est donc en avril 1982 seulement que s'ouvre le procès des brigadistes, assassins présumés d'Aldo Moro. Il dure neuf longs mois, mobilise deux cents témoins et s'appuie sur un dossier de cent vingt mille pages. Les quelque cent audiences successives ne permettent pas d'éclaircir toutes les obscurités de l'affaire. Une fois encore se trouvent mises en évidence l'impuissance de l'État, les incroyables carences dans l'organisation de la sécurité du président de la DC et l'inefficacité de la police. Les clivages idéologiques intervenus au sein des Brigades rouges entre les « orthodoxes » partisans d'une ligne dure et les « mouvementistes » sont également confirmés.

Une interrogation capitale revient surtout dans les débats judiciaires :

celle de l'implication éventuelle des Américains dans toute l'affaire. En témoigne un passage du procès-verbal des interrogatoires conduits dans la «prison du peuple», texte retrouvé en septembre 1978 et rendu public par le ministère de l'Intérieur. On y relève qu'à un moment donné Moro questionne ainsi ses geôliers: «Ce sont les Américains qui vous ont demandé de me liquider?» Ce soupçon, on le verra, réapparaîtra de manière fracassante des années plus tard.

Le 24 janvier 1983, le jugement est rendu: vingt-cinq réclusions criminelles à perpétuité, sept prisons à vie et diverses autres peines sont prononcées à l'encontre des brigadistes. Quatre «repentis» (qui ont accepté de faire amende honorable) s'en tirent avec des peines de six à seize ans de prison. Il faudra néanmoins de longues années pour que la radicalité d'extrême gauche – dans sa version terroriste – disparaisse vraiment du paysage politique italien. En dépit de brèves flambées – comme celle d'Action directe en France –, elle s'éteint peu à peu en Europe, au Japon et aux États-Unis. Les pays occidentaux devront bientôt affronter une autre sorte de terrorisme, venu cette fois de l'extérieur. Face à l'islamisme, l'opinion occidentale en arrivera à perdre le souvenir de ce terrorisme déjà ancien, et strictement endogène.

Pathologie terroriste et conspiration d'État

L'affaire Moro, toutefois, se survit durablement à elle-même. Rangée au nombre des énigmes historiques incomplètement résolues, elle continue de faire l'objet de nombreux livres, de films ou de pièces de théâtre. Certains des brigadistes condamnés mais qui finissent par bénéficier d'un régime de semi-liberté publient leurs propres témoignages et fournissent quantité de détails sur l'enlèvement et la détention de Moro. L'un des textes les plus étonnants est le «journal» rédigé par Anna Laura Braghetti avec l'aide d'un journaliste de la revue *Noi Donne*[1]. Arrêtée en 1980 et condamnée à la perpétuité,

1. Anna Laura Braghetti et Paolo Tavella, *Le Prisonnier. 55 jours avec Aldo Moro*, *op. cit.*

la militante, alors âgée de vingt-trois ans, avait été chargée d'acheter et de tenir l'appartement du 8 de la via Montalcini où fut détenu Moro. Elle fait de ces cinquante-cinq jours un récit vaguement naïf et, pourrait-on dire, « petit-bourgeois ». Les courses, les interrogatoires du prisonnier, l'achat des journaux qu'il réclame, la destruction discrète des cinq serviettes noires qu'il transportait au moment du rapt : tout cela est teinté d'une sorte d'irréalité tranquille.

Le ton frappe par sa précision mais aussi par une absence d'émotion à peu près totale. Les brigadistes – elle le reconnaît elle-même dans ces pages – vivaient dans un autre monde. « L'idéologie était si aveugle, dit-elle, qu'elle nous avait réduits à une existence non humaine. » Le récit qu'elle fait du crime proprement dit tient en quelques lignes : « Après un moment, j'entendis Mario demander à Moro d'entrer dans le coffre et de s'y installer. [...] Pour quelle raison Moro ne cria pas ? Il devait avoir compris qu'il allait être assassiné. Et pourtant, il resta muet, immobile sous le plaid avec lequel ils lui avaient recouvert le visage pour qu'il ne voie pas les armes et pour qu'ils ne soient pas obligés de le regarder pendant qu'ils le tueraient. C'était quelqu'un de très doux et, en cinquante-cinq jours, il n'avait pas lancé un seul coup de pied contre la porte. Je pense qu'il devait être extrêmement fatigué et qu'il s'était résigné. [...] J'entendis une première rafale puis, après un instant, une seconde, plus brève. Les tirs avec silencieux faisaient un bruit étrange de chutes étouffées. »

Ce témoignage est à rapprocher de celui d'Enrico Fenzi, ancien professeur de littérature à Gênes et qui fut arrêté en 1981 à Milan en compagnie de Mario Moretti. Plus strictement politique, le livre intitulé en français *Armes et bagages* (Éditions des Belles Lettres) fournit beaucoup d'informations sur la vie dans la clandestinité, puis en prison, mais aussi sur l'âpreté des conflits dogmatiques qui déchirent les « combattants ».

En 2004, vingt-six ans après les faits, le cinéaste Marco Bellocchio réalise un film de fiction inspiré de l'affaire Moro : *Buongiorno Notte.* L'œuvre, diversement appréciée, se veut une « plongée dans la folie du fanatisme politique ». Il dépeint les brigadistes comme « fous et stupides », mais aussi en proie à une pathologie chronique. « Leur fanatisme, dira-t-il au moment de la sortie du film, était de type presque religieux, leur action relevait de la croisade, et, à leurs yeux, l'homme n'avait d'autre valeur que celle des idées qu'il incarnait [1]. »

En 2006, c'est au tour d'un écrivain écossais, Allan Massie, de publier un roman, *L'Homme sacrifié*, fondé lui aussi sur l'affaire Moro. À l'opposé de Bellocchio, l'auteur fait montre d'une étrange empathie pour tous ses personnages, y compris les brigadistes dont il semble apprécier la ferveur révolutionnaire.

Mais c'est un autre livre, infiniment plus explosif, qui va relancer la polémique cette même année 2006. Il est l'œuvre d'un journaliste français de télévision, Emmanuel Amara, qui a recueilli – d'abord pour la télévision – le témoignage détaillé d'un ancien membre du Département d'État américain, Steve Pieczenik [2]. Ce dernier, qui a successivement travaillé pour les secrétaires d'État Henry Kissinger, Cyrus Vance et James Baker, affirme avoir contribué au refus et à l'échec des négociations éventuelles avec les ravisseurs de Moro. Cette « instrumentalisation » du kidnapping afin de « tuer Moro » participait selon lui d'une stratégie délibérée visant à sauvegarder la stabilité politique du pays et à faire échec au « compromis historique » voulu par Moro. La mort de ce dernier devait avoir aussi pour conséquence de discréditer l'organisation terroriste. Selon Pieczenik, ce « plan » avait été décidé au plus haut niveau de l'État. Il aurait été entériné par le président du Conseil de l'époque, Giulio Andreotti, et par le ministre de l'Intérieur, Francesco Cossiga. Celui-ci, qui intervient lui-même dans le film en question, paraît confirmer indirectement cet effarant scénario.

Ainsi relancée près de trente ans après son épilogue, l'affaire Moro – comme c'est souvent le cas pour les assassinats politiques – appartient, elle aussi, à un passé qui ne passe pas.

JCG

1. *Le Nouvel Observateur*, 5 février 2004.
2. Emmanuel Amara, *Nous avons tué Aldo Moro*, Patrick Robin éditions, 2006.

27 août 1979

Louis Mountbatten : un affront à la Couronne

En cette fin de matinée d'août 1979, dans la belle lumière d'un été déclinant, un petit bateau de pêche blanc et vert, le *Shadow V,* relève des casiers à homard à quelques encablures du port de Mullaghmore, sur la côte nord-ouest de l'Irlande. Le port est lui-même situé au bout d'une langue de terre qui s'avance dans la baie de Donegal, à la limite des comtés de Sligo et Lettran. Le propriétaire du yacht est né quant à lui avec le XXe siècle. Il a tout juste soixante-dix-neuf ans. Le 25 juin – deux mois auparavant –, on a fêté son anniversaire. Cela ne l'empêche pas d'être actif, voire hyperactif. Quand il n'est pas sur ce bateau d'une dizaine de mètres au large de l'Irlande, il demeure à Broadlands, dans le Hampshire, à cent vingt kilomètres au sud de Londres.

Son château de soixante pièces est entouré de deux mille hectares de prairies et de bois et servi par toute une « maison », sous l'autorité de son gendre. Il est vrai que son propriétaire est né à Windsor, demeure royale de la couronne britannique.

En temps normal, le retraité amateur de homards n'a pas beaucoup de temps à consacrer à la pêche. Chez lui, en Angleterre, il préside quarante-cinq associations et continue de donner plusieurs conférences par semaine. Il gère – avec difficulté – l'énorme courrier (une cinquantaine de lettres par jour) que lui vaut sa célébrité. En outre, il exerce plusieurs fonctions honorifiques comme celle de gouverneur de l'île de Wight, de colonel honoraire des Life Guards ou d'aide de camp de la reine Élisabeth II. Il faut également compter les nombreuses missions diplomatiques que lui confie le gouvernement.

À bonne distance de ce tourbillon, les escapades en mer, les moments de répit lui sont devenus nécessaires. Depuis le rouf du *Shadow V,* ce 27 août 1979, il peut apercevoir les falaises familières de Sligo et les contours de la baie de Donegal où, en toutes saisons, s'aventurent les phoques. C'est ici, dans la ville de Sligo, tournée vers le grand large, qu'a vécu le poète irlandais William Butler Yeats (1865-1939), dont l'œuvre puise beaucoup dans les « histoires de servantes », les légendes « grotesques ou tragiques » et les mystères brumeux de ces rivages.

C'est dans ces eaux irlandaises que Lord Mountbatten, puisque c'est de lui qu'il s'agit, a pris l'habitude de venir pêcher à bord de son modeste canot ponté qui, sur les photos, ressemble vaguement à une pinasse d'Arcachon. L'attachement personnel de Mountbatten à ces lieux remonte à plusieurs décennies. C'est ici que son épouse Edwina – disparue tragiquement en 1964 – passait toutes ses vacances quand elle était enfant. La maison de famille, Classiebawn, perchée au-dessus de la baie, est un étroit château néogothique, surmonté d'un unique clocheton, comme on en rencontre un peu partout en Irlande. Veuf, Lord Mountbatten a pris soin de perpétuer la tradition familiale. Chaque fois qu'il le peut, il revient dans le « pays d'Edwina » et y joue au grand-père gâteau avec ses dix petits-enfants et ses deux petits-neveux [1].

La baie de Donegal n'est pas loin de l'Ulster, et notamment de Londonderry, distante de quelques dizaines de kilomètres. Londonderry est considérée comme la ville sainte des orangistes protestants, bien qu'elle soit peuplée d'une majorité de catholiques, le plus souvent sympathisants de l'IRA (Irish Republican Army). Périodiquement, les ultras de l'IRA s'y manifestent en lançant, contre les orangistes et les Anglais, des campagnes d'attentats (*bombing campaign*) auxquelles répliquent les assassinats de catholiques. Cela s'est encore produit quelques années auparavant, durant l'hiver 1972-1973.

Pour cette raison, Lord Mountbatten, cible potentielle pour l'IRA, a bénéficié pendant plusieurs années d'une protection policière de la part du gouvernement irlandais. D'abord composée de quatre policiers en uniforme et de huit détectives en civil, cette escorte a été portée à

1. Détails donnés par le premier et meilleur biographe de l'ancien vice-roi des Indes, François Kersaudy, *Lord Mountbatten. L'étoffe des héros*, Payot & Rivages, 2006.

une trentaine en 1973-1974. Deux ans après, à l'issue des vacances de 1976, Lord Mountbatten a remercié ses anges gardiens et réclamé un allégement du dispositif. Il a du mal à se sentir menacé – à son âge ! –, en dépit de plusieurs mises en garde qui lui ont été adressées les années précédentes.

Et voilà que, ce 27 août, le tonnerre d'un attentat fracasse à nouveau le silence.

Depuis la côte, à 11 h 45, un bruit assourdissant est entendu. Le *Shadow V* est désintégré par l'explosion des vingt-cinq kilos de gélinite, un explosif gélatineux dont on retrouvera la trace sur les débris calcinés. Les rédactions du groupe de presse de l'*Irish Independant*, à Dublin, recevront dans l'après-midi du même jour un coup de téléphone revendiquant la responsabilité de l'attentat au nom d'une faction dissidente et très radicale de l'IRA « provisoire » : l'armée de libération irlandaise, l'INLA (Irish National Liberation Army). Dès la fin de la matinée, la police de Dublin a déjà confirmé que Lord Mountbatten of Burma, arrière-petit-fils de la reine Victoria, oncle de la reine Élisabeth et dernier vice-roi des Indes venait de périr dans l'explosion de son bateau.

Trois de ses proches qui se trouvaient à bord ont également perdu la vie, certains sur le coup, d'autres après leur transport à l'hôpital. C'est le cas de Lady Doreen, mère de son gendre John Brabourne. Le corps de Mountbatten quant à lui sera retrouvé flottant entre deux eaux, criblé d'éclats de bois. Dans la presse internationale du lendemain, le retentissement de l'assassinat de l'illustre victime est partiellement amorti par le fait qu'un deuxième attentat, lui aussi revendiqué par l'IRA, a tué, le même jour, dix-huit soldats britanniques qui circulaient en convoi à cinquante kilomètres au sud de Belfast. La concomitance des deux crimes vaudra au 27 août 1979 d'être médiatiquement désigné comme le « lundi noir » de la couronne britannique.

Dans une interview accordée le 2 septembre au correspondant à Belfast du quotidien de Dublin, l'*Irish Time*, un porte-parole de l'IRA se référera à l'assassinat délibéré de Lord Mountbatten. Il reconnaîtra que ce dernier avait toujours été considéré comme une « cible possible » et que ses moments de vacances en Irlande étaient épiés depuis des années. L'IRA continuera de frapper des « cibles de marque », proclamera-t-il avant d'ajouter : « L'âge de l'homme n'a pas d'importance, c'est ce qu'il a représenté qui nous importe. » Ce qu'il a représenté ! Si les mots ont un sens, alors les poseurs de bombes de l'IRA ont choisi la plus extraordinairement représentative de toutes les cibles humaines possibles, pour quiconque veut frapper l'imaginaire britannique.

Enfant comblé, fils humilié

En tuant le dernier vice-roi des Indes, les républicains de l'IRA ont touché le cœur même de l'histoire impériale. Ils ont anéanti l'une des plus flamboyantes réussites de l'aristocratie, de la tradition et de la culture anglaises. Un composé de dons exceptionnels, d'orgueil décomplexé, de courage physique et d'excentricité désarmante. Ils ont abattu l'homme qui incarnait la quintessence de l'Angleterre post-victorienne, mais qui symbolisait aussi, par extension, une puissance impériale en déclin et un très vieux monde européen en voie d'engloutissement.

Pour évoquer la personnalité de Louis Francis Albert Nicolas Mountbatten, les mots et les adjectifs qui viennent sous la plume sont trop nombreux, les images trop brillantes. Il faut dire qu'il n'était pas le dernier à s'attribuer des titres de gloire et des mérites historiques. On est d'abord désemparé par un excès, une surabondance de notations et d'épisodes, plus saisissants les uns que les autres. Cette biographie-là se confond avec le XXe siècle. Elle est si riche qu'on se demande toujours si l'on ne serait pas dans un roman de Paul Morand, une nouvelle de Scott Fitzgerald ou, plus simplement, dans la grande et rude histoire de la Royal Navy, puisqu'on a parfois comparé Mountbatten, promu « Lord de la mer », comme l'était son père, au grand Nelson, mort en 1805 au large de Trafalgar durant la bataille navale du même nom.

« Les affaires de ma famille, avait-il écrit dans ses Mémoires, se confondent avec celles du monde. » Venant d'un autre que lui, la remarque eût paru empreinte d'une fatuité baroque. Mais elle n'exprimait que la vérité. En la personne du futur vice-roi des Indes, l'Europe entière semblait bien s'incarner. Membre de la famille royale britannique, Louis Mountbatten n'était-il pas apparenté tout à la fois au dernier tsar russe Nicolas II, au roi d'Espagne Alphonse XIII, au roi de Norvège Haakon VII, à Alexandre Ier de Yougoslavie et – surtout – au Kaiser Guillaume II ?

Parmi ses liens innombrables avec les monarchies européennes, un seul a posé problème. Son père, en effet, le prince Louis Alexander de Battenberg, était d'origine allemande. Après le déclenchement de la Grande Guerre, en 1914, plusieurs vagues de germanophobie saisirent l'opinion et la presse britanniques. Louis en fit les frais. Au Junior Royal College d'Osborne, sur l'île de Wight, il est parfois traité de *bloody Hun* (« sale boche »). Quant à son père, il est l'objet d'une campagne de presse qui le présente, lui Lord de la mer mais « allemand », comme un traître potentiel. On lui impute même – mais à mots couverts – la responsabilité des premiers revers de la Royal Navy qui, face à la flotte allemande, a perdu quatre croiseurs et deux cuirassés.

Le 28 octobre 1914, à la demande du Premier ministre Asquith et avec l'accord du roi George V, il est contraint non seulement de se démettre de ses fonctions de Lord de la mer, mais aussi d'angliciser son nom. Il le fera à contrecœur. Battenberg devint ainsi Mountbatten (traduction littérale). Son fils, qui n'a pas quinze ans, est révolté par ce qu'il considère comme une humiliation doublée d'une injustice. Plus tard, il avouera avoir décidé, à ce moment-là, de venger l'honneur de son père. Faut-il y voir la source d'une infatigable ambition ? Une chose est sûre, le jeune Louis Battenberg/Mountbatten restaurera effectivement l'honneur familial, au-delà même de toute espérance.

Commencée dans la colère, sa vie se trouva comme perpétuellement tendue par une volonté de revanche, assortie d'un goût marqué pour les honneurs et le faste. L'Angleterre a humilié son père, dès lors un projet s'impose : devenir lui-même l'une des grandes figures de l'État et, mieux encore, l'une des gloires historiques de la Couronne.

Un détail biographique en témoigne : cette fulgurante carrière sera d'abord celle d'un soldat, et plus précisément d'un marin, comme l'avait été son père, prince de Battenberg devenu premier marquis de Milford Haven et conjoint d'une petite-fille de la reine Victoria. Encore adolescent, Louis Mountbatten intègre le Royal Naval College de

Dartmouth, dont il sortira bon premier en juillet 1916, avec le titre de *midshipman* (« cadet ») de la Royal Navy. Avant même que la Grande Guerre ne s'achève, il participe à la bataille navale du Jutland, comme aspirant du croiseur *Lion*. Son courage lui vaut plusieurs promotions éclairs. Il sert sur le croiseur de bataille *Queen Elizabeth*, puis sur le sous-marin *K.6*, en mer du Nord, enfin comme commandant en second d'un patrouilleur.

Le jeune officier de marine a tout juste dix-huit ans quand la guerre se termine. Alors qu'il a rejoint Cambridge pour y parachever ses études, son cousin le prince de Galles (futur Édouard VIII), cédant à ses demandes pressantes, l'emmène à travers le monde à bord du cuirassé *Renow*, pour un périple de sept mois. Ce voyage officiel a pour but de rendre hommage aux soldats des confins de l'empire qui se sont battus pour la Grande-Bretagne. En ce début des années 1920, comme on le sait, le « soleil ne se couche jamais sur l'Empire britannique » (*« The empire on which the sun never sets »*). C'est alors le plus vaste et le plus peuplé de toute l'Histoire. Il représente un tiers des terres émergées et englobe près d'un tiers de la population mondiale.

La puissance de cet empire est d'abord maritime et la Royal Navy en est le principal instrument. Le tout jeune aide de camp, dans les « bagages » du futur roi – dont le règne, en 1936, durera moins d'un an [1] –, découvre ainsi ces contrées lointaines où il fait jour quand la nuit est tombée sur Londres : Australie, Nouvelle-Zélande, îles Fidji et Samoa, Hawaï. Deux ans plus tard, une seconde « tournée » maritime les conduira à Ceylan (Sri Lanka), à Singapour, en Inde…

Le goût des plaisirs

Élancé, bon cavalier et excellent danseur, Mountbatten est vite réputé pour son élégance, son charme, ses titres et son pouvoir de séduction. Le *midship* d'une vingtaine d'années a repris son surnom d'enfance

1. Édouard VIII préféra abdiquer au profit de son frère George, duc d'York, plutôt que de renoncer à épouser Wallis Simpson, une Américaine divorcée dont la condition parut inconciliable avec le protocole royal. Devenu simple duc de Windsor, il vécut jusqu'en 1972.

– « Dickie » –, qui le suivra toute sa vie. C'est déjà un homme en vue. Au cours de ce second périple, il est rejoint à New Delhi par la jeune Edwina Cynthia Annette Ashley, fille de Lord Mount Temple, et petite-fille de Sir Ernest Cassel, un magnat international d'origine juive, qui passe pour l'homme le plus fortuné d'Europe. Edwina et Dickie avaient fait connaissance l'année précédente lors d'un bal donné au Claridge. Ils sont tombés follement amoureux mais leur projet de mariage a été compromis par une série de deuils : Mountbatten a perdu son père le 11 septembre et, quelques jours plus tard, Edwina a perdu son grand-père, Ernest Cassel.

C'est Dickie qui a supplié Edwina de le rejoindre en Inde. Ce qu'elle parvient à faire, en dépit de mille difficultés. Cette fois, ils vont bien se marier. Le 18 juillet 1922, le jeune officier de marine, revenu à Plymouth à bord du *Renown*, épouse donc la très riche héritière dont la famille n'est pas mécontente d'être associée à la couronne. Il a vingt-deux ans, son épouse un an de moins. Les noces sont célébrées dans la chapelle de Saint Margaret de Westminster. La famille royale est là au grand complet et huit mille personnes se pressent à l'extérieur. La presse britannique, il est vrai, a fait ses gros titres sur le « mariage du siècle ». Ce sera, en tout cas, un mariage princier, et même fastueux. Parmi les innombrables cadeaux de mariage, Dickie apprécie en connaisseur celui de sa propre épouse : une Rolls Royce Silver Ghost modèle 1919.

Commence alors pour les deux jeunes mariés une vie moins « militaire » et plus exubérante. On passe des romans de Joseph Conrad à ceux, jazzés et frivoles, de Scott Fitzgerald. Edwina, qui sera mère en 1924, n'est d'ailleurs pas sans ressemblances – le tragique en moins – avec Zelda Fitzgerald, épouse fantasque du romancier américain. Ses biographes diront d'Edwina Mountbatten qu'elle fut une femme scandaleuse, libre, égoïste et généreuse, indépendante et dévouée, non conventionnelle et fière de son rang, infidèle et joyeuse[1]. À l'image de l'Europe tout entière, les époux – déjà richissimes et célèbres – vont se griser d'insouciance dans cet entre-deux-guerres faussement apaisé et ce monde « blanc » brièvement arrêté au bord du désastre.

1. Bertrand Meyer-Stabley, *Edwina Mountbatten : libre, scandaleuse, vice-reine des Indes*, Bartillat, 2004.

Leur voyage de noces les conduit en Europe – qu'ils traversent en Rolls Royce – puis aux États-Unis, où ils sont reçus en hôtes de marque. À New York, ils rencontrent le président W. G. Harding, élu en 1920, et font la connaissance de plusieurs acteurs et réalisateurs d'Hollywood, parmi lesquels Douglas Fairbanks, Mary Pickford, Charlie Chaplin ou Cecil B. DeMille. Du Grand Canyon aux chutes du Niagara, ils sillonnent l'Amérique, cette fois dans un wagon privé. La presse les suit à la trace.

Les années ultérieures seront au diapason. À Portsmouth, où se trouve l'école de transmissions qu'intègre bientôt Mountbatten, leur « logement » compte une vingtaine de chambres d'amis, trois courts de tennis, un golf, un terrain de polo et deux dizaines de domestiques. La plupart des soirées sont occupées par des dîners et des bals, d'incessantes parties de polo ou des régates à bord du yacht *Shadow I*, dont Dickie a fait l'acquisition.

Le rythme de ces fêtes s'accélérera encore après l'installation sur l'île de Malte de Mountbatten promu, en 1931, responsable des transmissions de la flotte de Méditerranée. Edwina, Dickie et leurs deux enfants acquièrent au-dessus du port de La Valette une somptueuse maison baptisée Casa Medina. Ils y organisent des fêtes extravagantes et des bals costumés. Ils ont fait venir d'Angleterre leurs plus récentes acquisitions : une demi-douzaine de voitures de luxe, un hors-bord de compétition, un nouveau yacht, le *Shadow II*, mais aussi leurs chevaux dressés pour le polo. Toutes les célébrités princières de l'époque défileront à la Casa Medina et Dickie multiplie – avec succès – les compétitions de ski nautique et surtout de polo. À bord du *Shadow II*, Lady Mountbatten rejoint souvent son mari en mission pour la Royal Navy et visite ainsi la plupart des ports de la Méditerranée.

Ainsi réunis par le luxe et le goût de la fête, les deux époux ne le sont déjà plus autant par les liens conjugaux. Edwina multiplie les liaisons et les « scandales » dont la presse se fait l'écho. Elle s'absente souvent, laissant ses deux filles à la garde des nurses. Dickie n'est pas beaucoup plus fidèle mais il redoute – dit-on – que les frasques publiques d'Edwina ne finissent par compromettre sa carrière. L'opinion britannique s'habitue peu à peu à cette épouse fantasque qui, paradoxalement, mène la vie dure aux conquêtes féminines de son mari, parmi lesquelles l'actrice américaine Shirley MacLaine. Un biographe dira que le couple Mountbatten vivait « dans un mélange de tolérance et de jalousie maladive ».

En tout cas, la liberté « scandaleuse » d'Edwina ne sera pas arrêtée par les solennités de l'Histoire ou la raison d'État. Dès 1946, avant même que son époux soit désigné « vice-roi des Indes » et chargé de mener le sous-continent vers l'indépendance, elle séduit le chef du parti indien du Congrès, Jawaharlal Nehru, de dix ans son aîné. Entre elle et lui, c'est un vrai coup de foudre et leur amour clandestin (il ne sera révélé qu'en 1991) transformera la riche Lady britannique qui, devenue tiers-mondiste dirait-on aujourd'hui, adopte une partie des coutumes locales et défend ardemment la cause indienne. Cet amour « impossible » survivra même à l'indépendance de l'Inde. Pendant douze années, Edwina et Nehru s'écriront chaque jour et s'arrangeront pour passer, chaque année, un mois ensemble. Une partie de leur correspondance sera publiée trente ans après la mort d'Edwina.

Celle-ci survient en février 1960 à Bornéo, lors d'une visite organisée par la Saint John Ambulance Brigade. Conformément aux vœux de son épouse, Mountbatten immergera le cercueil d'Edwina en mer du Nord. On mettra ce jour-là à la mer, en même temps que le cercueil, la guirlande d'œillets safran envoyée par Nehru, devenu Premier ministre de l'Inde [1].

L'étoffe d'un grand soldat

Le faste, les plaisirs, les amours et la vie romanesque des Mountbatten ne doivent pas faire illusion. Ce n'est pas un simple play-boy de sang royal ou un riche séducteur mondain que les artificiers irlandais ont assassiné le 27 août 1979. La vie et la carrière de Dickie furent – de bout en bout – habitées par le tragique de l'Histoire. Sous les apparences du joueur de polo et du familier d'Hollywood demeuraient l'homme

1. La vie d'Edwina Mountbatten et ses amours avec Nehru sont joliment racontées par Catherine Clément, *Pour l'amour de l'Inde*, Flammarion, 1993.

de guerre, l'officier de marine, le soldat dont le courage physique impressionnait ses subordonnés. Une simple scène, si souvent racontée dans la presse britannique qu'elle confine à la légende héroïque, illustre bien la nature de ce courage et souligne, du même coup, la vraie dimension du personnage.

Au tout début de la Seconde Guerre mondiale, Mountbatten s'est d'abord vu confier le commandement de la cinquième flottille des destroyers de la Navy. Le destroyer *Kelly*, son navire amiral dont il a supervisé la construction et qui a déjà été endommagé par une mine, est à moitié coulé en mer du Nord par un torpilleur allemand le soir du 9 mai 1940. Mountbatten fait évacuer le navire fortement incliné sur tribord mais reste seul aux commandes d'une mitrailleuse jumelée. Rameutant au petit matin quelques volontaires et demeurant lui-même quatre-vingt-onze heures d'affilée sur la passerelle, il parvient à faire remorquer l'épave jusqu'aux chantiers navals de la Tyne, près de Newcastle.

L'année suivante, il reprend la mer, en Méditerranée cette fois, avec sa cinquième flottille et le *Kelly* entièrement reconstruit. Il a reçu l'ordre de bombarder l'aéroport de Maleme, sur l'île de Crète attaquée par les parachutistes allemands du maréchal Goering. Le 24 mai, la flottille est la cible des bombardiers Junkers 88 et, bientôt, des stukas qui plongent vers les navires par vague de trois. Plusieurs destroyers, dont le *Kelly*, sont coulés. Grièvement brûlés, les survivants se débattent dans une mer souillée de pétrole pour tenter de s'accrocher aux radeaux de survie.

Mountbatten, comme c'est la règle, a sauté à la mer le dernier. Pendant dix-sept heures, mitraillé par les stukas, il encouragera ses survivants en entonnant des chansons à boire comme le fameux *Roll Out The Barrel* et en multipliant les plaisanteries viriles. Plusieurs de ses hommes, atteints par les rafales, meurent autour de lui. « C'était une tâche macabre et abominable, dira-t-il dans une interview, et pourtant, la mer était calme, le soleil brillait, et c'est dans cette même Méditerranée que je m'étais si souvent baigné avant la guerre [1] ».

Les rescapés seront finalement recueillis par le destroyer *Kipling*,

1. Cité par François Kersaudy, *Lord Mountbatten. L'étoffe des héros*, *op. cit.*, p. 88.

lui-même fortement endommagé. Ce dernier navire, chargé de deux cent soixante-dix-neuf naufragés et blessés, finira par atteindre le port d'Alexandrie, en Égypte, où son arrivée sera saluée par les vivats de milliers de marins britanniques. L'action de Dickie sera célébrée comme un « grand exploit » de la Navy. Dans cette opération, Mountbatten a perdu plus de la moitié des officiers et des soldats de son équipage. Le courage de l'ancien *mishipman* de la Navy sera récompensé et, dès son retour, on lui confie le commandement du porte-avions *Illustrious*.

Churchill – qui apprécie sa combativité – le nomme l'année suivante chef des opérations combinées avec rang de vice-amiral et maréchal de l'air. Il intègre le comité britannique des chefs d'état-major, avec pour mission de préparer le débarquement, notamment d'un point de vue technique : ports artificiels, pipeline sous-marin, etc. Il connaîtra là sa première déconvenue, avec l'échec de raids lancés sur Dieppe et Saint-Nazaire, coûteux en vies humaines. Ces deux opérations malheureuses ne ralentissent pourtant pas sa carrière de chef de guerre.

En septembre 1943, c'est en Asie du Sud-Est qu'il est envoyé avec le titre de commandant suprême des forces alliées et le grade d'amiral. Les troupes britanniques se heurtent là-bas aux Japonais et sont démoralisées. Mountbatten parvient à leur redonner le tonus nécessaire. En 1944-1945, il coordonne la sanglante reconquête, depuis l'Inde, de la Birmanie, opération conduite sur le terrain par les troupes indo-britanniques de la XIVe armée, commandée par le général Joseph Slim. C'est la première défaite terrestre d'envergure infligée aux forces nipponnes, avec il est vrai l'appui de la Chine de Tchang Kaï-chek. Pour Mountbatten, le succès est d'autant plus éclatant que les forces britanniques, décimées par les maladies tropicales, sont hétéroclites et inférieures en nombre. L'omniprésence, le charisme et l'audace « déraisonnable » de Dickie ont joué un rôle décisif dans cette victoire. Mountbatten y utilise massivement les troupes aéroportées, stratégie à laquelle il avait consacré, dès 1935, un rapport visionnaire.

Après les bombardements de Hiroshima et de Nagasaki, c'est lui qui, ayant reconquis la Malaisie dans la foulée, est chargé de recevoir à Singapour la délégation japonaise, conduite par l'amiral Terauchi, délégation qui va accepter la capitulation de l'empire du Soleil-Levant.

Celle-ci sera officiellement signée le 2 septembre 1945 en baie de Tokyo sur le cuirassé USS *Missouri*. Mountbatten se verra remettre le mois suivant la *Distinguished Service Medal* de la marine américaine. Il notera sans modestie dans son journal : « Recevoir la reddition sans conditions d'un demi-million de soldats, marins et aviateurs ennemis est sans doute un privilège accordé à peu de gens dans ce monde. J'étais bien conscient du fait que c'était le plus beau jour de ma vie. » Il n'oubliera pas de rendre hommage à sa propre femme qui, au prix d'incroyables difficultés, a tenu à être plusieurs fois à ses côtés sur le théâtre des opérations. La carrière militaire du « supremo » est à son sommet. Il est couvert d'honneurs, de titres et de décorations : chevalier de la Jarretière, vicomte puis comte de Birmanie. Dix ans plus tard, il est nommé Premier Lord de l'Amirauté, fonction qu'occupait son père au début de la Première Guerre mondiale. La boucle est bouclée. Cette fois, la très ancienne humiliation familiale est bien conjurée.

Ce soldat, héros quasi légendaire de l'Empire britannique, peut désormais montrer son savoir-faire sur le terrain diplomatique.

L'ami des Indiens

Les activités militaires de Dickie en Extrême-Orient lui ont permis de nouer de multiples liens avec les dirigeants nationalistes d'Indonésie, du Vietnam (alors « Indochine française »), de Malaisie ou d'Inde. Elles lui ont aussi ouvert les yeux sur la réorientation irrésistible du cours de l'Histoire. Il pressent, il sait, que les jours de l'Empire britannique sont comptés. Assuré de l'impunité liée à son prestige, il ne dissimule même plus ses sentiments, au risque de choquer ses interlocuteurs britanniques les plus patriotes.

Ce grand seigneur, apparenté à toutes les monarchies d'Europe, descendant magnifique de la reine Victoria et vainqueur intrépide des ennemis de l'Occident, est devenu un défenseur avoué de ce qu'on n'appelle pas encore le « tiers-monde ». Faut-il y voir – aussi – l'influence d'Edwina ? Nul ne saurait le dire. Il est vrai que cette dernière, durant la guerre en Asie, a multiplié les activités humanitaires, ce qui lui vaut la sympathie des médias et des leaders indiens.

Ces liens créés peu à peu avec l'Asie et plus particulièrement avec le sous-continent indien font de Mountbatten et de son épouse les acteurs tout désignés pour mener à bien une tâche historique peu ordinaire : conduire vers l'indépendance les territoires et les centaines de millions d'âmes de l'orgueilleux empire des Indes. En toute logique, le 1er janvier 1947, le Premier ministre britannique Clement Attlee fait appel à Mountbatten pour succéder à Lord Wavell comme vice-roi des Indes. Sa mission est claire : rompre avec la domination et les fastes indo-britanniques pour émanciper rapidement le *British Radj*, joyau légendaire de la Couronne.

Cette tâche exige du tact, de l'entregent, de la délicatesse et de l'autorité. Aucune de ces qualités ne fait défaut au fils surdoué – et comblé – du prince Louis Alexander de Battenberg. La négociation avec les puissants maharadjahs durera six mois. La déférence que lui vouent Jawaharlal Nehru, le Sardar Patel, le Maulana Azad, mais aussi les Indiens de la rue et les médias locaux, l'aide à remplir sa mission. Seul Mohandas Karamchand Gandhi, surnommé le Mahâtmâ (la « Grande Âme »), se tient à l'écart et même, depuis Calcutta où il a entrepris un jeûne, condamne ce qu'il appelle la « vivisection » du pays, c'est-à-dire la partition entre l'Inde et le Pakistan. L'indépendance de l'Inde est proclamée le 15 août 1945.

Ce jour-là, à 8 h 30, tandis qu'un million de personnes sont rassemblées devant les portes du Parlement à New Delhi, Mountbatten, sanglé dans son uniforme immaculé, et son épouse, la vice-reine Edwina, écoutent la prestation de serment du chef du premier gouvernement indien, Jawaharlal Nehru. On devine que ce dernier jette en direction d'Edwina quelques regards particuliers. On amène alors l'Union Jack pour hisser à sa place les couleurs – safran, blanc et vert – du drapeau indien. Puis les époux Mountbatten descendent en carrosse doré l'avenue Royale envahie par la foule.

Certes, le vice-roi n'a pu prévenir les drames ultérieurs qui accompagnèrent la partition entre l'Inde et le Pakistan. Cette partition que le vice-roi avait lui-même négociée provoqua le déplacement anarchique de vingt millions de personnes et s'accompagna de violences indicibles. En quelques jours d'exode, durant l'été 1947, elle fit plus de cinq cent mille victimes. En dépit de cette épouvantable tragédie, le succès global du diplomate Mountbatten est à la mesure des victoires remportées précédemment par le soldat. On en veut pour preuve la décision des premiers dirigeants de la jeune nation indienne de le nommer, symboliquement, gouverneur général du nouvel État. Témoignage plus spectaculaire encore : en août 1979, au lendemain de son assassinat, le gouvernement indien décrétera un deuil national d'une semaine entière.

Ainsi est-ce paradoxalement un ami avéré de la cause indépendantiste et du nationalisme autochtone que supprimeront d'autres nationalistes, irlandais ceux-là. Le vice-roi des Indes sera la victime expiatoire d'un imbroglio colonial – celui de l'Irlande du Nord – plus difficile à dénouer (et infiniment plus proche de Londres) que l'imbroglio indien.

* *
*

Il faudra attendre treize années après l'assassinat de Mountbatten pour que les nationalistes irlandais, en guerre depuis le début des années 1960, d'abord contre les unionistes, puis contre l'armée britannique, renoncent à la violence. Entre-temps, ils auront du mal à mesurer l'inutilité de leur attentat contre le vice-roi des Indes. Cette fausse victoire les conduit d'abord à tenter une nouvelle action d'éclat en 1984 à Brighton, dirigée cette fois contre Margaret Thatcher, laquelle en réchappe de justesse. La bombe placée dans l'hôtel où se tenait le congrès du parti conservateur fait néanmoins cinq morts, dont le ministre du Commerce et de l'Industrie, Norman Tebbit. Malgré cela, la violence ne parvient visiblement pas à ébranler la détermination de Londres. En août 1992, sous l'influence d'un prêtre catholique de Belfast, le père Alex Reid, l'IRA accepte peu à peu le principe d'une renonciation à la lutte armée. Dès le début de l'année suivante, en février 1993, le gouvernement conservateur de John Major entame des négociations secrètes avec l'IRA. En décembre de la même année, dans une déclaration conjointe, Londres affirme « n'avoir aucune raison sérieuse pour continuer d'administrer directement l'Irlande du Nord ».

Après une première trêve en 1994, l'IRA proclame en juillet 1997 un « cessez-le-feu permanent » puis, le 10 avril 1998, les accords dits du Vendredi saint sont signés entre Londres, Dublin et les partis protestants et catholiques de l'Ulster. Un exécutif et une assemblée semi-autonomes sont mis en place à Belfast. Même si, face au blocage politique, Londres se voit obligé de reprendre l'administration directe de la province en 2002, la guerre est bien finie. En juillet 2005, l'IRA rend définitivement les armes et accepte que son arsenal soit démantelé [1].

Vingt-six années se seront écoulées depuis la disparition de Lord Mountbatten qui repose dans l'abbaye de Romsey, à proximité de son château de Broadlands. La « guerre de trente ans » dont il aura été la victime la plus illustre aura fait trois mille six cents morts et quarante mille blessés.

JCG

1. Jean-Pierre Langellier, *Le Monde*, 28 mars 2006.

6 octobre 1981

Anouar el-Sadate : par deux fois foudroyé…

Qui prenait pied au Caire en 1953, pour décrire aux lecteurs français la singulière révolution qu'avaient déclenchée dix mois plus tôt les « officiers libres » conduits par le *bikbachi* (« lieutenant-colonel ») Gamal Abdel Nasser sous le patronage apparent du général Mohammed Naguib, ne manquait pas d'être frappé par la maîtrise et l'efficacité affichées par les jeunes vainqueurs. La démocratie qu'avait connue l'Égypte entre les deux guerres, sous l'égide du Wafd de Saad Zaghloul, n'y avait pas gagné. Mais, débarrassant l'Égypte de la monarchie aveulie et corrompue de Farouk – qu'ils s'étaient contentés d'exiler à bord de son yacht favori –, les « officiers libres », maîtres absolus de l'espace politique égyptien, faisaient pour un temps au moins figure de libérateurs, en tout cas de rénovateurs.

Bien peu les croyaient menacés ou même contestés par une autre force, enracinée au plus profond de l'âme populaire, les Frères musulmans, confrérie fondée en 1929 par le cheikh Hassan el-Banna, assassiné vingt ans plus tard par la police de Farouk, en vue de faire de l'islam et de la charia la seule règle, seule loi, seule référence de l'homme égyptien. Le conflit qui allait envenimer les décennies à venir – entre les tenants de la nation (*Watan*) et les fidèles de la *Umma*, ou communauté des croyants – était d'autant moins perceptible que ni Nasser ni les siens ne se présentaient comme les champions d'un nouveau « kémalisme » visant à laïciser la société égyptienne. Tous croyants déclarés, ils se comportaient en bons musulmans et faisaient volontiers leurs prières en public. « Frères » et officiers cohabitent donc…

Ce n'est qu'après vingt mois de cette paix armée, en avril 1954, que les « Frères » montent au créneau – ou au minaret – en ameutant le peuple du Caire contre ces officiers qui persistent à faire prévaloir leur pouvoir sur celui de Dieu. Ils sont mis hors la loi, non sans que cette mesure provoque la surprenante éviction du général Naguib, qui tentait de se faire l'avocat des « barbus » auprès de Nasser – au nom du pluralisme démocratique.

Bien pire : en octobre, à Alexandrie, un Frère musulman, Mohammed Abdel Latif, tire une rafale de pistolet-mitrailleur contre Gamal Abdel Nasser. Cet attentat bien réel, quoi qu'on en ait dit – il faut avoir entendu la voix de Nasser avant et après les coups de feu… –, consomme la rupture radicale entre les Frères et les officiers. Pendaison des principaux responsables du complot, envois massifs dans des camps de concentration – où est jeté notamment le nouvel inspirateur des Frères, Sayed Kotb : la guerre est déclarée, frontale, apparemment totale.

L'un des officiers du *Dhoblat-el-Ahrar* (Comité des officiers libres) pourtant, n'a pas tout à fait coupé les ponts avec la confrérie pro-islamiste : le lieutenant-colonel Anouar el-Sadate, qui avait, tout jeune, rendu visite au cheikh Hassan el-Banna et – tactique ou pas – gardait quelques relations avec la confrérie. Ce qui ne laisse pas d'importuner Abdel Nasser, qui maintient Sadate, des années durant, dans une relative marginalité par rapport au pouvoir instauré en juillet 1952 – confiné dans des missions secondaires.

Un vrai fils de fellah

On ne saurait être plus égyptien qu'Anouar el-Sadate, en dépit de la légende qui le disait soudanais – du fait des origines de sa mère. Il naît à Mit Aboul Kom, gros village du delta du Nil, quelque quatre-vingts kilomètres au nord du Caire. Son père, ancien sous-officier, est redevenu un fellah typique. Masure en pisé, labours, prières, cueillette du coton. Anouar a sept ans quand ses parents gagnent la banlieue nord du Caire, Koubri el-Koubbeh, puis Choubra, quartier populaire par excellence où se déroule sa première scolarité.

Il est intelligent, audacieux. Il lui faut s'arracher aux emplois subalternes auxquels est réduit son père. Il passe, à dix-huit ans, le concours d'entrée à l'académie militaire, meilleur ascenseur social pour un fils de pauvre, où il précède de quelques mois Gamal Abdel Nasser, fils d'un facteur d'Alexandrie. Et l'armée, fût-elle contrôlée par les Britanniques, n'est-elle pas le meilleur foyer de résistance à l'occupant, qui manipule la monarchie corrompue ? Mais ce foyer est fait de flammes diverses.

Quand le groupe agglutiné autour du capitaine Abdel Nasser – les Abdel Hakim Amer, les Mohieddine – prend des contacts avec les éléments les moins conformistes du grand parti national, le Wafd, comme Ahmed Aboul Fath, et même avec tel ou tel groupe d'inspiration marxiste, le capitaine Anouar el-Sadate, sorti brillamment de l'école des transmissions et promis à un bel avenir, s'engage sur des voies plus tortueuses, qui le mèneront à la pratique du terrorisme.

Avant d'évoquer cette période de sa vie où, patriote égyptien, Anouar balança entre collaboration avec le nazisme et extrémisme religieux, il faut rappeler un épisode, ou mieux une date, le 15 janvier 1939, et un lieu, Mankabad, en Haute-Égypte. C'est là qu'à l'occasion de ses vingt et un ans, un officier de la garnison, le lieutenant Gamal Abdel Nasser, fait prêter à ses camarades, dont Zakaria Mohieddine et Anouar el-Sadate, le serment de mettre tout en œuvre pour « libérer leur pays de l'occupation étrangère », c'est-à-dire anglaise, huit mois avant que n'éclate la guerre en Europe. Si orageux qu'aient pu devenir ses rapports avec Nasser (ou le nassérisme...), ce serment-là a été prêté par Sadate. Et Nasser ne peut l'oublier. Le petit fellah de Mit Aboul Kom aura été l'un des précurseurs de la « révolution » de 1952, avant même de fidèles nassériens comme Abdel Hakim Amer ou Khaled Mohieddine.

Mais il se trouve que le serment va donner lieu à des interprétations contradictoires. Quelques mois après la soirée de Mankabad éclate la guerre mondiale qui provoque, du point de vue égyptien, une aggravation du contrôle britannique – le haut-commissaire anglais allant jusqu'à exiger de Farouk la désignation d'un nouveau gouvernement supposé plus favorable à la cause des démocraties. Les officiers patriotes sont indignés : un certain général Naguib, encore peu connu, présente sa démission au souverain. Et des officiers, dont Sadate, choisissent, eux, de coopérer avec l'ennemi de l'Angleterre, le IIIe Reich – dont les forces commandées en Afrique par le maréchal Rommel progressent, en Libye, vers l'Égypte.

Un casier judiciaire

Ne voyons pas là le défi solitaire d'un jeune officier marginal. Le plus prestigieux personnage de l'armée égyptienne, le *ferik* (« maréchal ») Aziz el-Masri, appelle au ralliement à la cause du Reich. Le haut-commissaire britannique demande sa mise à l'écart, en résidence surveillée. C'est là qu'el-Masri reçoit la visite du lieutenant Sadate, avec lequel il projette un ralliement aux panzers de Rommel, qui progresse vers Alexandrie – et en qui un large secteur de l'opinion publique égyptienne voit un libérateur...

La tentative d'évasion du maréchal en vue de rejoindre les forces du IIIe Reich échoue, du fait d'une panne de moteur du véhicule de Sadate. Le futur président n'aura pas réussi à faire basculer l'Égypte du côté de l'Axe, mais le voilà doté d'un dossier très compromettant : qu'il alourdira en 1942, en prenant contact au Caire avec deux espions nazis. Démasqué par les services britanniques, il est jeté en prison en juillet 1942 – réussissant à s'évader deux ans plus tard.

Réduit à une errance misérable dans la périphérie du Caire – on le voit débardeur, chauffeur, parfois clochard –, il va s'égarer dans le terrorisme, participant à deux attentats contre des dirigeants du Wafd, le grand parti nationaliste qui, démocrate, a collaboré avec les Anglais pendant la guerre contre les nazis. Si les conjurés échouent à abattre le leader du parti, Nahas Pacha, ils assassinent bel et bien son ancien ministre des Finances Amine Osman. Le casier judiciaire du jeune homme de Mit Aboul Kom s'est alourdi. Il pèsera lourd dans la balance quand Nasser formera son équipe, en 1952. Pas question d'écarter son ancien compagnon de Mankabad. Mais celui-ci restera longtemps cantonné dans des emplois secondaires.

Soit douze officiers de trente à quarante ans, composant le *Maglis-al-Thawra*, ou Conseil de la révolution, sous la direction de l'un d'entre eux, le *bikbachi* Gamal Abdel Nasser, qui fut dès l'origine l'organisateur et dont la personnalité puissante, ombrageuse (chaleureuse, selon ses amis) s'impose. L'ascendant de ce lieutenant-colonel de trente-quatre ans tient aussi au fait qu'il entretient des relations actives avec certains courants de la gauche égyptienne, tels cercles plus ou moins marxistes, du fait notamment de son ami Khaled Mohieddine, au point que les augures du plus intelligent des partis communistes européens, le PC italien, se demandèrent longtemps si ce mouvement n'était pas authentiquement progressiste, comme on le fera longtemps dans l'une des branches du PC égyptien, celle qu'anime Henri Curiel…

Absent de Palestine

Cette orientation vaguement gauchiste du pouvoir de 1952 – que rectifiera progressivement la propension des militaires, et de Nasser en particulier, au pouvoir absolu et « héroïque » – contribuera longtemps à la marginalisation d'Anouar el-Sadate, ancien interlocuteur des nazis, ancien terroriste, ancien auditeur d'Hassan el-Banna… Sans compter que le *bikbachi* Sadate doit surmonter un autre handicap : il était provisoirement exclu de l'armée pour ses frasques « terroristes » quand ses compagnons livraient en Palestine la bataille qui, pour désastreuse qu'elle fût, a soudé dans l'épreuve les officiers nassériens et mis en lumière l'image du général Naguib, le seul des grands chefs égyptiens qui se soit tiré avec honneur de la défaite. Tout prisonnier qu'il fût, brièvement, Nasser y a lui aussi forgé son personnage. De n'avoir pas été soumis lui-même à cette terrible ordalie ternira longtemps l'image de Sadate.

Il faut vraiment que cet Anouar ait bien des talents, et du tempérament, et de l'entregent, pour que l'austère Gamal, organisateur du coup de force du 23 juillet 1952, ait décidé de l'associer malgré tout à la dernière phase de l'entreprise, et au plus haut niveau. Il sera l'un des douze membres de l'instance suprême, le *Maglis-al-Thawra*. Sadate se verra même confier le rôle éclatant de porte-parole de la Révolution : c'est lui qui, de sa belle voix de bronze, aura l'honneur d'annoncer à la nation, sur l'antenne de la radio nationale, que le Conseil de la Révolution a démis le roi Farouk et ouvert une voie nouvelle à l'Égypte.

Nasser dispose alors ses pions sur l'échiquier, civils et militaires associés. Tel colonel à l'Intérieur, tel commandant à la Justice… Mais que faire de l'extravagant et brillant Sadate, au passé un peu compromettant d'aventurier ? On le retrouvera tour à tour vice-président du tribunal chargé de juger les dirigeants de l'ancien régime, directeur du journal officiel *Al Gomhouria* (« La République »), président d'une association islamique mondiale (il n'a pas été pour rien un proche des Frères musulmans). Ce n'est que très tard, peu de mois avant sa mort, que Gamal Abdel Nasser, promu entre-temps *Raïs* de la nation, étonnera l'opinion en l'appelant à ses côtés comme vice-président, lui donnant enfin accès au pouvoir.

« Une casquette... »

De tous les membres de la junte de 1952, Sadate était le plus accessible, celui qui se tenait le moins à l'écart des interlocuteurs étrangers, notamment des journalistes. Le correspondant de presse que j'étais alors au Caire n'eut pas de mal à être reçu par celui qui était, en 1953, directeur d'*Al Gomhouria*, le journal du régime. Le voyant s'avancer vers moi dans son grand bureau patronal, j'eus du mal à retenir un « Duke Ellington ! » qui me venait aux lèvres. Jovial, bronzé, moustachu, le « hello ! » fraternel : il évoquait irrésistiblement le grand musicien américain...

Jusqu'au jour où la disparition de Nasser ouvrira devant lui les portes de l'histoire, lui donnant l'occasion de manifester son talent et son courage, car il ne jouissait pas d'un très grand crédit dans la société politique du Caire. Passé pour le moins trouble, inclinations pro-américaines en un temps où primaient lourdement les alliés soviétiques : il était le « marginal » et sa désignation en tant que vice-président parut signifier que le *Raïs* ne souhaitait surtout pas que quiconque lui fasse ombrage.

Si bien qu'au lendemain de la mort du premier *Raïs* qui le porta au premier rang, au grand dam des intimes du disparu, les Mohieddine et les Sabri, un journaliste new-yorkais demandant à Henry Kissinger ce qu'il pensait du successeur de Nasser s'entendit répondre : « Ce type n'a qu'une importance temporaire : il ne durera que quelques semaines... » Lu dans la presse du Caire : « Gamal nous faisait mourir de peur. Anouar nous fait mourir de rire... » Quant à moi, interrogé par la télévision française le jour de son avènement, je crus intelligent de répondre « L'Égypte a-t-elle trouvé une tête ? Plutôt une casquette… »

Trois ans plus tard, le nouveau *Raïs*, lançant ses troupes au-delà du canal de Suez pour les faire camper dans le Sinaï en ayant refoulé l'armée israélienne – opération jugée téméraire par les experts –, avait rendu sa « face » à l'Égypte par rapport à Israël et à l'opinion arabe. Cela lui permettra de faire, en 1977, à Jérusalem, une visite qui ne le posera pas seulement en héros pacificateur face à l'opinion mondiale, mais manifestera que, pour peu que la dignité et les droits de tous fussent préservés, des perspectives de paix s'ouvraient au Proche-Orient. Qui d'entre nous, alors, ne reconnut ses erreurs d'analyse à son propos, et ne mit cet homme-là au rang des plus honorables citoyens du monde ?

Aux yeux du peuple égyptien, le personnage apparaissait un peu moins flamboyant. Certes, un large secteur de l'opinion lui était reconnaissant d'avoir dégagé l'Égypte de cette espèce de protectorat soviétique où Gamal Abdel Nasser, aux prises il est vrai avec l'impérieux problème de l'armement que lui refusait l'Occident (soucieux de la sécurité d'Israël) et concentré sur la réalisation de l'immense projet de haut barrage sur le Nil auquel s'opposait Washington, avait réduit l'Égypte – sans lui épargner la terrible défaite de 1967. D'avoir mis fin à cet humiliant alignement sur Moscou fut porté au crédit de Sadate. Mais l'opinion constatait aussi que le « socialisme » nassérien protégeait mieux de la misère que le libéralisme à l'occidentale dont le jovial Anouar prétendait doter son peuple.

Le sadatisme fut, onze années durant, bien autre chose qu'une adaptation ou rectification du nassérisme. Il en fut souvent la condamnation explicite du fait de la répudiation de plus en plus voyante du socialisme nassérien, mais surtout parce qu'il tentait de réconcilier l'État militaire, progressivement « civilisé », avec ce qu'on pouvait appeler la sensibilité islamique. Ses ouvertures faites du côté des Frères musulmans se heurtant à un brutal veto, Sadate tenta de donner des gages à ce qu'on pourrait appeler l'islam social, l'imprégnation de l'ensemble de la société par les facteurs religieux. Construction de mosquées, facilitation de la prière en public, manifestations de piété par le pouvoir, à tous les échelons. On verra comment cette tentative de noyer les Frères musulmans dans les hommages rendus à un islam vécu échoua, tragiquement.

La stratégie de détente avec l'islamisme n'allait pas sans une confrontation avec ceux qui se réclamaient toujours du nassérisme authentique. Mohamed Hassanein Heykal, longtemps porte-parole de Nasser (et qui avait d'abord approuvé le « passage de témoin » de celui-ci à Sadate), le gauchiste Khaled Mohieddine ou Ali Sabri, proche des Soviétiques, payaient leur fidélité – et la caricature outrancière qu'ils faisaient ici et là du révisionnisme sadatien – d'un internement rigoureux.

Quant à cette composante si savoureuse de la société politique égyptienne qu'est le courant démocratique longtemps représenté par le Wafd de Saad Zaghloul, le copte Wissa-Wassef et Nahas Pacha, molesté par Nasser, discrètement rappelé à la vie par Sadate, il n'est plus en mesure de retrouver son dynamisme légendaire : la bourgeoisie libérale est trop déçue par les performances économiques du nouveau régime dont la réussite aurait pu permettre de refonder un nouveau pluralisme politique. Si bien que la « dénassérisation » de l'Égypte ne put être tenue pour sa démocratisation.

Desserrer les contraintes d'un dirigisme étouffant et d'un système policier détesté, renouveler le système des relations internationales du Caire en reprenant ses distances avec les Soviétiques et en renouant clairement avec les Américains, se libérer de la fascination arabiste en tentant de trouver une issue à l'impasse israélienne (conflit ruineux et responsable de l'assujettissement à Moscou) : la nouvelle stratégie que dessine le second président témoigne de sa sagacité et de son courage. Mais elle ne tient pas suffisamment compte des données fondamentales d'une économie qui ne peut être brutalement désencadrée sans risque, ni de la nostalgie populaire à propos de ce qu'on peut bien appeler les « chimères » nassériennes : elles gardent leur force d'enchantement. C'est aussi affronter, par les seules armes de la raison, deux forces qui, comme vingt ans plus tôt, dominent la société politique égyptienne : le « nassérisme » qui reste une référence (ou une nostalgie) et l'indomptable confrérie des « fous de Dieu ».

En janvier 1977 éclatent au Caire et dans la vallée du Nil des émeutes motivées surtout par la colère sociale, la misère, un peu aussi par une certaine frustration nationaliste : où sont les flamboyances de naguère, qui faisaient presque oublier la faim ? Que substituer, faute de blé, de *foul* (« fèves »), de riz, aux gesticulations patriotiques de l'homme de la nationalisation du canal de Suez ?

Assisté d'un fin diplomate, son ministre des Affaires étrangères Ismail Fahmi, Anouar el-Sadate choisit de faire de la recherche de la paix le talisman qui lui permettra, autrement que son prédécesseur, d'entrer dans l'histoire. Il s'agira cette fois de mettre fin à l'interminable et ruineux conflit avec Israël (35 % du revenu national, 80 % du budget militaire...).

« ... et même à la Knesseth »

Quelles qu'aient pu être les incitations venues de Washington, de Henry Kissinger, puis du président Carter, c'est à lui, Sadate, qu'il faut reconnaître la paternité de l'idée-force, et le choix de la manœuvre. Entre l'Égypte et Israël, n'est-ce pas, plus encore que trois conflits armés, des milliers de morts et des terres perdues par son pays, une barrière psychologique qui se dresse ? Barrière qui ne se fonde pas sur l'antagonisme historique entre deux vieilles nations, mais sur une sorte d'inhibition psycho-sociale et des affrontements récents. Obstacles que peut abattre un geste éclatant – pour peu qu'il soit bien préparé.

Tout au long des années 1974, 1975, 1976 se multiplient les contacts, non seulement entre émissaires égyptiens, marocains et jordaniens – voire des Palestiniens qui se refusent au « tout ou rien » – d'une part, et de l'autre tel ou tel représentant du premier gouvernement Rabin. Contacts qui permettent de sentir que le temps des vetos solennels est passé et que celui des échanges, de mots d'abord, de terres ensuite, est venu.

L'un des agents les plus actifs de ce « tricotage » pacifique est, si étrange que cela paraisse, le général Moshé Dayan, ministre des Affaires étrangères du très intransigeant M. Begin (ancien terroriste promu chef de l'exécutif, comme Sadate...) auquel un voyage à Rabat, où il rencontre le vice-Premier ministre égyptien Hassan Touhami, révèle que tout est possible. Qui fera le geste, qui prononcera les mots libérateurs ?

Devant l'Assemblée nationale égyptienne convoquée pour la circonstance, et où il a invité notamment le leader du mouvement national palestinien, Yasser Arafat, non prévenu de son initiative, Sadate ose lancer les mots fatidiques « Pour faire la paix, je suis prêt à aller au bout du monde, et même à la Knesseth [le Parlement israélien] ! » Arafat, stupéfait, ne peut cacher son désarroi, mais se retient de manifester sa désapprobation par quelque déclaration ou communiqué. L'entourage du *Raïs*, éberlué, fait aussitôt son siège pour qu'il retire au moins du discours la référence précise à la Knesseth : si bien que la presse égyptienne ne fera pas mention du mot, le lendemain tout au moins… Mais l'idée est lancée à travers le monde !

Très vite, la réaction populaire est favorable au Président. Le bouche-à-oreille, des échoppes du Khan Khalil aux cercles intellectuels d'Alexandrie, témoigne globalement en faveur du coup d'audace de Sadate. Les nassériens grondent, bien sûr, et par principe les Frères musulmans. Mais le deuxième *Raïs* a appris à se passer d'eux. Tandis que les experts, les dirigeants et l'opinion israélienne manifestent un scepticisme documenté (« Il ne viendra pas ! »), une houle populaire porte Anouar el-Sadate vers Jérusalem.

Au plan de l'histoire

L'inimaginable voyage qui manifestait la fin du « refus arabe » si bien étudié par Maxime Rodinson, ce voyage qui aurait pu être, de ce fait, une victoire d'Israël, réalisant le rêve de David Ben Gourion (que j'entends encore me dire, dans sa retraite de Sde Boker : « Nous n'aurons vraiment fondé notre État que lorsqu'il sera reconnu par ses voisins »), fut, par l'opinion mondiale, deux ou trois gouvernements arabes exceptés, porté au crédit d'Anouar el-Sadate. Non seulement en raison du courage dont témoignait cette saisissante rupture avec la diabolisation de l'État sioniste par les Arabes, mais du fait aussi de la noblesse du comportement du visiteur, prenant soin de visiter les hauts lieux du long martyre juif, et enfin de la qualité des propos qu'il tint à la Knesseth devant un Begin incapable de se hisser à la hauteur de l'événement – sans pour autant fermer la porte ni déroger à la courtoisie.

Il faut reconnaître que le texte du visiteur égyptien, par l'ampleur des perspectives qu'il ouvrait, s'élevait seul au plan de l'histoire. Il convient aussi de relever que le *Raïs* du Caire, s'il mit bien l'accent sur la revendication proprement égyptienne inhérente à la paix – évacuation du territoire national encore occupé par Israël –, se garda de négliger le sort des Palestiniens, comme on lui en fera grief, notamment à Damas. La cause du peuple occupé fut, par lui, clairement évoquée, au visible mécontentement de Begin : « Je ne suis pas venu chez vous conclure une paix séparée [...]. Le cœur du problème, c'est la question palestinienne [...]. La paix ne peut pas être réalisée sans la création d'un État palestinien... » Mots prononcés à la Knesseth, face à Begin... Dans son magistral *Paix ou Guerres* [1], Charles Enderlin rapporte qu'au premier rang des auditeurs de Sadate, le général Ezer Weizmann glissa alors à son voisin Moshé Dayan, l'un des inventeurs de la visite, un billet porteur de ces quelques mots : « Prépare-toi à la guerre ! »

C'est la paix qu'entrevoient plutôt les opinions publiques des deux pays, à l'exception bien sûr des belliqueux militants du Likoud, stupéfaits de voir Begin accueillir de telle manière un Arabe – et un Arabe réclamant son droit ! Acclamé par une foule où l'on reconnaît, rayonnant de bonheur, Pierre Mendès France de passage en Israël, Anouar el-Sadate sera reçu au Caire en héros d'une paix secrètement rêvée par un peuple pacifique, et fier de l'image que le successeur de Nasser vient de donner à l'opinion internationale.

Mort pour Jérusalem ?

Rien n'est plus tentant pour le chercheur de sens, sachant que Sadate fut assassiné moins de quatre ans plus tard par un fanatique musulman, que de voir, dans sa « reddition aux sionistes », le mobile du forfait.

1. Stock, 1997.

Ce serait le musulman pactisant avec les juifs qui aurait été abattu un certain jour d'octobre 1981... Un examen attentif des campagnes, démarches, manifestes, complots qui ont conduit au crime de 1981 prouve, pièces à l'appui, que ce n'est ni le voyageur de Jérusalem, ni le négociateur de Camp David (où, flanqué de l'excellent Boutros Ghali dont il a fait son ministre des Affaires étrangères, Sadate va bientôt signer avec Israël un traité de paix, malgré lui séparée, contribuant à dissocier Le Caire des autres capitales arabes) qui fut mitraillé dans sa capitale, mais « Pharaon », l'« impie » détenteur d'un pouvoir fondé sur la force politique et l'argent corrupteur.

Dans un texte décisif, et sur lequel on reviendra, Abdessalam Farag, fondateur du groupe issu des Frères musulmans qui allait abattre le *Raïs*, écrit : « Certains disent que le *jihad* aujourd'hui consiste à libérer Jérusalem, terre sainte [...]. Certes, c'est un devoir pour tout musulman. Mais le combat contre l'ennemi proche prévaut contre le combat contre l'ennemi lointain. » Tout est dit. En supprimant Sadate, ce n'est pas le voyageur de Jérusalem que vont viser les officiers d'Al-Jihad, mais l'impie détenteur d'un pouvoir purement politique, quasiment laïque, et durement répressif.

Un film américain sur l'« assassinat de Pharaon », présenté en mai 2009 sur la chaîne Histoire de la télévision française, fait du meurtre de Sadate la conséquence directe de la paix faite avec Israël : les négociations de Camp David y sont présentées comme la cause de tout le mal. On a cité plus haut l'argumentation d'Abdessalam Farag, inspirateur direct des assassins : il en ressort que ce n'est pas le négociateur qui fut abattu, mais le dictateur laïque substitué à Dieu.

Il est vrai que la répression déclenchée contre les Frères musulmans par Nasser après la tentative d'assassinat de 1954 – camps, tortures, pendaisons, échafauds – avait paralysé le mouvement et prévenu tout attentat majeur pendant seize ans. Mais elle n'avait pu contenir ni la floraison d'une littérature intensément intégriste, ni la prolifération de sectes de plus en plus radicales, ni des prédications de barbus qui, sous le règne de Sadate – dont la main n'est guère moins lourde, en dépit de son passé –, allaient prendre des formes flamboyantes.

De tous ces pamphlets se détache *L'Impératif occulté* d'Abdessalam Farag, qui peut être considéré comme le manifeste majeur appelant à l'élimination de «Pharaon, incarnation de l'État impie». C'est à partir de ce réquisitoire que Farag fonde le *jihad* (la «guerre sainte»), mouvement qui prépare ouvertement la subversion du système sadatiste par la *haraka*, l'«action violente» – sans tenir compte de ses remodelages économiques ou stratégiques. Pour ces hommes-là, le *Raïs* est un homme à abattre parce qu'il est Pharaon, le rival de Dieu. Pas de limite ou restriction à ce devoir imparti au vrai croyant...

La voix du cheikh aveugle

Tandis que se fourbissent ces armes vengeresses, une voix s'élève avec insistance, qui fera beaucoup pour préparer les esprits à la mise à mort du «souverain impie»: celle d'un prédicateur aveugle, le cheikh Abdelhamid Kichk, atteint du mal national, le trachome – infirmité qui accentue le caractère sacré et tragique de ses prêches. D'autant que pour être plus égyptien, plus *baladi* encore, Kichk est doté d'une verve populaire qui ne néglige pas la gaudriole et fait souvent référence aux attributs sexuels de tel ou telle... À partir d'une mosquée de la périphérie du Caire, à Kubba, où afflue le vendredi un public mêlant miséreux et bourgeois opulents, le cheikh aveugle déverse ses anathèmes, faisant alterner le plus pur style coranique et, dans le gras dialecte cairote, les dénonciations des «pubertaires de la pensée»...

Le régime sadatiste n'ose pas d'abord faire taire cette voix destructrice, et parce qu'elle est le fait d'un saint homme, et parce qu'elle exprime avec un éclat sans pareil les deux faces du génie égyptien, la verve *baladi* et le sens du sacré. Les cassettes répercutant les prônes du cheikh sont partout écoutées, lors des soirées familiales autant qu'à l'occasion des encombrements de la circulation du Caire... Pharaon peut bien trôner: pleuvent sur lui les sarcasmes les plus lourds et les anathèmes sacrés. Sadate osera finalement faire jeter en prison l'aveugle aux mots cruels: ce sera peu de mois avant le jour fatal.

Humilié par ses hôtes d'Israël qui viennent de proclamer Jérusalem capitale de l'État sans le prévenir, plus ou moins tenu à distance par ses amis de Washington, quasiment coupé des Soviétiques, harcelé par des émeutes de la faim, Anouar el-Sadate, le vainqueur de 1973, le glorieux voyageur de 1977, est, en 1981, un homme en péril. Non pas traqué, non pas à bout, mais affaibli. Sa jovialité si goûtée du petit peuple, son auréole de faiseur de paix, ses élans d'éloquence sont de moins en moins capables de faire oublier et le marasme dont souffre une économie tant bien que mal secourue par l'aide américaine, et les déviances vers le faste, la gloriole, et l'autopromotion de celui que les « Frères » ne sont plus seuls à appeler « Pharaon ». Déceptions ici, rancœurs là, et désirs de revanche : de ce faisceau de menaces qui se noue contre le successeur de Gamal Abdel Nasser va se détacher, se dresser, émanant bien sûr du groupe islamiste le plus militant, l'assassin de Pharaon…

« Nous avons tué Pharaon »

On a déjà signalé la montée en puissance, au sein de l'organisation, du groupe inspiré par Abdessalam Farag. Le plus remarquable, en cette association qui va bouleverser le paysage politique égyptien, c'est qu'elle recrute au sein de l'armée. Prônant la « lutte armée immédiate contre le prince pervers », elle parvient par là à surmonter ses divisions entre militants. C'est par l'action et le sang versé que doit s'opérer la soudure au sein des groupes d'Al-Jihad.

Deux occasions, l'une bien prévue, l'autre fortuite, vont provoquer le passage à l'acte. La première est l'organisation par le président Sadate d'une grande parade, au Caire, le 6 octobre 1981, en vue de commémorer « sa » guerre de 1973 contre Israël. La seconde « occasion », c'est l'épreuve familiale infligée à l'un des plus déterminés des jeunes officiers militants d'Al-Jihad. Il se nomme Khaled al-Islambouli. C'est un lieutenant de vingt-quatre ans, originaire de Moyenne-Égypte. Cinq semaines avant la parade d'octobre, il apprend que son frère, militant d'Al-Jihad comme lui, vient d'être arrêté et violemment battu par la police. Il lance à sa mère : « Je le vengerai. Tout tyran a une fin. »

Quelques jours avant la parade prévue pour le 6 octobre, Khaled obtient d'être désigné pour commander un des véhicules blindés appelés à défiler. Le lieutenant choisit ses trois camarades d'équipage, affiliés comme lui à Al-Jihad : les organisateurs ne semblent pas s'être préoccupés des engagements politiques des participants. Ainsi va s'enclencher, dans le défilé grandiose, un véhicule qui est déjà comme un explosif – idéologie meurtrière, stratégie purificatrice et vendetta familiale mêlées…

Le 6 octobre 1981, le *Raïs* Anouar el-Sadate, qui a revêtu pour la circonstance un splendide uniforme sombre constellé de décorations, paraît dans la tribune dressée à Abassieh, non loin de l'ancienne maison de Nasser. Est-il toujours le vainqueur de 1973, le glorieux pèlerin de Jérusalem, l'enfant chéri de la diplomatie américaine ? Ses partenaires israéliens ne lui ménagent plus les avanies, la corruption est de moins en moins camouflée, la misère s'aggrave.

Quelques minutes après le début du défilé, l'un des véhicules blindés s'écarte de la file et fonce vers la tribune présidentielle. En surgissent quatre hommes qui n'ont pas de mal à repérer le Président chamarré, entouré de son état-major, dont le vice-président Hosni Moubarak assis à ses côtés. Sadate est mitraillé presque à bout portant. Une partie de la garde présidentielle se débande. Le *Raïs* s'effondre dans son sang. La panique est indescriptible. Les gardes du corps du Président ceinturent un jeune officier qui hurle : « Je suis Khaled al-Islambouli ! J'ai tué Pharaon ! Je n'ai pas peur de la mort ! »

Dans l'inimaginable cohue, Hosni Moubarak, le vice-président, agite devant l'écran d'une télévision devenue folle son bras blessé, comme pour signifier qu'il est bien du parti des victimes. La fusillade meurtrière va devenir l'un des événements les plus médiatisés de l'histoire, les cassettes enregistrées dans beaucoup de foyers se transforment en produits commerciaux, qu'on s'arrache à des prix astronomiques… La « mise à mort » de « Pharaon » va rivaliser au box-office avec les prônes furibonds du prédicateur aveugle Kichk !

Le procès des assassins n'apportera guère de révélation, l'opération du commando d'Al-Jihad ne comportant, on l'a vu, rien de mystérieux. Islambouli et ses compagnons se contentèrent de scander : « Nous avons tué Pharaon ! » À noter que l'intellectuel fondateur de l'Al-Jihad, Abdessalam Farag, fut lui aussi jugé, condamné et pendu le 15 avril 1982 : l'instigateur paie au même titre que les exécutants…

Et des rafles monstres entraînèrent l'incarcération de milliers de militants, non seulement d'Al-Jihad, mais d'autres branches, à peine moins sanguinaires, de la grande confrérie.

Le vice-président Hosni Moubarak, ancien général d'aviation, ne pouvait manquer de prendre la succession du *Raïs* assassiné. Le référendum organisé en vue d'assurer sa légitimité lui valut 98,46 % de suffrages exprimés…

Dès avant la fin de l'année, le troisième *Raïs* fait libérer les plus notoires victimes de la répression sadatiste, nassériens fameux comme Hassanein Heykal, tenants du gauchisme militaire comme Khaled Mohieddine, communistes comme Ismaïl Sabri Abdallah (fort maltraité jadis par le régime nassérien). Il n'est pas jusqu'au cheikh Kichk qui ne soit – pour bien marquer la distinction opérée désormais entre l'islam qui rit et l'islam qui tue – tiré de la geôle où l'avait expédié Sadate.

Le crime du 6 octobre 1981 avait manifesté la prise en charge, au sein du mouvement islamiste dont l'objectif immuable est, depuis 1952, de substituer à l'État militaire toujours en place un pouvoir inspiré du seul Coran, de la fraction extrémiste favorable à la *haraka*. Ses effets, à tout prendre, auront été médiocres. Certes, l'ensemble des forces désignées par les vocables *Frères musulmans* n'a pas été éliminé de la vie publique égyptienne : beaucoup pensent que des élections vraiment libres leur seraient, en 2010, favorables. Mais leur emprise directe sur la vie publique égyptienne n'est plus ce qu'elle était. Et l'horreur du crime d'octobre 1981 semble avoir affaibli, au sein de la confrérie, le courant le plus sanguinaire.

Errant dans l'Égypte du début du XXIe siècle, placée sous la tutelle du *Raïs* débonnaire à la face ronde, le fantôme de l'assassin de « Pharaon » – ce Khaled qui ignorait probablement qu'un certain souverain de la XVIIIe dynastie fut en quelque sorte l'inventeur du monothéisme… – devrait bien constater que son geste a permis de préserver beaucoup plus que des vestiges du régime, honni par lui et les siens, fondé en 1952, remodelé par Sadate et Moubarak. Sont toujours en place notables, civils et militaires, détenteurs des pouvoirs réels – économiques, financiers, politiques, et même religieux : quasiment les mêmes que ceux qu'avait suscités ou préservés le *Raïs* assassiné.

Il est plus facile de tuer Pharaon que d'anéantir la pyramide édifiée en son nom. C'est pourtant ce que paraît tenter de faire depuis mars 2009 un pouvoir israélien qui, de proclamations en opérations guerrières, n'a pour objectif que de revenir aux temps précédant le lumineux voyage du *Raïs* égyptien à Jérusalem. Qui visitait l'Égypte en 2009 alors que le généreux musicien Daniel Barenboïm donnait un récital au Caire où sa visite eût été unanimement acclamée quelques années plus tôt, était témoin de la colère de la presse égyptienne, clamant qu'il n'est plus temps de recevoir un Israélien – fût-il ami des Arabes. Désastreux recul psychologique et politique qui faisait dire au grand journaliste égyptien Ahmed Youssef que Sadate avait été assassiné une seconde fois, par les Israéliens…

JL

14 septembre 1982

Béchir Gemayel : le « cycle des assassinats » au Liban

Partout ailleurs dans le monde, cette explosion et ce crime auraient bouleversé l'opinion internationale. Un président de trente-cinq ans, élu trois semaines auparavant et adulé par les siens mais aussi par une partie des musulmans, est mortellement blessé par la mise à feu d'une charge de quarante kilos de TNT dissimulée dans l'immeuble de son parti, celui des *kataebs* (« phalanges »), milice des chrétiens maronites libanais. Or, sous l'effet d'un paradoxe médiatico-politique – et dans un premier temps –, le tonnerre de ce crime, commis le 14 septembre 1982, sera à peine entendu à l'extérieur du Liban. La raison en est simple : cette explosion-là se trouve aussitôt couverte par d'autres bruits, d'autres crimes, d'autres mitraillages et d'autres indignations. L'onde de choc n'aura pas eu le temps de gagner le monde qu'elle est comme effacée par une violence de plus forte intensité.

Un inventaire baroque

Deux jours après l'assassinat du jeune président, en effet, le 16 septembre à 18 heures, des miliciens en armes, chrétiens eux aussi, pénètrent en guise de représailles à l'intérieur des camps palestiniens de Sabra et Chatila, situés entre le centre de Beyrouth et l'aéroport. Ils mitraillent méthodiquement les civils qui s'y trouvent – y compris les femmes et les enfants – puis se retirent en laissant derrière eux quelque huit cents cadavres bientôt gonflés par la chaleur. Alliée circonspecte des forces chrétiennes, l'armée israélienne, présente au Liban depuis 1982, est aussitôt accusée d'être restée l'arme au pied et de n'avoir rien fait pour prévenir cette tuerie dont l'horreur bouleverse le monde. La polémique se déchaîne, jusque dans les colonnes de la presse israélienne. Le ministre de la Défense, Ariel Sharon, est si durement pris à partie qu'une commission d'enquête – la commission Kahane – est bientôt créée en Israël. Ses conclusions seront accablantes pour les milices phalangistes libanaises, mais aussi pour le commandement de Tsahal (l'armée de l'État hébreu) et pour Ariel Sharon lui-même.

Du coup, l'assassinat deux jours plus tôt de Béchir Gemayel – qui était élu mais pas encore intronisé – est mécaniquement minimisé, quasiment passé par pertes et profits. Longtemps après, dans la presse mais aussi dans les livres, l'évocation de cet assassinat renvoie immanquablement au massacre qui l'a suivi de peu. Du même coup, les spécialistes du Liban eux-mêmes ne s'attardent jamais sur les circonstances exactes de l'attentat initial commis au siège du parti phalangiste. L'horreur de la vengeance a durablement chassé celle du crime initial. Un crime dont les vrais commanditaires seront d'ailleurs plus difficiles à identifier qu'on ne l'imagine. Quantité de factions pouvaient avoir de bonnes raisons d'éliminer le jeune président. Les Syriens redoutant d'être chassés du pays ? Les Israéliens, déçus que Béchir refuse d'aller plus avant dans sa politique *de facto* pro-israélienne ? L'un des clans maronites, en compétition avec les Gemayel ? Une puissance étrangère ? La tourmente dans laquelle va se trouver emprisonné le Liban ne laissera guère le temps aux observateurs d'approfondir la question.

Il est vrai que, dans le pays du Cèdre en proie à la guerre civile depuis avril 1975 – sept ans déjà ! –, l'assassinat politique est une lugubre mais banale routine. À Beyrouth, on parle du « cycle des assassinats » ou encore de la « politique du pistolet sur la tempe ». De fait, rares sont les pays qui auront connu autant de meurtres de responsables politiques en si peu de temps. État multiconfessionnel, à la fois moderne et « clanique », le Liban est tributaire d'un équilibre toujours fragile entre des factions religieuses, des minorités armées et des milices parfois instrumentalisées du dehors, dont les allégeances évoluent au jour le jour. L'autorité et la rivalité des chefs – des « cheikhs » – y déterminent quotidiennement le cours des choses. Dans cette démocratie féodale, l'élimination physique du dirigeant est ainsi devenue un mode d'action politique ordinaire.

Les alliances comme les calculs tactiques ou les coalitions de circonstance évoluent sans cesse. Leurs effets se propagent dans tout le pays et opposent entre eux les villages, les vallées, les quartiers d'une même ville. Les dirigeants libanais se sont traditionnellement consolés en répétant que « la vraie force de l'État était dans sa faiblesse », mais la maxime a perdu son sens durant les trois décennies 1980, 1990 et 2000. La force nue et la plus extrême violence se sont emparées de toutes les communautés.

La liste des principaux « crimes au sommet » parle d'elle-même. Elle donne carrément le vertige. En mars 1975, Maarouf Saad, principal notable sunnite de Saïda (au Sud-Liban), est mortellement blessé dans une manifestation. Le 16 mars 1977, le chef prestigieux de la communauté druze, Kamal Joumblatt, est assassiné dans une embuscade. Le 13 juin 1978, Tony Frangié, député de Zghorta et fils du chef des chrétiens maronites Soliman Frangié, est exterminé avec sa femme, sa petite fille et trente de ses partisans dans sa maison d'Ehden, au nord du pays. Après l'élimination de Béchir Gemayel, le « cycle des assassinats » se poursuivra.

Le 1er juin 1987, le Premier ministre sunnite, Rachid Karamé, est tué par une charge placée sous le siège de son hélicoptère. Le 16 mai 1989, c'est au tour du mufti de la République, le cheikh Hassan Khaled, de périr dans un attentat à la voiture piégée. La même année, le 21 novembre, le président de la République soutenu par la Syrie, le chrétien René Moawad (élu dix-sept jours auparavant), est victime d'un attentat similaire qui tue vingt-trois autres personnes. Sa veuve Nayla ne cessera d'affirmer – mais sans preuve – qu'elle tient malgré tout la Syrie pour responsable. L'année suivante, le 21 octobre 1990, un autre dirigeant chrétien, Dany Chamoun, sa femme et deux de ses enfants sont massacrés à leur domicile de Beyrouth par un commando.

Le 24 janvier 2002, Elie Hobeika, ancien chef des Forces libanaises (chrétiennes), et l'un des principaux responsables du massacre de Sabra et Chatila, est tué dans l'explosion de sa voiture, à Beyrouth. Quant au meurtre le plus spectaculaire de la série, il aura lieu le 14 février 2005 et visera Rafik Hariri, ancien Premier ministre et proche de l'Arabie Saoudite. Sa voiture blindée sautera sur une charge évaluée à mille huit cents kilos d'explosif, charge extravagante dissimulée sous la chaussée d'une avenue du bord de mer, au centre de Beyrouth. L'explosion tuera vingt autres personnes et en blessera près de deux cents. L'importance des moyens mis en œuvre sera aussitôt invoquée pour désigner la Syrie. On verra dans le chapitre consacré à cet assassinat que l'hypothèse syrienne n'est pas forcément la plus crédible [1].

Suite tragique de ce dernier meurtre, c'est sans doute parce qu'il appartenait à un gouvernement – celui de Fouad Siniora – partisan d'un tribunal international approuvé par l'ONU pour enquêter sur la mort de Rafik Hariri que le fils cadet d'Amine Gemayel, prénommé Pierre (il porte, selon la tradition, le prénom du grand-père, disparu en 1984), sera assassiné à son tour. Le 21 novembre 2006, ce jeune ministre de la Justice est exécuté par des tueurs qui mitraillent à bout portant sa voiture dans son fief électoral de Jdeiddeh, à la façon des hommes de main d'Al Capone dans l'Amérique des années 1920.

À tous ces meurtres de dirigeants de premier plan, il faudrait adjoindre plus d'une dizaine d'attentats visant des notables religieux – sunnites ou druzes – de moindre envergure. On doit aussi inclure dans la liste l'ambassadeur de France Louis Delamare, assassiné à Beyrouth le 4 septembre 1981, vraisemblablement par les Syriens. Quant au très populaire journaliste Samir Kassir, c'est probablement sur ordre de Damas qu'il est assassiné le 2 juin 2005, comme son confrère journaliste et député chrétien Gebrane Tuéni, éliminé quelques mois plus tard, en décembre.

Dans la plupart des cas, ces attentats – interprétés comme des « signaux » – ne sont pas vraiment élucidés, même si l'on subodore toujours l'identité des commanditaires. Concernant celui qui fut perpétré contre Béchir Gemayel, un militant prosyrien, Habib Tanious Chartouni, finira par avouer en être l'auteur. Il sera arrêté et présenté au président Amine Gemayel (frère de Béchir). Curieusement, il parviendra à s'échapper avant d'être repris quelques heures plus tard. Incarcéré à la prison de Roumieh, il sera discrètement libéré par l'armée syrienne en 1990.

Ainsi vont souvent les choses au Liban.

1. Voir plus loin, le chapitre « Rafic Hariri : libérateur objectif ».

Les fractures libanaises

Qu'on ne s'y trompe pourtant pas. La pratique du meurtre politique au pays du Cèdre n'est pas imputable à une quelconque sauvagerie qui serait l'apanage spécifique des Libanais. Elle reflète l'extraordinaire enchevêtrement des lignes de force et des conflits qui, sans cesse, menacent la stabilité du pays. La guerre civile qui déchira pendant plus de quinze années le pays laissa transparaître la complexité, pour ne pas dire l'imbroglio de violence, dans laquelle se débattent les Libanais.

Aux antagonismes confessionnels communément cités (chrétiens, chiites, druzes, etc.) s'ajoutent des fractures dont le potentiel explosif perdure. Fracture sociale, d'abord, qui sépare une riche bourgeoisie – en majorité chrétienne mais aussi sunnite – et une masse de « déshérités », surtout nombreux parmi les chiites du Sud et sensibles aux discours radicaux du Hezbollah. Le Liban doit aussi compter avec une fracture qu'on pourrait appeler « nationale » et qui rend perpétuellement fragile l'exercice de la souveraineté nationale. Avant et pendant la guerre civile, celle-ci opposait l'État libanais à cet « État dans l'État » que représentait le mouvement palestinien, appuyé sur les camps de réfugiés, présents dans le pays depuis le grand exode de 1948 et la création d'Israël. À Beyrouth, dans les années 1970, les forces de l'OLP étaient capables de tenir militairement en échec l'armée nationale elle-même, d'autant plus vulnérable qu'elle était minée par les divisions confessionnelles.

Depuis toujours, le Liban est simultanément confronté à l'interventionnisme intéressé des Syriens, qui n'ont jamais vraiment renoncé à faire leur, ou au minimum à contrôler, cette « province » maritime, considérée comme partie intégrante de la « grande Syrie ». Les dirigeants alaouites au pouvoir à Damas tentent systématiquement de faire échec à toute velléité d'indépendance nationale à Beyrouth. Ils agissent au Liban soit comme force d'occupation – ce qui fut le cas de 1976 à 2005 –, soit en instrumentalisant des groupes armés palestiniens ou chiites. Ils œuvrent également de façon souterraine par le truchement de leurs très actifs services secrets ou de leurs affidés musulmans. Ce fut longtemps le cas de la fameuse Saïka, un groupe dissident et prosyrien de la résistance palestinienne.

Comme si cet écheveau d'influences ne suffisait pas, il faut tenir compte d'une autre donnée, géopolitique celle-là. Depuis plusieurs décennies, le petit Liban est un ring à ciel ouvert où opèrent les puissances en conflit au Proche-Orient : Israéliens, Syriens, Iraniens, Égyptiens, Saoudiens, Irakiens… Le Liban n'est pas seulement une chambre d'écho, il est devenu le champ de manœuvres de toutes les guerres régionales, à commencer par le conflit israélo-palestinien. Chaque évolution géopolitique, chaque glissement tectonique, même infime, des rapports de force régionaux se traduit à Beyrouth par une relance de la violence, un nouvel attentat, de nouveaux massacres. L'influence agissante de pays voisins surarmés et les ressources inépuisables produites par le trafic de drogue en provenance de la plaine de la Bekaa expliquent que la moindre faction libanaise, voire chaque famille, dispose d'un arsenal imposant, incluant des armes lourdes et de l'artillerie. Au Liban, les orages guerriers sont d'une intensité sans équivalent dans le monde.

Parmi ces guerres entrecroisées, il s'en trouve toujours une pour interrompre, au moment opportun, une évolution pacifique ou une entente sur le point d'aboutir. Entre les rivages de la Méditerranée, la montagne libanaise et la plaine de la Bekaa, beaucoup d'artificiers sont en alerte, prompts à rallumer l'incendie. Ce n'est donc pas un hasard si la plupart des assassinats politiques se produisent durant les périodes où la stabilité, la réconciliation et la pleine souveraineté semblent à portée de main.

Un chef de guerre sans états d'âme

C'était précisément le cas en 1982 après l'élection du chrétien Béchir Gemayel, élection votée par soixante-deux députés dont dix-neuf musulmans. Après cet attentat, les journaux les plus patriotes de Beyrouth parlent d'« espoir assassiné ». En 1982, à l'arrivée de ce Béchir que tout le monde tutoie, il existe en effet – du moins pour les chrétiens et les musulmans modérés – un espoir raisonnable.

Après l'intervention de l'armée israélienne du 6 juin 1982, les bases palestiniennes ont été démantelées et une bonne moitié des *fedayin* de Yasser Arafat – y compris ce dernier – ont été évacués vers la Tunisie avec l'aide de la marine française mais sous la protection d'une force multinationale. Les dix mille hommes restants se sont repliés dans la Bekaa. Dans les camps de réfugiés, il subsiste toutefois près de six cent mille civils palestiniens dont le sort n'est pas près d'être réglé. L'armée syrienne, elle aussi, a dû quitter Beyrouth. Quant aux contingents français et américain de la force multinationale, ils sont toujours sur place. (Ils ne se retireront que début 1984 de la souricière libanaise, après deux attaques au camion piégé qui tuent deux cent quarante et un Américains et cinquante-huit Français.)

L'arrivée d'un Gemayel, et pas n'importe lequel, au palais de Baabda, siège de la présidence libanaise, ouvre de vraies perspectives. Il bénéficie du soutien des chrétiens qu'il est parvenu tant bien que mal à unifier. La majorité chiite elle-même, endeuillée et affaiblie par sept années de guerre civile, semble prête à le laisser gouverner. Du côté des dignitaires musulmans, conduits par Saeb Salam, on est disposé à une réconciliation nationale. Les Américains, présents au Liban, jouent quant à eux la « carte Gemayel », de même que les Israéliens qui rêvent depuis toujours d'une alliance avec un Liban pacifié et repris en main par les chrétiens maronites.

C'est surtout au niveau de la vie quotidienne que l'espoir est palpable. Après sept années de sauvagerie au cœur de Beyrouth, les « éléments armés », comme on dit alors, ont disparu des carrefours. L'armée et la police nationales ont refait leur apparition dans des rues qu'on a commencé à déblayer. Les maçons et les employés de l'électricité se sont mis au travail pour réparer les réseaux. Le cours de la livre libanaise se redresse. Qu'ils soient chrétiens ou musulmans, les Libanais, épuisés par la guerre civile, se prennent à rêver d'une paix durable sous l'autorité d'un chef respecté [1]. Or, à côté d'atouts politiques liés aux circonstances historiques, le jeune président peut tabler sur sa propre popularité. Elle est ambiguë mais à son zénith.

1. Le correspondant du *Monde* à Beyrouth, Lucien George, titrait significativement son article du 16 septembre 1982 « Béchir Gemayel, trois semaines d'espoir assassiné ».

C'est d'abord le chef de guerre que voient en lui les chrétiens libanais mais aussi une partie de ses anciens adversaires. Le jeune avocat, né en 1947 à Bikfaya, bourgade de douze mille habitants dans la montagne chrétienne au nord de Beyrouth, a délibérément choisi l'action armée pour défendre les siens. Avec l'accord de son père et peu avant le début de la guerre civile, il a pris la direction militaire des *kataebs* («phalanges»), cette curieuse milice créée dès 1936 par son père, Pierre Gemayel. Ce dernier s'était inspiré à l'époque, il ne s'en cachait pas, des mouvements de jeunesse dont il avait pu admirer l'énergie et la discipline lors des Jeux olympiques de Berlin en 1936, jeux auxquels il avait assisté en qualité de président de la ligue libanaise de football.

Devenu chef des *kataebs*, Béchir fera de cette milice une véritable armée. À ses yeux, elle doit être capable, face aux Palestiniens surarmés de l'OLP, de suppléer les carences de l'armée nationale libanaise qui a été souvent mise en échec – et même humiliée – par les *fedayin* de Yasser Arafat. C'est donc une ligne très dure qu'il choisit. On pourrait même dire une ligne impitoyable si l'on songe au rôle d'entraînement que Béchir joue durant les premiers massacres de la guerre civile. Parmi les plus sanglants, on peut citer le «nettoyage» sans merci par les *kataebs* du bidonville de la Quarantaine, enclave musulmane au cœur du quartier chrétien d'Achrafieh. En janvier 1976 des centaines de musulmans de cette enclave sont tués, blessés ou chassés par les hommes de Béchir Gemayel. Ironie amère: trente ans après, à l'emplacement de l'ancien bidonville de la Quarantaine, une boîte de nuit, le BO18, a été édifiée. Elle est conçue comme un vaste tombeau décoré de cercueils. La plupart des jeunes Libanais qui la fréquentent ne savent pas forcément qu'ils dansent littéralement sur des cadavres.

En représailles au «nettoyage» de la Quarantaine, dès le 20 janvier, les musulmans massacrent près de sept cent cinquante civils chrétiens – femmes et enfants compris – dans le village de Damour, situé à une vingtaine de kilomètres au sud de Beyrouth, sur les pentes de la montagne libanaise. Ils s'emploient à profaner, et même à détruire, le très ancien cimetière chrétien de cette cité de vingt-cinq mille habitants.

Parmi les tueries des premières années de la guerre civile, il faut également mettre au crédit de l'activisme inaugural de Béchir le siège durant l'été 1976 du camp palestinien de Tez es-Za'tar, qui fit d'innombrables morts et blessés. Les Palestiniens résistèrent trois longs mois aux forces phalangistes avant d'être vaincus. Ils considèrent toujours ce combat comme un épisode héroïque de l'histoire de l'OLP. À l'époque, la détermination guerrière du jeune Gemayel s'accompagne de brutalités langagières qui lui valent d'être régulièrement épinglé par la presse internationale. Il n'hésite pas à qualifier les musulmans de « racailles » ou « d'« insectes nuisibles » qu'il s'agit d'éliminer [1]. Il est vrai que, dans le Beyrouth de l'époque, les excès de vocabulaire sont monnaie courante chez tous les camps en présence.

Une chose est sûre, l'énergie et la détermination de Béchir Gemayel lui valent le respect d'une bonne partie de la communauté chrétienne, y compris de ses anciens rivaux du Parti national libéral (PNL) de Camille Chamoun. Cela lui permet, dès 1977, de regrouper les forces chrétiennes. Obtenant – y compris par les armes [2] – de la vieille garde maronite qu'elle s'efface, il devient au début des années 1980 le chef quasi incontesté d'un « Front libanais » chrétien unifié.

Le poids d'une famille

La popularité de Béchir Gemayel – qui le rend dangereux aux yeux des Syriens – n'est pas due à ses seuls faits d'armes. Elle est aussi celle d'une des familles les plus prestigieuses de la communauté maronite. Les Gemayel, à contrecœur, partagent leur influence avec deux familles rivales : les Eddé et les Khoury. Les premiers temps de la guerre civile permettent aux Gemayel de reprendre, sans ménagement, la main. Ces notables chrétiens enracinés – depuis le XVIIe siècle, dit-on – à Bikfaya ont toujours manifesté un ardent patriotisme et une francophilie obstinée. Hostiles à l'occupation ottomane au début du XXe siècle, ils le seront plus encore aux incessantes convoitises

1. L'auteur de ces lignes fut menacé d'un procès, en 1976, par l'avocat de Béchir Gemayel pour avoir rapporté quelques propos de cet acabit.

2. L'initiative de certains assassinats de combattants chrétiens comme celui de Tony Frangié en juin 1978 ou de nombreux miliciens du PNL en juillet 1980 a été attribuée à Béchir Gemayel.

syriennes qui menacent ce petit pays devenu indépendant en 1943, après la fin du mandat français.

Celui qui incarnera le mieux la résolution patriotique et confessionnelle de la communauté maronite sera justement le père de Béchir Gemayel, ancien élève des jésuites et pharmacien de son état. Le *cheikh* Pierre Gemayel, grand homme émacié aux yeux sévères, mettra en avant dès les années 1930 une vision conservatrice de l'idéologie dite « libaniste ». Créateur des *kataebs* en 1936, on l'a dit, sur le modèle des milices fascistes, il refuse quelque allégeance « arabe » que ce soit, affiche sa fidélité à l'Occident et se propose de défendre à tout prix la spécificité du Liban. La devise qu'il choisit pour son mouvement est on ne peut plus claire : « Dieu, patrie, famille ».

Dès le début des années 1950, il a insisté sur la nécessité pour les maronites de se doter de moyens militaires conséquents. Il se montre féru de parades militaires et de compétitions sportives. Pendant un demi-siècle, il incarne l'irrédentisme d'une partie de la communauté maronite, prête à faire alliance avec l'Occident, et même avec Israël, pour contenir la pression arabe. Une partie de la communauté seulement, en effet. Il faut savoir que depuis toujours les chrétiens du Liban sont tiraillés entre deux fidélités contradictoires : arabe ou chrétienne. La première les pousse à s'intégrer prudemment au panarabisme pour mieux résister aux influences coloniales ou « impérialistes ». La seconde fidélité, confessionnelle celle-là, les invite à se tourner vers l'Occident pour y quêter un soutien et partager une culture.

La contradiction est celle du Liban lui-même. Elle est inaugurale. On raconte qu'à la fin du XIe siècle, au moment de la première croisade, l'arrivée des armées chrétiennes venues d'Occident – « l'Ost notre seigneur » – fut la cause d'une première dissension chez les chrétiens maronites. Certains d'entre eux, ceux du bord de mer, choisirent plutôt l'alliance avec leurs coreligionnaires occidentaux venus combattre les musulmans usurpateurs de lieux saints. Durant les quatre-vingt-dix années que dura la présence des croisés dans la région, ils firent cause commune avec les royaumes chrétiens, comme le décidèrent de leur côté les Arméniens de Cilicie ou d'Antioche. Les autres maronites, en revanche, ceux du Nord, plus éloignés dans la montagne et minoritaires, se prévalurent de leur arabité et restèrent solidaires de la résistance anti-occidentale des musulmans.

La faille initiale, cette divergence culturelle et politique, a traversé neuf siècles. Elle continue d'agir sur le présent. La rivalité entre les Gemayel et les Frangié (dont le fief est au nord et qui ont parfois fait alliance avec la Syrie) s'inscrit dans cette perspective. D'une façon générale, la « compromission » initiale avec l'Occident pèse comme un reproche sur une fraction des chrétientés maronites ou arméniennes. À Beyrouth, la référence aux croisades, jugée surprenante pour un visiteur venu d'Europe, est d'autant plus habituelle que c'est désormais Israël qui est assimilé à une « implantation occidentale en terre d'islam ». La famille Gemayel, bien vue à Tel-Aviv et disposée à faire – partiellement – cause commune avec l'État juif, sera donc régulièrement accusée par ses adversaires de renouer avec les « trahisons » de l'époque des croisades.

Ainsi est-ce comme l'héritier d'une très longue histoire, et d'une illustre famille, que Béchir Gemayel est perçu – et aimé – à Beyrouth. Le *cheikh* Pierre Gemayel, mort d'une crise cardiaque le 29 août 1984 – après avoir été souvent ministre mais jamais président de la République –, a eu deux fils : l'aîné, Amine, un politique habile et relativement modéré, et Béchir, le cadet, plus radical et plus guerrier. Les deux accéderont à la magistrature suprême, mais seul l'aîné survivra aux dix-sept années de guerre civile, laquelle fera plus de cent cinquante mille morts, chiffre énorme pour un petit pays de quatre millions d'habitants. (Rapporté à la population, ce chiffre équivaut aux pertes françaises de la guerre 1914-1918.)

Dans ce décompte, la famille Gemayel a payé assurément un lourd tribut. Avant d'être tué en septembre 1982, Béchir avait déjà échappé à un attentat deux ans auparavant, mais il y avait perdu sa fille Maya, âgée de vingt mois. Son neveu Pierre, on l'a vu, connaîtra le même sort le 21 novembre 2006. Quant au *cheikh* Pierre, il avait lui-même été visé par un tueur le 13 avril 1975, alors qu'il participait à l'inauguration d'une église dans le quartier d'Aïn el Remmaneh. Cet attentat manqué et la riposte des phalangistes contre un autobus véhiculant 70 Palestiniens passant au même endroit furent d'ailleurs à l'origine du déclenchement de la guerre civile.

Le martyrologe de la famille Gemayel – et son influence dans l'histoire du Liban moderne – a souvent conduit les journalistes occidentaux à la comparer aux Kennedy. Le jeune Pierre Gemayel, quelques jours avant d'être assassiné, avait d'ailleurs confié à une journaliste venue de France : « Nous, les Gemayel, nous sommes habitués à ce que nos femmes portent le noir [1]. » Pour les adversaires de la famille, ce rapprochement avec les Kennedy est indécent. Ces derniers n'avaient pas autant de sang sur les mains, du moins pas de façon si directe.

Après la mort du jeune Pierre, en tout cas, la famille Gemayel perd (provisoirement ?) de son influence et de son prestige. En 2007, l'ancien président Amine Gemayel sera sévèrement battu dans sa circonscription du Metn, au cœur du Mont-Liban. D'autres familles et d'autres figures de la communauté chrétienne ont commencé à reprendre le flambeau national, avec des fortunes diverses. Au Liban, il est vrai, les données politiques et les rapports de force se transforment.

Les chrétiens d'Orient sur la défensive

Bien avant l'effacement relatif des Gemayel, dès le mois de mars 1989, un chef chrétien, général de son état, commandant l'armée nationale, s'était fait connaître du reste du monde en lançant – avec témérité pour ne pas dire imprudence – une « guerre de libération » contre la Syrie. Maronite très pieux et de famille modeste, né en 1935 dans la banlieue sud de Beyrouth, Michel Aoun entend mettre fin à la situation politique absurde dans laquelle se débat le Liban à l'issue de la présidence d'Amine Gemayel. Coexistent en effet deux gouvernements distincts : l'un prosyrien dirigé par Sélim Hoss, l'autre hostile à Damas dirigé par Aoun lui-même.

Le 14 mars, il déclenche, sans coup férir, « sa » guerre de libération et part à l'assaut des troupes d'occupation. L'armée syrienne réplique en utilisant son artillerie lourde. En dépit de la sympathie que lui vaut à l'extérieur – en France notamment – la vigueur un peu théâtrale de

1. Rapporté par Agnès Rotivel, *La Croix*, 22 novembre 2006.

son patriotisme, Michel Aoun échouera car, à partir d'octobre 1990, le président syrien Hafez el-Assad bénéficie d'une conjoncture internationale favorable. Dans la crise mondiale qui survient après l'occupation du Koweït par le dictateur irakien Saddam Hussein, Assad a fait le bon choix. Il s'est plus ou moins rallié aux États-Unis qui avaient besoin de son soutien pour se lancer dans la première guerre du Golfe (en janvier 1991). En échange, les Américains sont prêts à fermer les yeux sur les agissements syriens au Liban.

Une fois encore, l'évolution de la situation internationale se traduit, au Liban, par un changement de donne. Et des combats supplémentaires.

Assuré de la passivité américaine, Hafez el-Assad n'a aucun scrupule à lancer, en octobre 1990, l'assaut final contre le bastion chrétien de Michel Aoun. Ce dernier en réchappe de justesse. Il doit se réfugier à l'ambassade de France, puis s'exiler à Paris. Loin de délivrer le Liban de la mainmise syrienne, son initiative guerrière a permis à Damas de revenir en force à Beyrouth, de désarmer les milices (à l'exception du Hezbollah), et, pour un temps du moins, de «tenir» solidement le pays. La victoire syrienne est concrétisée par un «traité de fraternité et de coopération» signé le 22 mai 1991 à Damas. L'opération de Michel Aoun, en dépit d'une allure romantique qui a séduit quelques écrivains français [1], n'a pas seulement été un désastre militaire, elle a divisé le camp chrétien, et plus gravement que jamais.

Dès le début de l'affaire, en effet, une partie des chrétiens, sous la conduite de Samir Geagea, un ancien lieutenant de Béchir Gemayel, a refusé de suivre le général Aoun dans sa folle entreprise. Ils disaient préférer respecter le «processus de paix», tel qu'il avait été défini et adopté à Taef, en Arabie Saoudite, le 15 octobre 1989. Cet accord prévoyait notamment un rééquilibrage du pouvoir au Liban, au détriment des maronites et à l'avantage des musulmans. C'est cet arrangement, qui avait l'inconvénient de confessionnaliser un peu plus le système politique libanais, qu'Aoun et les siens refusent. En réalité, les «Forces

1. Notamment Daniel Rondeau, auteur d'un ouvrage lyrique mais peu perspicace : *Chronique du Liban rebelle, 1988-1990*, Grasset et Fasquelle, 1991.

libanaises » de Geagea acceptent mal qu'on leur enlève le contrôle du port de Beyrouth, source de juteux trafics.

Toujours est-il qu'une nouvelle guerre fratricide – une de plus – éclate dans le camp chrétien. Elle oppose une bonne moitié de l'armée, fidèle à son chef Michel Aoun, d'une part, et les « Forces libanaises » de Samir Geagea, d'autre part. La communauté chrétienne sort désillusionnée et affaiblie de cet épisode sanglant. Elle doit se rendre à l'évidence : ni au Liban ni ailleurs au Proche-Orient le temps ne joue en faveur des chrétiens. Ceux-ci, au contraire, affrontent avec difficulté et angoisse la montée en puissance de l'islam radical. C'est vrai en Irak, en Palestine et même en Égypte, où les coptes ont vu leur statut et leur influence diminuer.

Un nouveau Liban ?

Au Liban, un quart de siècle après la disparition de Béchir Gemayel, l'islam radical est désormais représenté par le Hezbollah (« parti de Dieu ») qui regroupe principalement les chiites du Sud et du grand Beyrouth. Soutenu – et partiellement manipulé – par l'Iran et la Syrie, il est le lointain cousin – et ancien rival – du « Mouvement des déshérités » et de la milice Amal (« espoir ») qu'avait lancés l'imam Moussa Sadr en 1974 et 1975, juste avant le début de la guerre civile. L'imam avait ensuite mystérieusement disparu avec deux de ses compagnons au cours d'un voyage officiel en Libye en août 1978.

Solidement armé par l'Iran, bien implanté dans la population et jusqu'au cœur de Beyrouth, le Hezbollah est servi par un jeune chef habile et charismatique, Hassan Nasrallah. Bien que ce dernier ait déclaré à plusieurs reprises sur la chaîne qatarie Al Jazira qu'il ne soutenait pas le mouvement Al Qaïda et entendait se démarquer du terrorisme international, il est classé par les Américains et les Israéliens dans la liste des organisations terroristes. En réalité, il est devenu au fil des années l'une des principales forces politiques libanaises. Son ascension illustre bien le changement d'époque au Liban. Le Hezbollah – qui n'est pas à court de financement grâce aux revenus pétroliers de l'Iran – a assis son influence grâce à l'efficacité de ses œuvres sociales et scolaires et son souci constant des plus pauvres.

Il s'est aussi – surtout ? – présenté comme le fer de lance de la résistance à Israël. Ses lance-roquettes et ses rampes de missiles enterrés dans des bunkers le long de la frontière sud ont longtemps menacé les villes du nord de la Galilée. Cette menace a conduit le gouvernement israélien à lancer contre le Hezbollah, avec un succès mitigé, plusieurs offensives d'envergure. Celle de l'été 2006, impitoyable et meurtrière pour les civils du Sud, a permis de démanteler une partie de l'arsenal, lequel a été rapidement reconstitué.

* *
*

Les temps changeraient-ils au Liban ? En dépit de sa popularité et de sa puissance, le mouvement de Hassan Nasrallah et ses alliés chrétiens conduits par Michel Aoun subissent une cuisante défaite électorale en juin 2009. Ce sont les continuateurs – résolument antisyriens – du « mouvement du 14 mars 2005 » qui gagnent la partie. Par leur vote, ils réaffirment clairement leur appartenance au camp arabe modéré et leur ouverture vers l'Occident.

Après trente-quatre années de violences et de meurtres politiques, l'époque serait-elle enfin venue où les choix s'opèrent au Liban par le truchement des urnes ?

JCG

31 octobre 1984

Indira Gandhi : « entre deux massacres »

Deux massacres encadrent l'assassinat de cette femme de soixante-sept ans aux yeux tristes, croulant sous les colliers de fleurs, et que la foule acclame encore le 30 octobre 1984, alors même qu'elle va mourir le lendemain matin. Deux massacres ? On ne sait lequel fut le plus effrayant. Une seule chose est sûre : l'un fut la cause, l'autre la conséquence du même événement – l'assassinat d'Indira Priyadarshini Gandhi, fille unique de Nehru et Premier ministre de l'Inde. La dernière phrase qu'elle prononce en public ce jour-là, en pleine campagne électorale, se révèle étrangement prémonitoire : « Je suis là aujourd'hui, mais je ne serai peut-être plus là demain. Si je meurs, chaque goutte de mon sang fortifiera la nation. »

Se doute-t-elle de quelque chose ? Le fait est qu'elle a confié à plusieurs reprises aux membres de sa famille qu'elle redoutait un attentat. C'est ce que lui ont laissé craindre les gourous, devins et astrologues qu'elle consulte désormais régulièrement, à telle enseigne qu'on les soupçonne d'avoir pris sur elle un ascendant abusif. Orgueil ou sang-froid : Indira n'a tiré aucune conséquence de ces funestes annonces ni réorganisé les services de sécurité.

Les meurtriers qui s'apprêtent à passer à l'action le 31 octobre dans les jardins de la résidence gouvernementale de New Delhi sont les propres gardes du corps de la victime. Ils sont sikhs et n'ont pas pardonné l'affront sanglant fait à leur communauté quelques mois auparavant, sur ordre personnel d'Indira Gandhi. Inconséquence ou confiance excessive : Indira Gandhi a tenu à les garder à son service, alors même que la colère des sikhs est avérée.

Amritsar trois fois meurtri

En fait d'affront envers les sikhs, c'est plutôt de massacre qu'il faut parler. Mobile revendiqué du meurtre, l'événement en question a eu lieu le 5 juin 1984, à la suite de l'ordre donné ce jour-là à l'armée indienne de prendre d'assaut le temple sacré du *Harmandir Sahib* (« Cour divine ») ou « Temple d'or » des sikhs. Le temple se trouve à Amritsar, ville prospère de quatre millions d'habitants – la première cité du Pendjab –, située à proximité de la frontière entre l'Inde et le Pakistan. Le nom d'Amritsar vient des mots panjâbî *amrita saras* qui signifient « étang de nectar ». Dans cet État des confins de l'Himalaya vivent 80 % des vingt millions de membres de la communauté sikhe, laquelle représente moins de 2 % de la population indienne.

Au Pendjab, les sikhs sont légèrement plus nombreux que les hindous. Après la naissance de l'Inde en 1948, ils avaient vainement tenté d'empêcher la partition sur des bases confessionnelles entre l'Inde et le Pakistan, partition qui coupait le Pendjab en deux. Ladite partition obligea deux millions et demi de sikhs à quitter le nouveau Pakistan, et notamment la ville de Lahore, ancienne capitale du Pendjab, aujourd'hui pakistanaise. Depuis lors, la communauté sikhe est travaillée par des courants indépendantistes parfois radicaux. Ces derniers, minoritaires mais déterminés, réclament la création d'un État sikh théocratique et indépendant, le Khalistan (le « pays des purs »), qui permettrait de réunifier le Pendjab, dont le nom signifie « contrée des cinq rivières ». Ils revendiquent aussi l'élévation d'Amritsar au rang de ville sainte. Quant au sikhisme, il s'agit d'une religion née au XVIe siècle qui se présente comme une sorte de syncrétisme entre l'hindouisme et l'islam. Le principal texte sacré des sikhs est l'*Âdi Granth*, un livre de mille quatre cent trente pages qui inclut des poèmes soufis. Portant rituellement la barbe et le turban (ainsi qu'un couteau dans leur poche), les sikhs (« disciples ») sont immédiatement reconnaissables dans une foule indienne. Le détail a, hélas, son importance.

En juin 1984, après une campagne d'attentats menée en Inde par les « fous du Khalistan », Indira Gandhi croit pouvoir en finir une fois pour toutes avec le terrorisme sikh en usant de la manière forte. Planifiée de très longue date, l'opération *Blue Star*, c'est-à-dire l'attaque par l'armée du Temple d'or où s'étaient barricadés un millier d'extrémistes conduits par leur chef indépendantiste Jarnail Singh Bhindranwale, tournera au fiasco. Elle fera officiellement quatre-vingt-quatre tués parmi les assiégés – dont Bhindranwale – mais aussi près de cinq cents victimes civiles, dont une centaine de femmes et soixante-quinze enfants [1].

Elle sera surtout perçue par l'ensemble des sikhs vivant en Inde ou à l'étranger comme la profanation d'un espace sacré. Les soldats, en effet, ne se sont pas contentés de mitrailler et d'affamer les rebelles barricadés dans le temple, comme ils le feront quatre ans plus tard. Ils ont commis « la » faute cardinale, le sacrilège suprême, en pénétrant avec leurs blindés dans l'enceinte religieuse pour y exterminer les derniers résistants. C'est cet affront sans précédent que les gardes du corps d'Indira Gandhi ont voulu venger.

Les sikhs ont été d'autant plus révoltés par l'offensive de l'armée à Amritsar que celle-ci réveille de tragiques souvenirs. Elle fait écho à une autre attaque, meurtrière elle aussi, menée au même endroit le 13 avril 1919, sur ordre du brigadier général britannique Reginald E. H. Dyer. Ce jour-là, une foule estimée à dix mille hommes, femmes et enfants est rassemblée pacifiquement dans les jardins Jallianwallah, un espace fermé à l'intérieur de la ville, alors même que toute manifestation a été interdite par les autorités coloniales. Avec cinquante soldats d'un régiment de *Gurkhas* (« troupes d'élite » recrutées au Népal), le général fait tirer sans sommation sur la foule. Après quinze minutes de tir et mille deux cents salves, le bilan est terrible : trois cent soixante-dix-neuf morts et mille deux cents blessés. Le général Dyer sera relevé de son commandement et rappelé en Angleterre. Il sera malgré tout accueilli en héros de l'Empire britannique à Londres et même félicité par la Chambre des lords.

La première tuerie d'Amritsar consomme la rupture définitive entre l'opinion indienne et le *radj* (« empire ») britannique. Elle donnera lieu à l'érection d'un monument du souvenir dans les jardins

1. Certains médias, dont le *Times,* donneront un bilan beaucoup plus lourd et feront état de sept cent quatre-vingts corps calcinés.

Jallianwallah devenu « monument national » et renforcera le nationalisme naissant. Les Indiens en général, et les sikhs en particulier, n'ont jamais oublié. Le souvenir de cette répression coloniale est resté tellement à vif qu'il donnera lieu, en 1998, à un incident diplomatique lors d'une visite du prince Philip d'Édimbourg, ce dernier ayant tenté maladroitement d'atténuer la responsabilité historique du général Dyer. Le massacre de 1919 appartient aujourd'hui à la mémoire collective de l'Inde. Les écrivains indiens s'y réfèrent souvent. Salman Rushdie, par exemple, dans son livre *Shame* (1983), fait du mitraillage ordonné par le général Dyer un récit épouvanté.

La vengeance des hindous

C'est cette plaie jamais refermée que, accessoirement, l'opération *Blue Star* a brutalement rouverte en juin 1984.

Indira Gandhi en fera les frais.

Mitraillée par ses gardes du corps alors qu'elle quittait sa résidence officielle pour gagner son bureau situé à quelques dizaines de mètres, elle est atteinte à l'estomac et à la poitrine par vingt-quatre projectiles. C'est sa belle-fille Sonia, épouse italienne de Rajiv Gandhi, qui trouve le corps ensanglanté. Aussitôt transportée à l'hôpital, Indira est soignée par une douzaine de chirurgiens et de médecins. En vain. Ayant perdu trop de sang, elle meurt trois heures après l'agression. L'un de ses meurtriers, Beant Singh, a déjà été abattu (« assassiné », diront les sikhs) par les policiers. Les deux autres, Satwant Singh et Kehar Singh, grièvement blessés, seront condamnés à mort et pendus trois ans plus tard, le 6 janvier 1989. Les trois meurtriers sont considérés depuis lors comme des héros par la communauté sikhe, surtout Beant Singh, qui entrera au panthéon de la « communauté des purs ».

Censé répliquer à une profanation suivie d'un massacre, l'assassinat d'Indira va provoquer une autre tuerie, d'une tout autre ampleur. Le cycle de la violence intercommunautaire en Inde se révèle, une fois encore, incontrôlable. Dès que la nouvelle de la mort de *Mother India* se répand dans le public, une vague de colère se déclenche partout en Inde contre les sikhs, y compris dans les rues de la capitale fédérale

New Delhi. Ces exactions sont le plus souvent conduites par les extrémistes hindous. Agressions, lynchages, égorgements, incendies : près de trois mille civils paient de leur vie cette explosion de haine [1]. Ces violences dureront plus longtemps que les douze jours du deuil officiel et le retour au calme sera difficile à obtenir. Les pogroms – le mot sera employé dans la presse – menés contre les sikhs dans tout le pays laisseront des traces indélébiles au sein de cette minorité religieuse. Ils fourniront au président Zail Singh une bonne raison pour s'affranchir des procédures prévues en cas d'intérim afin de nommer directement Rajiv Gandhi, fils aîné d'Indira, au poste de Premier ministre.

C'est donc Rajiv qui, le 11 novembre 1984, va disperser les cendres de sa mère au-dessus des sources du Gange, dans l'Himalaya. Une semaine auparavant, le 3 novembre, un sacre funéraire selon le rite hindou avait été suivi par un million d'Indiens et des représentants de la plupart des pays occidentaux. La cérémonie de crémation a lieu aux abords du célèbre Fort Rouge de New Delhi, sur la rive du fleuve Yamuna, à l'endroit même où ont été incinérés le Mahâtmâ Gandhi puis Jawâharlâl Nehru. Rajiv, désormais patriarche de la famille et Premier ministre en titre, dirige la cérémonie. Par l'effet d'un extraordinaire bégaiement de l'Histoire, Rajiv sera conduit quatre ans plus tard à mener un nouvel assaut contre les sikhs et une fois de plus contre le Temple d'or d'Amritsar, en mai 1988.

À l'issue d'un siège de dix jours qui fait une cinquantaine de morts, les forces de l'ordre obtiennent la reddition de quarante-six séparatistes sikhs, dont une femme. Une différence : la leçon de 1984 a été retenue et les soldats se sont bien gardés, cette fois, de pénétrer dans l'enceinte du temple. La répression a été sans pitié mais il n'y a pas eu « sacrilège ». Et l'action punitive, d'abord présentée comme une « victoire » de Rajiv Gandhi, n'en sera pas vraiment une. Le terrorisme sikh repartira de plus belle.

L'analogie entre mère et fils ne s'arrête pas là. Comme Indira Gandhi, Rajiv sera victime d'un attentat terroriste le 21 mai 1991, commis cette

1. Les autorités indiennes reconnaîtront officiellement le chiffre de deux mille sept cent soixante-seize victimes.

fois par une femme kamikaze agissant au nom des « tigres tamouls », alors qu'il entame une tournée électorale dans l'État du Tamil Nadu. À l'étape de Sriperumbudur, ville située près de Madras, une jeune fille en sari s'incline devant lui pour lui passer au cou la traditionnelle guirlande d'œillets, avant d'actionner les explosifs qu'elle porte à la ceinture. Rajiv et la kamikaze seront déchiquetés par l'explosion. Les « tigres tamouls » entendent protester contre l'intervention de l'armée indienne au Sri Lanka. Rajiv Gandhi sera incinéré, lui aussi, sur les bords du fleuve Yamuna à New Delhi.

Charivari au Parlement

Comme c'est souvent le cas après l'assassinat d'un responsable politique, celui d'Indira Gandhi donne lieu à d'interminables polémiques, et même à des interprétations conspirationnistes. Un rapport d'une commission judiciaire, qualifié d'ultra secret, pointera des « négligences » insolites, voire des « malveillances » délibérées dans l'organisation du service de sécurité du Premier ministre. À la fin des années 1980, les « bonnes feuilles » du rapport Thakkar (du nom de son auteur) sont publiées par l'*Indian Express*, un journal d'opposition, et aussitôt relayées par l'ensemble de la presse indienne. L'auteur du rapport met nommément en cause l'un des conseillers personnels d'Indira, un certain R. K. Dhawan, que Rajiv Gandhi a repris à son service.

Au-delà des controverses médiatiques habituelles – la liberté de la presse est à peu près totale en Inde –, le rapport faussement secret déclenche en mars 1989 une crise parlementaire. Il est vrai que son auteur va très loin dans ses allégations. Il laisse entendre que les « conspirateurs » qui auraient commandité l'assassinat d'Indira Gandhi, peut-être pour le compte d'une puissance étrangère, feraient l'objet d'une étrange protection. La quasi-totalité des députés de l'opposition exigent – en vain – que le « rapport Thakkar », dans son intégralité, soit déposé et discuté au Parlement. Devant le refus catégorique du gouvernement, on frôle l'empoignade physique dans les travées du *Lok Sabha* (« Assemblée nationale »), le tout dans une surenchère d'accusations et de menaces.

Soixante-trois députés de l'opposition sont expulsés tandis que l'un d'entre eux, M. Aris Mohammed Khan, s'écrie que les membres de son parti laïque et socialiste – le Janata Dal – ne céderont pas tant que « les conspirateurs seront libres ». Ce dernier ira même jusqu'à se précipiter vers Mme Shiela Dixit, ministre des Affaires parlementaires, pour lui arracher des mains la liste des députés expulsés. Seule l'intervention des chefs de groupes permet d'apaiser les esprits et d'éviter une bagarre générale. Par la suite, M. Khan, l'irascible député, sera condamné par la Chambre pour « avoir tenté de se livrer à des voies de fait sur une femme ministre ». Quant à l'enquête menée ultérieurement sous l'égide du ministre de l'Intérieur, elle aboutira à innocenter M. R.K. Dhawan, le prétendu « conspirateur ». Tout au plus peut-il être accusé de négligence en matière de sécurité.

La « saga » d'une famille

Ces morts et ces assassinats qui frappent une même famille vont contribuer à la naissance de la « saga Gandhi », un puissant mythe dynastique qui n'est pas sans rappeler celui des Kennedy aux États-Unis.

Au départ, on trouve un tout jeune juriste indien éduqué à Oxford, Jawâharlâl Nehru, qui, peu après son retour en Inde (en 1912), est choisi par Mohandas Karamchand Gandhi, apôtre de la non-violence et grande figure du nationalisme indien, qui en fera son « poulain » et l'invitera à participer, à ses côtés, à la lutte pour l'indépendance. Le combat anticolonial sera dur, férocement réprimé par les Britanniques. Il conduira Jawâharlâl Nehru et son propre père Motilal à effectuer plusieurs séjours en prison. Devenu Premier ministre en 1948, Nehru disparaît en 1964.

Sa fille Indira, qui a rempli les fonctions de Premier ministre par intérim durant la maladie de son père, accède au pouvoir en 1966. Elle le perd aux élections de 1977, puis le reconquiert en 1980. Une fois Indira et son fils Rajiv assassinés, c'est Sonia Gandhi, la veuve de Rajiv, d'origine italienne, qui reprendra le flambeau. Sonia a elle-même deux enfants, un garçon, Rahul, et une fille, Priyanka, qui sont entrés eux aussi en politique. On en est donc à la quatrième génération des Gandhi…

L'interminable et tragique épopée des Gandhi s'identifie, sur bien des points, à celle du pays. D'abord l'extrême violence qui entoure l'histoire contemporaine de l'Inde, pays souvent présenté (à tort) comme celui de la non-violence. L'aspiration pacifiste est d'autant plus puissante en Inde qu'elle s'affronte sans cesse à son contraire : le caractère explosif, fragile, immaîtrisable de la cohabitation communautaire. Le « problème sikh » n'en est qu'un des aspects, pas toujours le plus dangereux. La question récurrente de l'islam est plus redoutable encore. En dépit de la partition de 1948 qui a conduit des millions de musulmans à quitter l'Inde pour le Pakistan, la fédération indienne demeure, avec une communauté de cent quarante millions de personnes (13,4 % de la population), le troisième pays musulman de la planète. À cela s'ajoute, par exemple, la question de l'irrédentisme tamoul ou celle des populations dites « aborigènes ». Entre toutes ces communautés rôde une violence endémique qui menace jour après jour de faire chavirer l'une des plus grandes démocraties du monde.

L'histoire de la famille Gandhi, avec ses deuils, illustre parfaitement ce défi. Il est vrai que le nom même de Gandhi prête à confusion, mais cette dernière fait partie du mythe. Tous ceux qui, à l'étranger, ne sont pas familiers de l'histoire indienne ont tendance à rapprocher faussement deux patronymes : celui qui désigne la dynastie des Gandhi (Indira, ses fils et petits-enfants) et celui du leader nationaliste et chef spirituel Gandhi (1869-1948), qu'on appelait le Mahâtmâ (la « Grande Âme »).

En réalité, il n'existe aucun lien de parenté entre les deux. Fille de Jawâharlâl Nehru, Indira épouse en 1942 un journaliste et membre du parti du Congrès d'origine parsie nommé Feroze Gandhi, alors qu'elle entre en politique sous l'autorité morale de son père et du Mahâtmâ. Ce dernier meurt le 30 janvier 1948, victime des balles d'un extrémiste hindou, cinq mois après l'accession de l'Inde à cette indépendance (août 1947) à laquelle il avait tant œuvré. 1948, année de la mort du Mahâtmâ, est aussi celle qui voit Indira exercer véritablement une fonction gouvernementale puisqu'elle seconde et accompagne à l'étranger son père Nehru devenu Premier ministre.

1. John F. Kennedy à Dallas,
le 22 novembre 1963.

2. Martin Luther King à Memphis,
le 3 avril 1968.

3. Robert F. Kennedy quelques minutes avant le crime, le 5 juin 1968.

4. Aldo Moro, le 2 mai 1978 : première photo envoyée par les Brigades rouges.

5. Lord Mountbatten, en 1978.

6. Anouar el-Sadate et le ministre de la Défense égyptien au Caire, le 6 octobre 1981.

7. Béchir Gemayel à Beyrouth, le 23 août 1982.

8. Indira Gandhi, en octobre 1984, trois semaines avant son assassinat.

9. Olof Palme à Stockholm,
le 28 février 1986.

10. Thomas Sankara à Harare,
le 2 septembre 1986.

11. Alexandre Men en Russie, le 1er mai 1987.

12. Mohamed Boudiaf à Annaba, le 29 juin 1992.

13. Yitzhak Rabin à Jérusalem,
le 24 janvier 1995.

14. Rafic Hariri à Beyrouth,
le 14 février 2005.

15. Anna Politkovskaïa à Moscou, le 20 février 2005.

16. Benazir Bhutto à Larkana, le 26 novembre 2007.

La dynastie des Gandhi se met donc en place alors que le grand (et simple homonyme) Gandhi, figure centrale de l'histoire et de la spiritualité indiennes, disparaît. La coïncidence patronymique, quant à elle, n'est pas une simple et anecdotique confusion. Elle ajoute un symbole aux symboles, dans un pays où ceux-ci ne sont jamais sans effet. Indira Gandhi, surtout quand elle est à l'étranger où le nom de Gandhi est spontanément révéré, « entretient volontiers l'ambiguïté » sur l'origine de son nom [1].

La deuxième caractéristique de cette « saga » tient aux liens sentimentaux, pour ne pas dire passionnels, qui, depuis l'origine, unissent la famille Gandhi au peuple indien. La relation très émotive voit alterner des périodes « amoureuses » avec d'autres, marquées par un désamour brutal. Ce sera le cas entre 1975 et 1977 quand Indira fait instaurer l'état d'urgence et place en quelque sorte la démocratie indienne entre parenthèses. Le regain de ferveur populaire dont elle bénéficie en 1980 ne serait pas explicable s'il n'était lié à l'image qu'Indira Gandhi, alors exclue du pouvoir et de ses pompes, offre d'elle-même.

Les Indiens sont sensibles aux déconvenues du destin et la compassion qu'ils lui témoignent trouve aussitôt sa traduction politique. Il est vrai que, après les divisions médiocres du parti Janata qui a triomphé, elle demeure la seule personnalité d'envergure. Chassée du pouvoir, elle y revient, plus populaire que jamais. Elle est nommée Premier ministre pour la quatrième fois. Son fils cadet, Sanjay, avec qui elle a mené intrépidement campagne, est à ses côtés. Il n'a pas quarante ans. Six mois plus tard, le 23 juin 1980, aux commandes d'un petit avion biplace qu'il pilote avec désinvolture – bien qu'il soit pilote de ligne à Air India –, il s'écrase subitement dans l'enceinte diplomatique de New Delhi. Il est tué sur le coup ainsi que son passager.

La tragédie frappe une fois encore les Gandhi. Le choc est très dur pour Indira mais la légende familiale s'enrichit d'un nouvel épisode tragique. Flux et reflux de la ferveur populaire, violence qui rôde, corruptions familiales, ténacité des épouses : tout se passe, en somme, comme si l'Inde démocratique, pour le meilleur et pour le pire, s'inventait peu à peu une famille royale.

1. Guillemette de la Borie, *Indira Gandhi*, Maren Sell, 2006.

La passion du pouvoir

Dans la naissance du mythe emblématique des Gandhi il faut compter avec la personnalité particulière – et contrastée – d'Indira. On la présente parfois comme une «héritière» qui aurait simplement eu la chance de faire ses premiers pas sous la conduite de son père, patricien de haut vol et *gentleman* pétri de culture britannique. Il est vrai qu'Indira, petite-fille et fille de brahmanes, connaîtra une petite enfance privilégiée, pour ne pas dire fastueuse, dans la maison où elle est née le 19 novembre 1917, *Anan Bhawan* (la «maison du bonheur»), une demeure de quarante-deux pièces avec patios à colonnades, fontaines et jardins embaumés. Elle est située dans le quartier anglais d'Allahabad, capitale de l'Uttar Pradesh, au nord de l'Inde.

Indira y reçoit une éducation biculturelle, à la fois britannique et indienne, du moins jusqu'à ce que la famille, suivant les recommandations nationalistes de Gandhi, proscrive à partir de 1920 les vêtements, les meubles et les habitudes britanniques. Il s'agit de rejeter tout ce qui a un lien avec la puissance coloniale. Dans son autobiographie, Indira raconte son premier chagrin de petite fille lorsqu'elle choisit de brûler sa poupée *made in Great Britain* [1]. La famille, pourchassée par les services fiscaux britanniques, fera l'expérience – relative – du besoin. Le père de Nehru, Motilal, acquis à la lutte pour l'indépendance, ira même jusqu'à faire don d'*Anand Bhawan* au nouveau parti anticolonial, le Parti du Congrès, qui en fera la «maison de l'indépendance» (*Swaraj Bhawan*). La famille d'Indira s'installera dans une nouvelle maison, plus modeste, construite dans le jardin. Ainsi la vie familiale et l'activité politique resteront-elles étroitement imbriquées.

Continuateur du Mahâtmâ qui l'avait choisi, Nehru fut le véritable fondateur de la démocratie indienne qu'il interprétait toutefois dans un sens plutôt autocratique. En vérité, il gouverna l'Inde en monarque, le plus souvent indifférent aux mécontentements périodiques du Parti

1. Indira Gandhi, *Ma vérité*, avec Emmanuel Pouchpadass, Stock, 1979.

du Congrès et d'une fraction notable du peuple. Aux yeux de Nehru, il s'agissait alors de promouvoir tout à la fois des plans quinquennaux de développement et une grande politique internationale fondée sur le non-alignement. C'est lui qui prit l'initiative de réunir à Bandung, sur l'île de Java, du 18 au 24 avril 1955, la fameuse conférence afro-asiatique du même nom. Elle rassemble vingt-neuf pays récemment affranchis de la tutelle coloniale et désireux d'échapper à la rivalité Est-Ouest et à la seule logique qui prévaut alors dans les rapports internationaux : celle de la guerre froide.

Auprès de son père, Indira est très tôt à bonne école. À douze ans, elle participe à la lutte anticoloniale en mobilisant les garçons et filles de son âge. Ce regroupement de plusieurs centaines d'enfants sera baptisé *Vana Sena* (l'« armée des singes »), en souvenir d'un passage de l'épopée du *Ramayana* où les singes se portent au secours du héros. Indira voue un véritable culte à Jeanne d'Arc, héroïne française qui s'est montrée capable de bouter les Anglais hors de son pays. « Pour moi, dira-t-elle, les rumeurs lointaines des manifestations, les actions clandestines et les slogans avaient remplacé les jeux, les chansons et les rires. » À vingt et un ans, Indira est emprisonnée dans les geôles britanniques, épisode qu'elle considère comme nécessaire « pour compléter [sa] formation ». Son père lui a dit à plusieurs reprises : « Dans certaines circonstances, il faut se battre. Il vaut mieux, alors, avoir recours à la violence plutôt que fuir. »

La leçon sera retenue.

Formée, elle aussi, à la britannique à Oxford – selon son vœu personnel –, elle apprend également de Nehru à conjuguer une certaine idée du « dessein national » avec le pragmatisme politique et, quand il le faut, une détermination sans faille, voire une vraie brutalité. Difficile, en revanche, de ne voir en elle qu'une « héritière » venue au monde de la politique avec une cuillère en argent dans la bouche. Dès l'origine, elle se montre capable d'indépendance de jugement, et même de rébellion ouverte. Ainsi se choisit-elle, contre l'avis de son père, un mari appartenant à la communauté parsie (venue de Perse), Feroze Gandhi. Sans qu'elle l'ait souhaité, le mariage – qui fait scandale – est toutefois célébré en grande pompe à *Anand Bhawan*, au retour d'une tournée dans l'Europe en guerre effectuée par les fiancés. Après la naissance de ses deux fils, Rajiv et Sanjay, affrontée à une mésentente conjugale chronique, elle n'hésite pas à quitter régulièrement son mari pour revenir auprès de son père en qualité d'« hôtesse du Premier ministre ». Ce poste semi-officiel lui vaut d'accompagner son père dans ses voyages – et ses rencontres – avec les « grands » de ce monde, que ce soit aux États-Unis, en Chine ou en URSS.

Ce choix délibéré de l'action politique, au prix d'un quasi-renoncement à la conjugalité, Indira Gandhi le commente avec une liberté de ton peu habituelle en Inde. Certes, Feroze, son mari, est mobilisé lui aussi par la politique, les mondanités et son travail de journaliste. Il sera élu député en 1952 et deviendra même un brillant parlementaire de gauche, au point de porter ombrage à Nehru, ce qui accroît la médiocrité des relations entre le père et son gendre. Dans la vie des deux époux, les querelles sont plus fréquentes que les accès de tendresse. Après plusieurs alertes, Feroze est emporté le 31 juillet 1959 par une crise cardiaque. Bien plus tard, lors d'une conversation avec une amie proche qui s'en fera écho dans un livre, Indira ajoutera rétrospectivement cette surprenante confidence : « Je ne me comporte pas en femme, voilà la question. Mon déficit en sexualité l'explique partiellement. Quand je vois les autres femmes, je comprends mon absence de sexualité et, du coup, mon manque de séduction féminine [1]. »

Dès avant son entrée véritable en politique, et avant même la mort de son père (en 1964), elle a dû assurer l'intérim de ce dernier en faisant fonction de Premier ministre. Nommée ensuite au poste secondaire de ministre de l'Information par le successeur de Nehru, Lal Bahadur Shastri, elle est visiblement convaincue d'avoir un destin national. Deux ans plus tard, c'est avec une sorte de « naturel » dynastique qu'elle succède à Shastri comme Premier ministre d'une des plus grandes nations du monde. Indira n'a pas cinquante ans. Dans l'histoire contemporaine, elle est la deuxième femme – après Sirimavo Bandaranaike à Ceylan, aujourd'hui Sri Lanka – à être élue démocratiquement à la tête d'un gouvernement. La vieille garde du Parti du Congrès, ces membres du « syndicat », comme on surnomme les principaux leaders politiques, sont convaincus qu'ils pourront manœuvrer à leur guise cette

1. Rapporté par Pupul Jayakar, *Indira Gandhi*, Plon, 1994.

femme supposée fragile qui, disent-ils, « a toujours subi et jamais décidé ».

Ils déchanteront vite. Elle va gouverner pour de bon et se montrer capable d'éliminer les vieux parlementaires, de dépouiller les maharadjahs en triomphant de leur résistance, de placer ses affidés aux postes clés du pouvoir. Mieux encore, elle prend personnellement le contrôle de la police secrète afin de tenir à sa merci les adversaires potentiels. Comme son père, elle n'hésite pas à affronter les critiques, les colères, voire les menaces d'expulsion du Parti du Congrès dont les militants s'écrient parfois, à l'unisson avec l'opposition : « *Indira hatao* » (« Dehors, Indira ! »). C'est sans états d'âme excessifs qu'elle conduit, en décembre 1971, une guerre contre le Pakistan qu'elle a d'abord tenté d'éviter. Le conflit aboutira à la naissance du Bangladesh au lieu et place du Pakistan oriental.

Après une longue entrevue avec Indira Gandhi quelques jours avant le déclenchement des hostilités, le journaliste Jean-Pierre Joulin brosse d'elle le portrait suivant : « L'étroitesse de son sari lui interdit les grandes enjambées. Elle marche d'un petit pas traînant. Son regard est mélancolique et grave, pour les uns, hautain et dédaigneux, pour les autres. Ses cheveux frisés et courts, son nez légèrement busqué la font ressembler à la grande Élisabeth. Tous ses gestes trahissent ses origines aristocratiques. Par exemple, sa façon de jeter sur ses épaules un châle de cachemire. Elle vit modestement dans une villa de style victorien, entourée de bougainvillées, aime les fleurs et les couleurs. "Je reproche à Mao, dit-elle, d'avoir habillé son peuple de brouillard et de deuil." Une seule passion l'anime : celle du pouvoir [1]. »

Ladite passion l'aveugle quelquefois. L'établissement inopiné de l'état d'urgence dans la nuit du 24 au 25 juin 1975 – avec suspension des libertés fondamentales, coupure de l'électricité, expulsion des journalistes étrangers – sera une sorte de coup de force qu'elle a décidé seule. Avec une ombrageuse passion. La décision, contestable à bien des égards, sidère effectivement ses proches, y compris son fils Rajiv. Indira a pris tout le monde de court, alors qu'elle vient d'être condamnée

1. Jean-Pierre Joulin, « Cette femme veut éviter la guerre », *Le Nouvel Observateur*, 8 novembre 1971.

par le Congrès à propos d'irrégularités commises lors des élections de 1971. Son autoritarisme instinctif, sa certitude hautaine d'appartenir à une lignée destinée à gouverner l'Inde ont fini par prendre le dessus. Peu à peu coupée du pays, elle devient victime de sa propre combativité. « Elle se durcit sur ses positions, note l'une de ses biographes, se dessèche, un tic de son visage trahit les orages qui la traversent. »

L'état d'urgence n'est levé qu'en janvier 1977.

La relève est prête

Vingt-six ans après la disparition d'Indira, l'Inde ne ressemble plus à celle qui aura gouverné à quatre reprises l'immense fédération. Elle a franchi, au début des années 2000, le cap du milliard d'habitants. Le décollage économique du pays s'est accéléré, hissant celui-ci au rang de grande puissance. L'ancien modèle d'économie mixte instauré par Nehru – la fameuse « voie indienne » – n'est plus qu'un souvenir. Un système libéral fondé sur la privatisation et le marché s'est imposé. Modernisée, capable de concurrencer l'Occident sur le terrain technologique, ayant accédé – en septembre 2008 – à l'aventure spatiale, l'Inde a connu l'émergence d'une classe moyenne de près de quatre cents millions de personnes. L'espérance de vie est passée de trente-deux à soixante-deux ans.

En dépit de ces transformations spectaculaires, la misère n'a pas disparu (80 % des Indiens sont analphabètes), ni les rivalités intercommunautaires. Ces dernières se sont même radicalisées avec le renforcement du fondamentalisme hindou et du parti qui l'incarne, le *Bharatiya Janatha Party* (BJP), lequel accédera au pouvoir en 1999, avant d'en être évincé en 2004. Aux massacres de musulmans succèdent des « revanches » meurtrières organisées par ces derniers. Au fondamentalisme hindou répond celui des islamistes, parfois instrumentalisés par le Pakistan voisin, comme c'est le cas à Mumbai (nouveau nom de Bombay), en 2008.

Les relations entre l'Inde et le Pakistan – deux puissances nucléaires – n'ont cessé de se dégrader à partir des années 1990. L'activité terroriste des talibans (« étudiants en théologie ») en Afghanistan – où ils résistent à l'intervention militaire des Occidentaux avec l'aide plus ou moins avouée des services spéciaux pakistanais – a tendu un peu plus encore les rapports entre l'Inde et le Pakistan. Il est vrai que perdure dangereusement l'insoluble question du Cachemire, cette région de l'Himalaya à majorité musulmane revendiquée depuis un demi-siècle par les deux pays. À plusieurs reprises, l'Inde et le Pakistan se sont approchés du seuil fatal de la guerre ouverte. Au Pendjab – comme dans le reste de l'Inde –, les sikhs radicaux n'ont pas désarmé eux non plus, en dépit de leurs divisions. Le terrorisme sikh et la répression qui lui répond ont fait plus de quinze mille morts.

En dépit de tout cela, malgré le caractère explosif de l'imbroglio confessionnel et de l'effrayante misère qui demeure, l'Inde surprend le reste du monde en se montrant chaque fois capable de s'arrêter au bord du gouffre. Envers et contre tout, la démocratie se survit à elle-même. Ainsi, les 13 et 16 mai 2009, le Parti du Congrès – avec ses alliés – remporte-t-il triomphalement les élections législatives. Le vénérable parti est alors présidé par une femme catholique, née en 1946 à Lusiana près de Vicence en Italie. Elle n'est autre que Sonia Gandhi, veuve de Rajiv Gandhi. Cette « Italienne », comme la surnomment ses ennemis, n'a acquis la nationalité indienne qu'en 1983. C'est elle qui a repris le flambeau de la dynastie des Gandhi. La saga dynastique n'est pas achevée, loin s'en faut.

En 2007, Sonia est classée par le magazine américain *Forbes* sixième femme la plus puissante du monde. Trois années auparavant, en 2004, après une première victoire de son parti, elle aurait dû logiquement accéder au poste de Premier ministre. Ses origines italiennes lui valent une campagne quasi xénophobe menée par les « hindous » du BJP, furieux d'avoir dû céder le pouvoir. Sonia préfère renoncer au poste mais demeure fermement à la tête du Parti du Congrès. Chacun comprend que Sonia Gandhi choisit de préparer la voie à son fils Rahul Gandhi, ambitieux quadragénaire.

Petit-fils d'Indira, arrière-petit-fils de Nehru, il sera Premier ministre un jour. Personne n'en doute en Inde, cette démocratie monarchique où « les » Gandhi font l'histoire.

JCG

28 février 1986

Olof Palme : de près ou de loin ?

C'est un jeune homme de bonne famille. Depuis des générations, les Palme vivent dans l'aisance. Votant fidèlement pour les partis conservateurs ou « modérés » (nous verrons ce que ce mot peut recouvrir...), ils se comportent en bons luthériens et assurent confort et bonne éducation à leurs enfants.

Sven Olof Joachim, né en 1927 à Stockholm, est le second fils et le troisième enfant de Gunnar Palme, directeur d'une compagnie d'assurances. C'est, avant ses quinze ans, un enfant chétif, soigné pour un début de tuberculose. Il n'en est pas moins admis au service militaire, d'où il sortira lieutenant, très bien noté. Tout pour faire un beau personnage de notable dans une Suède pacifique, écartée, en sa prudente neutralité, de l'histoire farouche qui s'écrit à Moscou, à Washington ou à Pékin.

Étudiant en droit de l'université d'Upsal, comme il se doit, il éprouve le besoin de faire un stage dans un journal de Stockholm, le *Svenska Dagbladet*. Des dons s'affirment. Pas une orientation. Peut-on dire que c'est un séjour d'études aux États-Unis, en 1947-1948 (il a vingt ans), qui a fait de lui un socialiste ? Non. Avant son départ, il avait été très marqué par un cycle de conférences d'Ernst Wigforss, l'un des inspirateurs de la social-démocratie suédoise, et laissé entendre qu'il croyait y avoir trouvé sa voie.

C'est tout de même en s'inscrivant au club des étudiants progressistes du Kenyon College qu'il affirme une orientation, avant de rencontrer à Detroit le prestigieux syndicaliste Walter Reuther, leader du prolétariat de l'automobile (qui vient de réchapper à un attentat et porte un bras en écharpe...). Il rend public son engagement en donnant à son retour, au *Svenska Dagbladet*, un reportage très remarqué sur les débats sociaux en Amérique.

Quelque peu tenté par le gauchisme, ce social-démocrate en formation ? Non. Premier ministre, il confiait à des visiteurs que sa devise restait la phrase gravée sur le porche de l'université d'Upsal «*Tänka fritt är stort, tänka rätt är större*» («Penser librement est bien, penser juste est mieux»). Voilà qui aurait pu être le mot d'ordre d'un conservateur intelligent à la Disraeli. Mais, pour être intelligent, Olof Palme n'était pas conservateur...

Son «penser juste» est celui d'un fils de bourgeois qui a lu Marx à vingt ans, puis admiré le syndicalisme américain sous sa forme la plus militante, et qui va découvrir tour à tour la misère du tiers-monde, la sclérose de la colonisation et l'asservissement de l'Europe de l'Est par le «socialisme réel». On ne le voit pas pour autant en rupture avec son milieu d'origine : il épouse à trente ans la baronne Lisbeth Beck-Friis.

«Mon adhésion au socialisme, confiera-t-il à l'un de ses biographes, ne fut pas une révolte [...], une vision mystique [...]. Pour moi, la lumière s'est faite peu à peu.»

Deux «révélations» bouleversantes néanmoins dans cette raisonnable conquête de soi-même et de son horizon. D'abord sa participation, en 1950, au Congrès mondial des étudiants de Prague où, traité comme ses camarades de «laquais d'Hitler» par les porte-parole du PC local, il découvre les réalités de la démocratie dite «populaire».

Trois ans plus tard, un voyage en Inde lui révèle jusqu'où peut aller la misère collective. Son attachement au pays de Gandhi restera une donnée de son existence – et sera peut-être lié à sa disparition... Du sous-continent, il perçoit des échos de la guerre d'Indochine qui est encore (en 1953) la «guerre française». À la demande de ses anciens supérieurs militaires, il en rapporte une étude sur la participation américaine à la stratégie française. Recherche qui fera de lui, très tôt, une manière d'expert des affaires vietnamiennes – lesquelles préoccuperont le Premier ministre Olof Palme.

C'est fort de ces expériences et enquêtes, enrichi aussi de la lecture et de l'exemple de deux grands Suédois qui auront mieux que tous alerté et informé l'opinion internationale sur la situation du tiers-monde, l'économiste Gunnar Myrdal et le diplomate Dag Hammarskjöld, secrétaire général des Nations unies, qu'il entre résolument dans la vie publique. Il s'inscrit en septembre 1953 au parti social-démocrate où il est, d'emblée, appelé à travailler aux côtés du Premier ministre Tage Erlander.

On ne saurait imaginer contraste plus profond que celui que forme, avec le lourd, le grisonnant patriarche que s'est donné la société suédoise résignée à un « socialisme » tatillon mais débonnaire, le vif-argent qu'il a, Premier ministre depuis près de vingt ans, choisi pour dauphin. Auprès du vieux médecin de famille qui soigne l'injustice sociale à coups d'emplâtres et d'onguents surgit un jeune chirurgien décidé à porter le fer dans les plaies, notamment celles qu'il a décelées hors des frontières de la Suède – et de l'Europe.

L'admirable est que cette mutation radicale ait pris la forme d'un très serein passage de témoin ; que ce soit très lucidement que l'homme d'un certain passé ait lui-même chargé de mission un rénovateur fort peu soucieux de camoufler ou d'assouplir l'opération. Olof est ministre à trente-six ans, chef du parti à quarante, il sera Premier ministre à quarante-deux ans.

Des positions radicales

Ce n'est pas seulement la rapidité de son ascension, due à la faveur personnelle d'Erlander, qui va dresser contre le jeune leader un large secteur de l'opinion suédoise, c'est la radicalité de ses prises de position à propos de problèmes majeurs du temps. Dès avant son accession au premier rôle, en mai 1968, ministre de l'Éducation, il ouvre le dialogue avec les étudiants – moins effervescents à Upsal qu'à la Sorbonne, ces derniers n'en parlent pas moins sur un ton propre à exaspérer un père de famille de Stockholm –, et met en place, à l'amiable, un nouveau type de rapports enseignants-enseignés.

Depuis des années, on l'a vu, cet anti-colonialiste de principe (comme doit l'être un bon social-démocrate suédois) manifeste bruyamment son opposition à l'intervention américaine au Vietnam (qu'il fait remonter au temps de la « guerre française »). L'opinion publique suédoise n'y voit pas malice, jusqu'au jour d'octobre 1968 où, en tête d'un défilé organisé à Stockholm pour manifester la solidarité de la Suède avec le peuple de Hanoi bombardé, on voit le ministre Olof Palme défiler aux côtés de l'ambassadeur nord-vietnamien : indignation de Washington, qui rappelle son ambassadeur à Stockholm.

Sa très ferme opposition à l'intervention soviétique en Tchécoslovaquie (août 1968) ne suffira pas à dédouaner l'homme qui prend en 1969 la tête du gouvernement de la Suède aux yeux de cette fraction de l'opinion qui contrôle la majorité de la presse suédoise. Témoin, ce portrait publié par la revue *L'Industrie* à la veille de l'accession au rôle de Premier ministre de ce personnage qui séduit les chancelleries du monde entier : « Un petit homme fourbe au visage gris, aux cheveux blond cendré, au regard pétillant [...]. Totalement dénué de scrupules [...]. Un jeune dialecticien venimeux. » Nous verrons que ce n'est là qu'un début.

Des élections de 1968, les sociaux-démocrates ont émergé en position de force : Tage Erlander estime le moment venu de mettre en place le jeune génie qu'il a longtemps couvé sous son aile, et qui lui paraît assez bien assuré de ses forces, et fort de ses expériences, pour affronter conservatisme et préventions. Ce n'est pourtant pas de la droite aux aguets, c'est de la gauche, du fait d'une très dure grève des mineurs de Kiruna, perdus dans la nuit polaire, que viendra la première épreuve pour le Premier ministre fraîchement nommé. Il s'en tire tant bien que mal, négociant un compromis boiteux qui ne lui concilie pas l'opinion, si bien que les élections suivantes, des municipales, entraînent un recul des sociaux-démocrates.

Palme prend sa revanche dans l'aire internationale. Les voyages qu'il entreprend à travers le monde – des États-Unis où il est fait docteur *honoris causa* de l'université de New York mais où le président Nixon ne croit pas bon de le recevoir (ce qui ne manque pas d'accroître le prestige du visiteur...) à l'Union soviétique où il se refuse à toute compromission, de l'Afrique à l'Amérique latine – mettent en lumière un personnage d'envergure mondiale.

Au printemps 1971, à l'initiative d'amis de la presse suédoise, les Vinde, correspondants à Paris du *Dagens Nyheter*, ma femme et moi étions invités à Stockholm par le gouvernement, assurés d'être reçus par le Premier ministre. Dès le lendemain de notre atterrissage, nous étions informés qu'Olof Palme tenait à nous accueillir chez lui. Ce qu'il fit, pour un petit déjeuner dans sa cuisine prolongé par une promenade en voiture à travers la magnifique Stockholm.

Le personnage surprenait, moins par l'aisance avec laquelle il s'exprimait en français que par une ironie très britannique, très oxfordienne, qui imprégnait ses propos, voire ses gestes. De taille modeste pour un Suédois, très mince, le visage pâle, le nez busqué, les mèches blondes, il faisait penser à un personnage de telle comédie de Shakespeare – mais non au grave prince Hamlet, son quasi-compatriote. Le charme même…

Trois ans plus tard, je recevais de nouveau une invitation de Stockholm, cette fois pour participer à une émission de télévision consacrée au Vietnam. Le temps de prendre pied dans la neige et me voilà en studio. L'interlocuteur ? Je n'en crois pas mes yeux : c'est le Premier ministre (nous le savons expert en la matière) qui a tenu à me mettre sur le gril. « Vous savez que je me tiens au courant des choses du Vietnam. J'ai pensé que nul en cette ville n'était mieux capable que moi de vous pousser dans vos retranchements. » Dire que je fis de mon mieux…

L'arrogance et la haine

Écarté du pouvoir en 1976, pour avoir notamment trop tardé, dans l'opinion de ses concitoyens, à doter la Suède de l'énergie nucléaire, Olof Palme, devenu vice-président de l'Internationale socialiste, voit le monde s'ouvrir à lui. Il n'est pas d'invitation en Amérique, en Asie, en Afrique, qui ne lui soit lancée, pas de mission pacifique qui ne lui soit offerte. En Irak notamment, où les Nations unies font de lui, associé à l'Autrichien Bruno Kreisky et à l'Espagnol Felipe González, un médiateur dans l'interminable conflit avec Téhéran – où certains, nous le verrons, croient pouvoir chercher l'origine de la tragédie de 1986.

Le retour au pouvoir des sociaux-démocrates, en septembre 1982, est assuré par une majorité beaucoup plus confortable que celle qui les a portés au pouvoir en 1971 – à l'issue d'une campagne conduite par un Palme au sommet de son art. Son discours de clôture est marqué par le « Je suis fier et heureux d'être social-démocrate ! » dont les militants feront désormais leur devise. C'est, pour ce leader de cinquante-cinq ans, la plus belle heure. Il était naguère le dauphin puis la créature d'Erlander. Il est devenu non seulement le « patron », mais l'inventeur d'une idéologie en mouvement et d'une stratégie diplomatique aux très vastes horizons.

Mais, s'il est reconnu par la majorité des Suédois pour son talent et son entregent international, l'électorat conservateur et une partie de ses camarades lui pardonnent de moins en moins ce qu'ils appellent son « arrogance », cette vivacité, cette pugnacité intellectuelle dont il use sans retenue. Il n'est pas d'injure de caractère personnel ou politique, nous le verrons, qui n'ait été lancée contre lui. Aucun grief n'aura mieux nourri la haine qu'on lui voue que cet aristocratisme intellectuel qui est, aux yeux des imbéciles, en Suède comme ailleurs, le vice suprême.

Il n'est pas de démarche qui ne vaille, à cet homme impatient de faire de la vie politique une chasse à un juste bonheur, une menace ou une injure nouvelles. Imputation la plus courante : son appartenance au KGB soviétique, dont il recevrait une rétribution mensuelle ; la deuxième a trait à sa prétendue homosexualité ; la troisième, à un dérangement mental qui le conduirait bientôt à l'asile.

Il faut lire les extraits de la presse de droite suédoise que citent ses biographes pour se faire une idée de la haine que peut soulever une carrière politique. Telle revue le traite de « bouffon repoussant », telle autre de « tragédie pour la Suède ». Son administration ayant fait apposer des affiches portant la mention « Le sida, un mal qui nous concerne tous », ses adversaires osent, lors des élections de 1982, les faire doubler de celle-ci : « Palme, un mal qui nous concerne tous »...

La violence de la polémique déclenchée contre le Premier ministre par la presse de droite et des organisations ouvertement fascistes qui prolifèrent dans cette démocratie modèle dépasse l'imagination. Quel leader de gauche, de Londres à Paris ou à Rome, aura été traité, dans les années 1980, comme ce social-démocrate pacifiste ? Appels à la haine ? Appels au meurtre – ces affiches ou ces illustrations de presse où le visage de Palme est encadré par une photo d'Adolf Hitler et un portrait de Gengis Khan ? Stockholm se couvre d'un placard où l'on voit le Premier ministre barré d'un énorme slogan qui est celui du parti nazi : « Un peuple, un Führer ! » Au moment de rechercher le ou les assassins d'Olof Palme, il faudra penser à cette abjecte chasse à l'homme, conduite au sein d'une société tenue pour exemplaire.

Guernica, Oradour, Hanoi…

Il est vrai qu'il ne ménage rien dans sa dénonciation des divers impérialismes ou militarismes. On a évoqué à plusieurs reprises ses campagnes contre l'intervention américaine au Vietnam – que vont aggraver, aux yeux des conservateurs, aussi bien la sympathie qu'il manifeste à la cause palestinienne (il reçoit Yasser Arafat à Stockholm) que les campagnes qu'il déclenche contre l'apartheid sud-africain (« il ne s'agit pas de le corriger, mais de le détruire »), campagnes qui fonderont, on le verra, l'hypothèse de sa liquidation par un commando dépêché par Pretoria.

C'est tout de même à propos du Vietnam qu'il prend le plus de risques. Lequel, parmi les hommes d'État non inféodés au camp soviétique, ose formuler une dénonciation aussi violente des bombardements de Hanoi que celle qu'il lance le soir de Noël 1972 : « Ce qui est perpétré là, c'est la torture d'êtres humains, la torture d'une nation […]. Ces bombardements sont un crime, comme Guernica, Oradour, Katyn, Treblinka. La violence a pu triompher. Mais l'Histoire est sévère pour ceux qui en portent la responsabilité. À tous ces noms maudits, l'Histoire doit maintenant ajouter celui de Hanoi… ! »

Terribles propos, qu'aggrave, aux yeux de Washington, l'accueil fait par la Suède aux déserteurs américains. On peut dire qu'en ce domaine Olof Palme aura lancé tous les défis : ce qui ne manquera pas, au lendemain du crime du 28 février 1986, de nourrir des hypothèses imputant l'opération à quelques branches de la CIA. Hypothèse plus fragile encore que les autres…

Un entretien bouleversant

On ne saurait entreprendre le récit de la journée tragique du 28 février 1986 sans reconnaître ce qu'il doit à la superbe enquête de Jan Bondeson, auteur de *Blood on the Snow, the Killing of Olof Palme* [1], reconstitution exemplaire des faits – dût-on être plus réservé à propos des conclusions que l'auteur tire de ses recherches.

Le 28 février 1986, un vendredi, s'ouvre, pour Olof Palme, par une partie de tennis, à l'issue de laquelle il rejoint, vers 9 heures, son bureau de Premier ministre à Rosenbad – non sans avoir congédié pour le reste de la journée ses gardes du corps, habitués à ce traitement. Réception de deux diplomates étrangers, d'un dirigeant de son parti. C'est à 11 h 30 que se situe une visite qui marquera sa journée, et pourrait avoir joué un rôle important dans le déroulement du drame : celle de l'ambassadeur d'Irak, Mohammed Saïd Al-Saad, auquel a été donné le sobriquet de « Bagdad Bob ».

On a indiqué que le Premier ministre suédois a été désigné, par les Nations unies, de même que ses collègues autrichien Bruno Kreisky et espagnol Felipe González, comme médiateur permanent dans le conflit entre l'Iran et l'Irak : ce qui le contraint à une neutralité plus stricte encore que celle qu'implique le statut que s'est donné la Suède. De cet entretien, dont la teneur n'a pas été divulguée, Olof Palme est sorti dans un état d'irritation, en proie à un désarroi qui a frappé tous ceux qu'il allait rejoindre pour le déjeuner quotidien autour du chef du gouvernement. Lui, toujours si ponctuel et si aimable, y arrive avec vingt minutes de retard, dans un état de nerfs qui le rend méconnaissable. De toute évidence, les propos du diplomate irakien l'ont bouleversé.

Selon les meilleurs observateurs – et bien que rien de précis n'ait filtré du face-à-face antérieur –, l'homme de Bagdad a fait grief au Suédois de ne pas respecter les règles de neutralité auxquelles il est astreint, notamment en matière de trafic d'armes. Si Palme peut assurer que la puissante compagnie Bofors, qui fait de la Suède l'un des grands

1. Cornell University Press, 2005.

fournisseurs d'armes internationaux (en compétition avec la France), ne livre pas d'armes aux belligérants du Moyen-Orient, il semble s'être entendu accuser de ne pas contrôler les livraisons faites à l'Inde – où Rajiv Gandhi, ami du chef du gouvernement suédois, bénéficierait d'un traitement de faveur dont il ferait profiter les Iraniens…

Est-ce cette affaire de trafic d'armes qui a bouleversé le leader suédois, voyant ainsi mettre en cause la précieuse neutralité de son pays, sinon sa propre loyauté ? Il y a en effet de quoi mettre hors de lui – qui ne cesse de rappeler à l'ordre les patrons de Bofors – le jovial M. Palme. D'autant que « Bagdad Bob » aurait fait allusion à des menaces… Tous les témoins de ces heures-là ont vu le Premier ministre hors de ses gonds, lors du déjeuner quotidien de Rosenbad, et ensuite.

Plus significatif encore. Il a, dans l'après-midi, rendez-vous à son bureau pour une interview. Le photographe lui demande de se placer devant la fenêtre. Et cet homme téméraire qui renvoie ses gardes du corps a cette réaction stupéfiante : « Non, pas devant la fenêtre : on ne sait jamais ce qui peut arriver… » Un autre Palme, soudain…

Le Premier ministre a promis à sa femme de passer la soirée au cinéma. Bon moyen de retrouver la sérénité. Ils emmèneront leur fils Marten et sa petite amie voir *Les Frères Mozart*, de Suzanne Osten, qui passent au « Grand » cinéma. Rendez-vous est pris par téléphone vers 18 heures, pour 20 h 30. Jusqu'à cet instant, personne, pas même les intéressés, ne peut savoir qu'Olof Palme, Premier ministre, sortira peu après 23 heures du « Grand » cinéma : seul le service des écoutes téléphoniques détient le secret. Tous les gardes du corps ont été écartés.

Après avoir reçu trois ou quatre appels, Olof Palme et son épouse quittent leur appartement de la vieille ville vers 20 heures et prennent le métro : trois stations jusqu'à Sveavagen. Divers témoins les ont repérés, voire salués. Tous certifient que nul ne les suivait. Ils retrouvent les jeunes gens à l'entrée du « Grand ». Plus de place pour quatre ? Le directeur du cinéma installe le Premier ministre dans son propre fauteuil.

La séance s'achève peu après 23 heures. Olof Palme entraîne sa femme vers la station de métro. À environ cinq cents mètres du cinéma, alors que Lisbeth vient de s'arrêter devant une vitrine décorée, un homme surgit et tire deux balles sur Olof Palme – la seconde infligeant une très légère blessure à son épouse. Le Premier ministre, atteint au bas du cou, l'aorte traversée, survivra moins d'une heure.

La scène, si proche de la sortie d'un cinéma – la nuit, il est vrai, est glacée : ce 23 février, à 23 h 11, le thermomètre marque moins douze degrés, la chaussée est couverte de neige durcie –, n'a eu, étrangement, que très peu de témoins. Le professeur de musique Inge Morelius, stationnant dans une voiture proche, a vu un homme de haute taille vêtu de sombre tirer par deux fois sur le Premier ministre et s'enfuir vers la station toute proche de Tunnelgattan. Témoin, non du meurtre mais de la fuite d'un homme dans la nuit, l'ingénieur Leif Lundquist confirmera qu'il a vu un homme en noir courir vers la même station.

Tous ceux – Suédois ou étrangers – qui ont évoqué ces instants tragiques du 28 février 1986 à partir de 23 h 11 ont mis l'accent aussi bien sur la lenteur des interventions policières que sur les retards apportés aux opérations sanitaires : le premier car de police ne parvient sur les lieux que cinq minutes après le crime dans une ville déserte où la circulation est fluide. Il faudra près de dix-huit minutes pour que le Premier ministre soit accueilli à l'hôpital voisin de Sabbatsberg, où sa mort est constatée à 0 h 06, le lendemain 1er mars.

Qui admire ce modèle de société, ou de sociabilité, qu'offre la Suède à ses visiteurs ne manque pas de s'étonner de la conduite de l'enquête, de ses incohérences, du souci par trop naïf révélé par les responsables de ne rechercher le criminel qu'en des organisations exotiques ne mettant en cause ni les intérêts de la Suède par rapport aux grandes puissances, ni la réputation de ce pays en tant qu'État et société : ainsi concentra-t-on durant des mois les recherches sur un complot kurde…

Cinq « pistes »

On ne se perdra pas dans le dédale inimaginable des pistes où s'égarèrent les enquêteurs. La première les conduisit à un benêt nommé Gunnarsson (membre d'une secte d'extrême droite, détenteur de tracts néonazis, il vint s'accuser du meurtre : arrêté, bientôt relâché, il gagna les États-Unis, où, avant de mourir, il revendiqua de nouveau la responsabilité du crime du 28 février).

Beaucoup plus sérieuse est celle qui incrimine un certain Christopher Petterson. Alcoolique, déséquilibré, récidiviste, cet individu fut bel et bien reconnu par Lisbeth Palme pour être l'homme en noir surgi dans la nuit. Jugé, condamné, il fut quelques mois plus tard acquitté en appel, pour l'étrange motif que l'arme du crime n'avait pas été retrouvée. Mme Palme avait-elle seulement « cru » le reconnaître ? Ami de Lisbeth et ancien diplomate de haut rang, Erik Belfrage tient pour décisif le témoignage de l'épouse de la victime et déplorable la décision de justice en faveur de Petterson.

On croit pouvoir accorder plus de crédit à trois autres hypothèses : la sud-africaine, l'irakienne (esquissée plus haut) et la « domestique ». La première se fonde sur des déclarations très claires venues de Pretoria. On a dit avec quelle violence Olof Palme dénonçait l'apartheid, auquel était encore soumise l'Afrique du Sud. Dix ans après le crime, le régime raciste aboli, le colonel Eugène de Kock déclarait devant la Cour suprême de Pretoria que le Premier ministre suédois avait été assassiné par un spécialiste de ses services de l'époque, Craig Williamson – accusation reprise dans un livre publié en 2007 à Pretoria, qui n'entraîne pas à coup sûr l'adhésion. Elle fonde l'une des hypothèses relatives au crime du 28 février 1986.

La piste irakienne a été esquissée plus haut, lorsqu'on a relaté la visite de l'ambassadeur de Bagdad dénonçant auprès d'Olof Palme, quelques heures avant le crime, les livraisons d'armes sophistiquées à l'Iran par la compagnie suédoise Bofors. Cette hypothèse retient d'autant mieux l'attention qu'elle met en cause le sanglant régime de Saddam Hussein (nous sommes en 1986) et de trafiquants d'armes, gens accoutumés à régler leurs affaires de façon expéditive… L'ambassadeur savait-il que le « coup » se préparait ? Voulait-il mettre en garde Palme, sachant que les tueurs étaient à pied d'œuvre ? Si l'on a tendance à tenir pour sérieuse la piste irakienne, c'est parce qu'elle est celle que privilégie et explicite partiellement l'auteur de la meilleure enquête publiée sur le sujet, Jan Bondeson [1].

1. *Blood on the Snow, the Killing of Olof Palme*, *op. cit.*

Reste l'énigme du rendez-vous à la sortie du « Grand » cinéma. Olof Palme n'a révélé sa présence dans cette salle à personne, hormis à ses trois compagnons, et n'a pas été suivi, tous les témoins l'attestent. Qui a pu connaître cet horaire, sinon les services d'écoute, c'est-à-dire la police ? Cela ramène à l'hypothèse domestique, un temps retenue, suggère Jan Bondeson, par Hans Holmer, le malheureux patron de la police de Stockholm, rapidement démis pour incapacité.

Nul n'ignorait que la police, surtout locale, était noyautée par des groupuscules d'extrême droite inspirés par celui du raciste américain Lyndon LaRouche, qui lançaient des appels à la haine et au meurtre du Premier ministre. Un film diffusé sur la chaîne *Histoire* de la télévision française le 22 juin 2008 fait valoir que plusieurs de ces étranges gardiens de l'ordre avaient été aperçus près des lieux du crime. Les dysfonctionnements relevés dans les opérations de secours et dans la conduite de l'enquête pourraient conforter ce terrible soupçon.

On a vu que, dénoncé sur les murs des villes de Suède comme agent stipendié de Moscou ou traduction politique du sida, Olof Palme était, pour beaucoup, un homme à abattre. Les trafiquants d'armes de Bagdad n'étaient pas moins motivés que les extrémistes indigènes : faut-il voir, dans la conjonction de ces deux projets criminels, les responsables du crime qui priva la Suède, et le monde, d'un grand citoyen ?

JL

15 octobre 1987

Thomas Sankara : les mains trop pures…

On nous dira que l'histoire du monde ne s'écrit pas au Burkina Faso, et que d'autres leaders africains sont morts eux aussi pour avoir voulu arracher leur pays au piège du néocolonialisme. Mais dans sa brièveté, dans sa netteté d'épure, et du fait de l'exceptionnel talent du protagoniste, l'esquisse de révolution qui, le 15 octobre 1987 à Ouagadougou, s'achève par le sacrifice du capitaine-président Thomas Sankara retient, entre toutes l'attention. Rarement la preuve fut mieux administrée que la vertu publique ne va pas sans risque et que, plus que tout autre, l'Incorruptible s'offre aux coups de ceux qui ne le sont point.

La carrière de ce capitaine de parachutistes qui, ayant pris le pouvoir par la force, mais sans effusion de sang, tomba quatre ans plus tard sous les assauts d'un commando apparemment aux ordres de son meilleur ami (devenu par là son successeur) garde, vingt-trois ans plus tard, valeur d'exemple pour de larges secteurs de la jeunesse du continent noir – d'abord de résistance au néocolonialisme européen, ici incarné par la France, ensuite d'un patriotisme qui a pris ses distances par rapport au culte un peu vague de la « négritude » incarnée par Léopold Senghor et Kwame Nkrumah. Son mot d'ordre à lui est : « La patrie ou la mort ! » Exemple enfin de sobriété et d'austérité. Quand tant de sergents, parvenus au pouvoir, se proclament maréchaux, il est resté, jusqu'à la mort, le « capitaine-président ».

* *
*

Thomas Isidore Noël Sankara naît le 21 décembre 1949 à Yako (Haute-Volta), une des composantes de ce qui est alors l'Afrique-

Occidentale française, dans une famille catholique, d'un père *peulh*, ancien combattant et prisonnier de guerre de 1940, et d'une mère *mossi*, l'ethnie dominante. Bonnes études au collège de Bobo-Dioulasso, à l'école d'officiers, à Madagascar – où il s'initie à la vie politique –, stage de parachutistes au Maroc, participation à un bref conflit armé en 1974 avec le Mali voisin. Le voici capitaine à trente ans – non sans que son pays ait accédé entre-temps au statut d'« État associé » au sein de la Communauté inventée par le général de Gaulle. Il a tout pour accéder au sommet de la hiérarchie militaire, pour devenir un général couvert de décorations dans le cadre d'un État modèle de la « françafrique ».

Mais, en septembre 1981 (il n'est pas indifférent de noter que, quatre mois plus tôt, les Français ont élu François Mitterrand dont le premier gouvernement tend d'abord à se démarquer du néo-colonialisme), voilà le jeune capitaine appelé au sein d'un gouvernement de Ouagadougou en tant que secrétaire d'État à l'Information. Et, en 1983, à la suite d'un coup d'État fomenté par le médecin militaire Jean-Baptiste Ouedraogo, le nouveau Président fait du capitaine Sankara son Premier ministre…

Pas pour très longtemps. Est-ce du fait d'une intervention française, qui se traduit par une visite à Ouagadougou de Guy Penne, conseiller « africain » de Mitterrand ? Quand on fait les mauvais coups, les signale-t-on ainsi ? Peut-être, pour l'exemple… En tout cas, notre capitaine Premier ministre est arrêté, et limogé. Mais il ne lui faudra pas plus de trois mois pour fomenter le coup d'État qui le porte au pouvoir au cours de la nuit du 4 août 1983 : une date prometteuse.

On ne saurait relater la brève et bouillonnante carrière de Thomas Sankara (« Tom Sank », pour les étudiants de Ouagadougou) sans tenter d'esquisser le portrait en action de ce personnage tel qu'il surgit du film de Robin Shuffield, *Thomas Sankara, l'homme intègre*. Ce Peulh a la peau ambrée, le visage aigu, la silhouette fine, le verbe haut, la formule claironnante, le rire au bord des lèvres, fait figure de Robin des Bois, de Gavroche de la forêt ; il déborde d'initiatives ingénieuses.

Ainsi choisit-il, quelques mois après s'être saisi du pouvoir, de rebaptiser son pays. À un vague concept géographique, la Haute-Volta, qui le banalisait, il substitue comme un mot d'ordre : Burkina Faso, le « pays des hommes intègres ». Ce qui est faire preuve d'une belle insolence à l'endroit de ses voisins... À partir de quoi il formule pour ainsi dire les trois commandements de la « révolution Sankara » qui peut bien faire appel à la logomachie marxiste et se réclamer d'amitiés cubaines ou chinoises sans relever pour autant de Moscou ni de Pékin.

Premier commandement : l'indépendance nationale, à l'écart de tous les communautés et autres instruments de la mainmise européenne sur le continent noir. Demeurer soigneusement en marge des organisations interafricaines mais surtout libérer son pays de l'asservissement économique et commercial par une autosuffisance fondée sur l'autarcie : d'où les mots d'ordre impérieux de se nourrir, de s'habiller, de se chausser de produits du bassin voltaïque. Consigne est donnée à ses compagnons, ministres et diplomates, de ne se présenter aux yeux du monde que porteurs de cotonnades tissées et taillées à Ouagadougou, à Bobo-Dioulasso ou dans le plus modeste village.

Cette stratégie conduit à ce qui fera la légende du régime sankarien, la vente de tous les véhicules de luxe supposés (Mercedes, Alpha Romeo, Chrysler), consacrés au service de l'État, remplacés par des R5 présidentielles et ministérielles, et l'obligation faite à tout personnage public de ne voyager – train ou avion – qu'en seconde classe. Dérisoire ? Essentiel, aux yeux d'une population dont le revenu annuel moyen est évalué à moins de cent vingt dollars...

Plus audacieuse encore est, au nom du deuxième commandement, la campagne déclenchée par le capitaine-président en faveur de l'émancipation des femmes – contre l'excision, contre le voile (sa mère est une musulmane convertie). Elles sont intégrées à toutes les instances du pouvoir jusqu'au plus haut niveau, ministériel entre autres.

Aussi audacieuse est – troisième commandement – la lutte contre la chefferie traditionnelle qui voit ses pouvoirs systématiquement démantelés. Plus classique celle qui a trait à l'alphabétisation, dont le taux passe en trois ans de 8 à 20 % chez les hommes, de 4 à 11 % chez les femmes.

*   *
*

Le bilan que pouvait présenter Thomas Sankara après quatre ans d'exercice du pouvoir eût été le plus positif dont puisse se prévaloir un leader africain contemporain si les règles élémentaires de la démocratie n'avaient été, au passage, oubliées. Non, ce n'est pas un dictateur à la Sékou Touré (dût la presse sénégalaise tenter parfois le parallèle...). Mais il est peu d'États issus de la colonisation française dont les tribunaux populaires respectèrent moins les droits élémentaires de la défense – qui se vit souvent chargée de faire sa preuve... Et l'on reste surpris de ce que ce leader populaire n'ait pas fait la moindre tentative d'appel aux électeurs.

Dès la fin de 1986, les observateurs relevaient des signes de désaffection – parmi les étudiants dont certains dénoncent une « dérive militaro-fasciste », les enseignants qui se jugent bâillonnés, les syndicats domestiqués. Pour ne pas parler des manœuvres des États voisins exaspérés par ce perpétuel donneur de leçons, et en partie manipulés par les officines de Paris – qui font de moins en moins crédit au capitaine-président.

« De moins en moins » parce que, à l'origine, la « révolution du 4 août » n'avait pas suscité que de l'antipathie à Paris, chez les socialistes parvenus au pouvoir deux ans plus tôt. Si le ministre responsable, Jean-Pierre Cot, évidemment favorable à une entreprise du type de celle que menait le capitaine-président, avait dû céder la place à un Christian Nucci très méfiant, le chef de l'État était entouré d'hommes tels que Régis Debray, Pierre Joxe ou Lionel Jospin, séduits par le révolutionnaire du 4 août. Et le Président lui-même n'était pas sans manifester à son propos une curiosité sympathique, qui aurait pu ouvrir la voie à des relations fort différentes de celles, exécrables, qui s'étaient d'emblée établies entre le général de Gaulle et Sékou Touré.

Une scène du film de Robin Shuffield, déjà cité, montre, face à un Sankara dénonçant violemment l'accueil fait en France au ministre sud-africain Pik Botha (que Mitterrand, à la différence d'autres leaders européens, refusa de recevoir), un chef de l'État français qui n'oppose, à cette philippique, que quelques observations ironiques. Ce qui ne signifie pas, on verra, que l'entourage du même Président n'ait sa part de responsabilité – ne serait-ce que par passivité – dans l'élimination du bouillant leader burkinabé. De là à situer à Paris l'épicentre du complot qui causa sa perte...

L'assassinat de Thomas Sankara a un responsable direct, indubitable, son successeur, lui aussi capitaine parachutiste, de tout temps considéré comme son « double », Blaise Compaoré. Lequel, dès l'origine décidé à se débarrasser de son étincelant chef de file, agit dans le cadre d'un complot multiface, englobant des voisins exaspérés par le donneur de leçons de Ouagadougou, les pères conscrits de la Françafrique comme l'Ivoirien Houphouët, assurés de servir par là les desseins de Jacques Foccart et de ses émules, et, semble-t-il, un Mouammar Kadhafi persuadé d'assurer, en participant à l'immolation de l'Indomptable, son rapprochement avec Paris.

*   *
*

Dès longtemps, le leader burkinabé se sentait condamné. On l'entendit dire : « Je suis comme un cycliste qui roule entre deux précipices. » À l'africaniste Jean Ziegler qui amorce un parallèle entre lui et le « Che » Guevara, il fait observer : « Lui a vécu jusqu'à trente-neuf ans. Moi... » (il en a alors trente-sept). Il sait que son « double », Blaise Compaoré, qui a vécu dans sa famille et a été un temps élevé par son père, n'a jamais admis que lui, Thomas, ait saisi le sceptre. Au surplus, Compaoré est devenu depuis deux ans, par son mariage avec une protégée d'Houphouët, un commensal du vieux leader ivoirien. Que la décision soit partie de la périphérie – Yamoussoukro, la résidence du président de la Côte d'Ivoire, de quelque capitale voisine –, ou de Ouagadougou, le sort de « Tom Sank » était scellé à la fin de l'été 1987.

Le meilleur récit de l'assassinat du capitaine-président Thomas Sankara se trouve dans la biographie consciencieuse que lui a consacrée Bruno Jaffré, dans sa version de 2007[1]. Après un Conseil des ministres tenu en l'absence – significative – du numéro deux du gouvernement Blaise Compaoré, le président Sankara, exaspéré par la lecture d'un

1. *Biographie de Thomas Sankara*, L'Harmattan, 2007, p. 278.

journal sénégalais le comparant à Sékou Touré, gagne le siège du Conseil de l'Entente pour une séance de travail consacrée à l'éducation physique. Il n'a pas plus tôt amorcé le débat que, dans la cour, un commando de sept parachutistes ouvre le feu et abat deux gardiens.

Sankara se précipite sur le perron. « Restez là, c'est à moi qu'ils en veulent ! » Il est criblé de balles, à bout portant, par l'un des assaillants. Ce sont les prisonniers d'une maison d'arrêt proche qui seront un peu plus tard chargés de transporter le corps du président Sankara dans le cimetière voisin. Blaise Compaoré, que le peuple va appeler « l'homme qui a tué son frère », a mieux à faire.

Aucune enquête ne sera ouverte, ni par le pouvoir local, ni par aucune instance africaine, communautaire, internationale, à propos de la liquidation sommaire de l'un des hommes qui portaient les espoirs de l'Afrique, et dont la jeunesse de tout le continent vénère aujourd'hui la mémoire. Mais Blaise Compaoré est l'une des références de la Françafrique.

Le supermarché de Ouagadougou propose de nouveau des cotonnades importées…

JL

9 septembre 1990

Alexandre Men : un prophète en Russie

Vers 6 heures du matin, le dimanche 9 septembre 1990, deux tueurs sont embusqués et guettent le passage d'un quinquagénaire, marchant d'un bon pas dans la pénombre d'une campagne proche de Moscou. Le jour est à peine levé. Ce chemin, étroit comme une piste cyclable, traverse en ligne droite l'une de ces forêts clairsemées, sapins et bouleaux mêlés, qu'on trouve jusqu'aux portes de la capitale soviétique. Il conduit à une gare de trains de banlieue. Bien connu des Moscovites, il passe à proximité du célèbre monastère de la Trinité-Saint-Serge, dans la ville de Zagorsk (aujourd'hui Serguiev Possad), haut lieu spirituel de l'ancienne Russie.

Par-derrière, les tueurs se sont approchés de l'homme qui marche vers la gare. L'un d'eux, à toute volée, porte un coup de hache – un seul – à la base du cou, puis les tueurs s'enfuient, peut-être à cause de la présence de plusieurs jeunes femmes qui, elles aussi, avancent vers la gare mais sont encore trop éloignées pour avoir discerné la scène. Chancelant sous la violence du coup qui a fait tomber à terre son chapeau largement entaillé, l'homme rebrousse chemin pour retourner chez lui. Les femmes diront plus tard qu'elles ont croisé ce dernier titubant, main gauche crispée sur l'épaule droite. Elles ont proposé leur aide. « Ne vous inquiétez pas », leur a-t-il dit, dans un souffle. Il parvient à se traîner jusqu'à sa maison située à quelques centaines de mètres. Une vieille barrière adossée à deux troncs de bouleaux et dotée d'un portillon sépare le jardin de la forêt. Une plaque de bois indique l'adresse de la modeste isba : 3 a.

L'homme n'a pas la force d'ouvrir. Il s'effondre dans une mare de sang. C'est là que Natalia Grigorenko, sa femme, trouvera le corps, étendu sur le ventre, sans reconnaître d'abord celui de son mari. Elle songe à une bagarre entre vagabonds avinés et prend peur. Rentrant précipitamment chez elle, elle appelle les secours, mais aussi la police. Pendant de longues minutes, elle n'ose ressortir et guette l'arrivée de l'ambulance. Quand elle s'approche enfin du portillon, les infirmiers sont là et ont déjà constaté la mort du père Alexandre Men, cinquante-cinq ans, curé de la paroisse de Novaïa Derevnia, à une quarantaine de kilomètres de Moscou. Ce matin-là, il était parti à l'aube pour rejoindre par le train sa paroisse et y célébrer la messe. Natalia reconnaît aussitôt le chapeau gris de son époux que des témoins viennent de rapporter. Il porte une large entaille qui correspond à la blessure béante, près de la nuque, par laquelle Alexandre Men s'est vidé de son sang.

Le porte-documents qu'il avait sous son bras a disparu, mais ni la croix pectorale ni les quelques objets de valeur n'ont été dérobés. De toute évidence, le crime n'est pas l'œuvre de rôdeurs ordinaires. Le coup de hache a été porté avec une précision et une force qui ne sont pas celles d'un amateur. Certains des journalistes qui apprennent l'assassinat du prêtre ne s'y trompent d'ailleurs pas. Le lendemain, l'un d'eux écrira dans le journal *Ogoniok* : « Nous avons à peine commencé à nous libérer de la peur. La hache est un moyen excellent pour faire revenir à eux ceux qui ont goûté à la liberté. Pour les dégriser et leur rafraîchir la mémoire [1]. » On ajoutera plus tard que l'arme du crime a, cette fois, une portée symbolique. C'est à coup de hache que, dans la mythologie russe, les paysans chassaient les envahisseurs venus de l'étranger. C'est aussi à la hache que les paysans châtiaient les traîtres.

Qui donc a frappé à mort le curé de Novaïa Derevnia ? Comme c'est souvent le cas dans la Russie post-soviétique, ce crime ne sera jamais élucidé. Les enquêteurs s'empressent de dire qu'il n'a rien de politique, mais personne ne les croit. Pas même les chroniqueurs de la grande presse soviétique qui, dans les jours qui suivent, rendent explicitement hommage au prêtre disparu, notamment dans les *Izvestia*. Mikhaïl Gorbatchev, président de l'URSS, exprimera lui-même ses « vifs regrets ». Quant à Boris Eltsine, alors président du Soviet suprême, il demandera

1. Cité par Yves Hamant, *Alexandre Men. Un témoin pour la Russie de ce temps*, Mame, 1993, p. 15.

qu'on observe une minute de silence et fera déposer une couronne de fleurs sur la tombe du père Men. Au bout du compte, le retentissement de ce meurtre sera considérable. Il s'intégrera même, année après année, dans la grande Histoire russe. Pour un simple curé de banlieue ?

* *
*

Alexandre Men n'était pas un simple curé de banlieue.

Vingt ans après, la portée historique de cet assassinat ne fait plus de doute pour personne. Elle dépasse même les frontières de la seule Russie et concerne le monde chrétien en général. Comme l'assassinat du père Jerzy Popieluszko en octobre 1984 en Pologne ou celui des sept moines trappistes de Tibehrine le 21 mai 1996 en Algérie, l'assassinat du père Men est entré dans la longue liste du martyrologe chrétien. Le 7 mai 2000, lors d'une cérémonie œcuménique à Rome, il sera désigné comme « Témoin de la foi du XXe siècle ». Pourquoi une telle solennité œcuménique ? Comment un crime odieux mais apparemment banal – bien d'autres ecclésiastiques ont été tués à travers le monde – a-t-il pu s'inscrire si vite dans la mémoire chrétienne planétaire ? C'est en remontant, l'une après l'autre, les trois « pistes » d'une enquête de police jamais aboutie qu'on se donnera les moyens de comprendre l'événement. L'élimination d'Alexandre Men, on va le voir, marque un prodigieux basculement de l'Histoire.

Un prédicateur encombrant

Le premier soupçon, immédiatement évoqué à Moscou, désigne clairement les factions les plus conservatrices du KGB et du Parti communiste d'URSS. Les bolcheviques purs et durs seraient, dit-on aussitôt, les commanditaires du crime. En septembre 1990, il est vrai, les milieux conservateurs russes sont en pleine agitation conspiratrice. Ils s'alarment de la libéralisation à marche forcée conduite par Mikhaïl Gorbatchev et accusent ce dernier de « brader » l'héritage communiste. Ils lui reprochent aussi d'obéir aux diktats de l'Occident, en trahissant la vieille identité russe. Une alliance s'ébauche donc entre ces franges radicales de l'appareil communiste et les groupes nationalistes et xénophobes. L'alliance des staliniens et des slavophiles, le pacte rouge-brun, débouchera même, durant l'été 1991, sur un putsch manqué, épisode terminal de la « fin du communisme ». Il entraînera la dislocation de l'URSS.

Or, en ce début des années 1990, parmi les réformes conduites sous Gorbatchev, il en est une qui exaspère les vieux bolcheviques : la nouvelle liberté de croyance concédée aux religieux en général et aux chrétiens orthodoxes en particulier. En 1988, l'URSS a rompu *de facto* avec soixante-dix ans d'athéisme obligatoire et de persécutions. À l'occasion du millénaire de la Sainte Russie, et à la faveur de la perestroïka, une pleine liberté est rendue aux croyants. Une immense transformation va s'ensuivre. Des milliers d'églises désaffectées depuis les années 1920, transformées en granges à foin ou en étables, sont peu à peu restaurées et reconsacrées à travers le pays. Ce travail est l'œuvre de confréries de laïcs, constituées pour l'occasion. Dans le même temps, des dizaines de milliers d'hommes et de femmes choisissent de se faire baptiser. Plusieurs centaines de monastères sont reconstruits ou créés. On en comptera bientôt jusqu'à quatre cent cinquante, alors qu'il en restait moins de dix en 1988.

Le 1er octobre 1990 – un mois après l'assassinat d'Alexandre Men –, la loi instaurant *de jure* la pleine liberté de conscience et de religion sera définitivement adoptée par le Soviet suprême. Ce jour-là, on entend les cloches du Kremlin carillonner. Certes, au Soviet suprême siégeaient déjà des responsables religieux mais, cette fois, le changement est clairement inscrit dans la loi. Le régime se démarque une fois pour toutes de l'« athéocratie » qui prévalait en URSS depuis la révolution d'Octobre. La loi de 1990 marque sinon la « conversion » de la Russie – prophétisée en 1917 par la Vierge de Fatima –, du moins son basculement dans une autre histoire. On l'a parfois comparée au fameux édit de Milan de 313, par lequel l'empereur Constantin, après trois siècles de persécution, avait accordé aux chrétiens la liberté de culte dans l'Empire romain.

L'effervescence chrétienne, le retour massif à l'« opium du peuple », la rupture officielle avec le « matérialisme scientifique », tout cela est vécu comme une épouvantable régression par les vieux bolcheviques. Or, le père Alexandre Men a joué un rôle indéniable dans ce retour en force du christianisme. C'est entre 1988 et 1990, dans ce bref intervalle de deux années, que son influence a pris des proportions inattendues.

Jusque-là, le prêtre était tenu à l'œil par l'appareil communiste et le KGB. Il était régulièrement persécuté, perquisitionné, calomnié, menacé, convoqué par le KGB. En 1984, il avait échappé de justesse à la déportation en Sibérie. La presse officielle l'accusait d'avoir « organisé un cercle religieux ». Le pouvoir communiste, en effet, se méfiait de ce pope savant, dont la popularité ne cessait de s'étendre, aussi bien en Russie qu'à l'étranger. Certains comparent son influence à celle du physicien Andreï Dimitrievitch Sakharov, prix Nobel de la paix en 1975. Après la disparition de ce dernier en décembre 1989, Alexandre Men apparaîtra possiblement comme une grande figure de substitution. C'est en tout cas un grand intellectuel. Il connaît le grec et l'hébreu. Il a lu les pères de l'Église, mais il possède aussi un solide bagage scientifique. Avant d'être ordonné prêtre (en 1960), il a suivi une formation de zoologiste à l'Institut de la fourrure, d'abord à Moscou puis à Irkoutsk, en Sibérie.

Des accents prophétiques nouveaux

Théologien flamboyant, il a publié dès 1956 (à l'étranger) son premier livre, une vie de Jésus intitulée *Le Fils de l'homme*. Le livre s'adressait explicitement à l'intelligentsia russe allergique au cléricalisme. Il sera revu et remanié à plusieurs reprises. « Nous devons, répétait-il, être des hommes modernes dans le bon sens du terme, tout en restant d'authentiques chrétiens. » Après la mort de son auteur, l'ouvrage connaîtra un succès inimaginable : vendu à quatre millions d'exemplaires en Russie, il sera traduit en quinze langues. Au début des années 1960, Men s'est attelé à la rédaction d'une grande histoire de la spiritualité planétaire – de la tradition chinoise à celle de l'Inde ou de la Grèce antique, de l'Ancien au Nouveau Testament – dont les différents volumes paraîtront sous un titre générique : *Les Sources de la religion*. Dans les années 1970, son œuvre s'est enrichie d'ouvrages plus délibérément catéchistiques, dont certains à l'usage des enfants : *Notes sur la prière*, *Lumière pour le monde*, *Comment lire la Bible*. La plupart de ces livres sont publiés en Belgique, mais des traductions circulent sous le manteau, c'est-à-dire dans le *samizdat*.

Pour le régime communiste, ce chrétien, érudit, ouvert aux connaissances scientifiques de son temps, armé d'un exceptionnel talent de prédication, est évidemment un homme dangereux. Il ne ressemble pas à ces vieux popes cloîtrés dans la nostalgie ou prêts à composer avec le régime en place. Dans les textes et les paroles d'Alexandre Men, on perçoit des accents prophétiques très neufs, et qui laissent imaginer l'inimaginable : une re-christianisation à nouveaux frais de la société russe. « Pour le père Alexandre, commente l'un de ses biographes, la science n'est pas l'ennemie de la foi. Il s'agit de deux modes d'accès à la connaissance qui non seulement ne doivent pas s'ignorer, mais se complètent et s'éclairent mutuellement pour faire progresser les hommes sur la voie de la vérité [1]. »

À partir de 1988, c'est donc à visage découvert qu'il peut témoigner de sa foi. En quelques mois, il va changer de statut et de stature. Il devient l'un des hommes les plus en vue de la société (encore) soviétique. Régulièrement invité à la radio et à la télévision, conférencier infatigable, familier des publics d'étudiants, d'intellectuels ou d'ouvriers, il s'affirme effectivement comme l'un des artisans de la nouvelle évangélisation de la Russie. Durant ces deux années – qui sont aussi les dernières de sa vie –, il donne plus de deux cents conférences sur le christianisme. C'est au cours de l'une d'elles, prononcée le 8 septembre 1990, c'est-à-dire la veille de sa mort, qu'il articule une phrase qui fera le tour du monde chrétien et sera traduite dans quantité de langues : « Le christianisme ne fait que commencer [2] ».

Mais Alexandre Men n'est pas seulement un conférencier érudit et influent, doublé d'un évangéliste écouté. Il œuvre au cœur même d'une société russe en perte de repères, une société où, pour reprendre un commentaire du théologien orthodoxe français Olivier Clément, « l'Église

1. Yves Hamant, préface au livre d'Alexandre Men, *Les Sources de la religion*, Desclée de Brouwer, 1991.
2. Alexandre Men, *Le Christianisme ne fait que commencer* (recueil de conférences), Cerf-Le Sel de la Terre, 2004

orthodoxe russe, émergeant de la persécution, apparaissait comme une grande force d'inspiration éthique et culturelle ». Il participe, par exemple, à la création d'une Société biblique et d'une revue grand public, *Le Monde de la Bible*. Il met également sur pied une université orthodoxe ouverte à tous. Il crée une association à but éducatif et humanitaire dont le nom, à lui seul, vaut programme : « Renaissance culturelle ».

Plus grave encore, aux yeux des communistes, ses ouvrages commencent à être édités en Russie même et diffusés au grand jour. Il est vrai que, dès le début de la perestroïka, on a entrepris de rééditer massivement à Moscou les œuvres des grands penseurs chrétiens du début du siècle ou de la diaspora, qu'il s'agisse de Nicolas Berdiaev (1874-1948) ou de Vladimir Soloviev (1853-1900), pour ne citer que ces deux exemples. Alexandre Men, qui a beaucoup lu et médité Soloviev, prend en somme le relais d'une tradition intellectuelle longtemps occultée.

Pas de doute : pour les gardiens du dogme communiste et les activistes du KGB sur la défensive, c'est une cible.

L'arme des pogroms

Mais il existe une autre piste, et une autre thèse.

Certains tiennent pour acquis que l'assassinat d'Alexandre Men procède – aussi, et peut-être surtout – de l'antisémitisme. Prêtre orthodoxe, né le 22 janvier 1935 à Moscou, Men est issu d'une famille juive et n'a jamais voulu rompre le lien avec ses racines hébraïques. Sa mère Eléna et la cousine de celle-ci, Véra Vassilievskaia, avaient recouvré la foi et s'étaient converties au christianisme dans les années 1930, au moment même où l'athéisme d'État triomphait. En 1930, Mikhaïl Ivanovitch Kalinine, chef de l'État soviétique, avait lancé à grands sons de trompe le « quinquennat sans Dieu » en se donnant cinq ans pour « éradiquer Dieu de la société soviétique ».

Depuis le début des années 1920, les persécutions se multipliaient. Évêques, prêtres et religieuses assassinés, églises détruites, reliques ostensiblement profanées : tout est mis en œuvre pour éliminer l'influence de l'Église et de la « superstition religieuse ». Le monastère

Saint-Serge est transformé en « Musée antireligieux ». Une « Ligue d'athées militants » est créée. Elle comptera bientôt trente millions de membres et des centaines de groupes régionaux. Dans les années 1930, alors que la répression stalinienne s'appesantit, les persécutions prennent une nouvelle ampleur. Fermetures et destructions d'Églises s'accélèrent tandis qu'on brûle, par wagons entiers, les icônes et les livres pieux. En 1935, au moment où naît Alexandre Men, 95 % des édifices religieux ont été détruits. L'Église orthodoxe a quasiment disparu. Une fraction significative de la hiérarchie orthodoxe a rallié le régime ou se laisse manipuler par lui. Seule survit, dans la clandestinité, celle que les Russes appellent déjà l'« Église des catacombes ».

C'est précisément à ce moment-là que la mère d'Alexandre a choisi de se convertir. Elle fera donc baptiser son enfant. À l'âge de sept mois, c'est en même temps que sa mère Eléna que le petit Alexandre reçoit le sacrement d'un prêtre de l'Église russe des catacombes, le père Séraphin Batioukov, dans une isba de Zagorsk, tout près du monastère de la Trinité-Saint-Serge. Ainsi naîtra-t-il à la foi, à proximité du lieu de son futur assassinat.

Pour autant, il ne cessera jamais de se considérer comme juif. Il se définissait comme « juif chrétien » et comptait nombre de juifs, convertis ou non, parmi ses proches. Dans les années 1960, il se lie d'amitié avec Nadejda Mandelstam, veuve du grand poète d'origine juive, mort en déportation en 1938. « Pour un juif chrétien, écrivait-il en 1974 dans un article, la parenté charnelle avec les prophètes, les apôtres, la Vierge Marie et le Sauveur lui-même est un grand honneur et le signe d'une double responsabilité, en tant que membre du peuple élu. » Ce sentiment de double appartenance le rapprocha, peu avant sa mort, du cardinal français Jean-Marie Lustiger. Ce dernier lui rendit visite en mai 1989 à Novaïa Derevnia et confessa avoir été impressionné par cette rencontre. « Lorsque je me suis trouvé face à face avec le père Alexandre Men, écrivit-il, j'ai eu le sentiment de le connaître depuis toujours comme un frère et un ami qui me demeurera proche à jamais [1]. »

1. Préface au livre d'Yves Hamant, *Alexandre Men. Un témoin pour la Russie de ce temps*, *op. cit.*

Si l'on en croit le père Gleb Yakounine, ami intime d'Alexandre Men et lui aussi d'origine juive, le curé de Novaïa Derevnia envisageait de créer une Église du Christ, orthodoxe et juive, où l'on aurait prié en hébreu et en russe. Le projet était passablement utopique, mais le simple fait d'envisager une telle chose – et de ne pas en faire mystère – constituait un affront « antirusse » aux yeux des nationalistes [1].

À plusieurs reprises, Alexandre Men fit l'objet d'attaques nominales venues des milieux antisémites. Au cœur des années 1970, il donna une interview impromptue à une petite revue juive du *samizdat* intitulée *Les Juifs en URSS*. Cette initiative déclencha une campagne haineuse contre lui. Dans un libelle anonyme mais qui fut transmis à l'administration et à la hiérarchie orthodoxe, on le désignait comme « une tête de pont du sionisme dans l'Église russe ». On y trouvait des phrases comme celle-ci : « Le judaïsme cache soigneusement au peuple juif que dans le fond de cette religion se rend un culte à Satan. » Quand il entreprit, après 1988, de faire des conférences publiques, il fut souvent questionné, sans aménité, sur son ascendance juive. « Que faites-vous, le juif, dans notre Église orthodoxe ? » Il répondait d'ordinaire en citant l'épître aux Galates de Paul : « Il n'y a plus parmi vous ni juifs, ni grecs, etc. »

Des pétitions plus agressives encore furent lancées contre lui, jusque dans certaines paroisses comme celle de Pouchkino, bourgade située à proximité de Novaïa Derevnia. Les factions néoslavophiles et antisémites, certains groupes comme *Pamiat* vouent une haine absolue à ce « juif chrétien » qui, comble de trahison, a protesté contre la guerre en Tchétchénie et s'est occupé des jeunes soldats de l'Armée rouge, revenus brisés d'Afghanistan. Or ces groupes se radicalisent au moment de la perestroïka. L'association *Pamiat* n'était à l'origine que le prolongement politisé d'une organisation ancienne, créée en 1965, et comptant plus de quinze millions de membres : la Société panrusse de sauvegarde des monuments historiques et de la culture (VOOPIK). Cette association renoue avec l'antisémitisme d'une secte plus ancienne encore, l'Union du peuple russe, créée en 1905. Dans les années 1980, et plus encore après l'arrivée de Gorbatchev au pouvoir,

1. Rapporté par Guy Sitbon dans le *Nouvel Observateur* du 20 septembre 1990.

Pamiat se politise et se durcit. L'antisémitisme affleure dans nombre de ses textes et déclarations.

Pour ces néoslavophiles, les centaines de milliers de juifs, les *refuzniks*, qui s'apprêtent à quitter la Russie pour gagner Israël (ou l'Amérique) sont des ennemis de l'intérieur. Un « converti » comme Alexandre Men n'est rien d'autre, répètent-ils, que leur marionnette. Bien entendu, au lendemain de sa mort, ces milieux nationalistes s'indignèrent qu'on puisse les soupçonner. Retournant l'accusation, ils présentèrent l'assassinat du pope comme une machination des « forces sataniques antirusses » et antiorthodoxes, forces « qu'il avait servies toute sa vie et qui se seraient servies de lui une dernière fois pour exciter la haine des juifs contre les Russes ». Si on évoquait l'antisémitisme, ajoutaient-ils, c'était pour leur nuire et nuire à la Russie tout entière.

À ce tableau il faut ajouter une image, une simple image. Dans la masse des commentaires qui suivirent l'agression mortelle contre Alexandre Men, elle revient sans cesse : celle de la hache. Le choix – apparemment saugrenu – de cette arme ne devrait rien au hasard. Il vaudrait signature, dit-on. Dans toute l'histoire de l'antisémitisme russe, la hache fut l'arme des pogroms. Et Dieu sait si les pogroms furent nombreux dans la Russie tsariste, notamment au XIXe siècle. Pour la seule année 1881, après l'assassinat du tsar Alexandre II que l'on impute aux juifs, plus de cent pogroms sont organisés dont ceux d'Elisabethgrad, de Kiev ou d'Odessa. D'autres pogroms auront lieu dans les premières années du XXe siècle, puis durant la guerre civile de 1921-1928. On rend les juifs responsables du bolchevisme – on dit alors « judéo-bolchevisme ».

Chaque fois, la hache est l'instrument le plus utilisé, notamment dans les bandes de paysans chauffés à blanc par les meneurs antisémites. C'est bien une très longue mémoire collective qu'a rameutée le coup reçu à l'aube du 9 septembre par le père Alexandre, alors qu'il marchait, au propre et au figuré, « sur le chemin de l'Église ». Cette dernière expression a pris, aux yeux des Russes, une signification particulière. Au tout début de la perestroïka, en 1987, le régime Gorbatchev avait autorisé la diffusion d'un film du réalisateur géorgien Tengiz Abuladze intitulé *Repentir*. Réalisé sous Brejnev en 1984, mais d'abord interdit, ce film est une critique allusive mais féroce du totalitarisme stalinien.

Le héros principal, maire communiste d'une petite ville, et personnage grotesque, est représenté avec la moustache d'Adolf Hitler et la chemise noire de Benito Mussolini. Son petit-fils a honte du comportement de son grand-père.

Les derniers plans du film montrent une vieille femme qui demande « le chemin de l'Église ».

La haine cléricale

Il reste une troisième piste, un troisième soupçon. Il ne paraîtra extravagant qu'à ceux qui connaissent mal l'histoire de l'Église orthodoxe russe. Ce soupçon-là désigne la frange la plus conservatrice du clergé, voire certains moines du monastère de la Trinité-Saint-Serge dont les coupoles bleu et or, à quelques kilomètres près, jouxtaient justement le « chemin » du crime. Le fait est que cette hypothèse a été avancée à plusieurs reprises. Aucune preuve n'est venue l'étayer mais, sur le principe, elle n'est pas totalement absurde.

Au sein du clergé conservateur, c'est peu de dire qu'Alexandre Men était détesté, et avec lui tous les « réformateurs » qui cherchaient à jeter des passerelles en direction des catholiques ou des protestants. Les conservateurs slavophiles, dressés contre l'influence de l'« Occident pourri », souhaitent restaurer une orthodoxie close sur elle-même, méfiante, ombrageuse. À leurs yeux, la lecture des pères de l'Église doit suffire, nul besoin de s'intéresser aux écrits prophétiques des philosophes orthodoxes en exil du début du XXe siècle, des philosophes sous influence de l'Occident. Dès lors, les conservateurs ne sont pas très regardants sur les moyens. Les prêtres réformateurs sont régulièrement dénoncés et même excommuniés, comme ce fut le cas du père Georges Kotchekov ou du père Zénon, un jeune moine de la région de Pskov qui avait commis le « crime » de recevoir dans son ermitage plusieurs prêtres catholiques italiens et de leur avoir permis de célébrer la messe.

Le théologien Olivier Clément, en juin 1998, ne mâchait pas ses mots au sujet de cette haine cléricale. « Les milieux d'extrême droite, nationalistes, antisémites, néocommunistes (lesquels sont surtout, dans la Russie d'aujourd'hui, nationalistes et antisémites) développent une vision quasi autiste de l'histoire russe : complot judéo-maçonnique, alliance du catholicisme avec l'islam pour détruire l'orthodoxie, démonisation des réformateurs, dénoncés comme des espions de l'Occident… Certains souhaitent faire de l'orthodoxie l'idéologie qui pourrait remplacer le marxisme. […] Ils ont l'appui de l'ex-KGB, qui est loin d'avoir été démantelé et réduit à l'impuissance [1]. »

Face à ces crispations et à ce refus du monde moderne, Alexandre Men préférait travailler à une reformulation du message évangélique à l'adresse des hommes et des femmes de ce temps. « Le christianisme, répétait-il dans ses sermons, n'est pas le rejet du monde mais sa sanctification. » Quant à la séparation entre les différentes confessions chrétiennes – y compris le protestantisme –, elle pouvait, selon lui, être surmontée. Il reprenait volontiers à son compte la belle formule de Mgr Platon, métropolite de Kiev au XIXe siècle : « Nos cloisons terrestres ne s'élèvent pas jusqu'au ciel. » Certes, il ne croyait pas au « miracle » d'une réconciliation imminente entre catholiques latins et orthodoxes, mais elle ne lui semblait pas impossible à long terme. Il entendait y concourir.

En 1984, après le lancement par le KGB d'une nouvelle offensive contre les chrétiens, il n'avait échappé à l'arrestation que grâce à une intervention du pasteur Maury, président de la Conférence protestante de France et membre du Conseil œcuménique des Églises. Deux ans plus tard, les présidents de la Conférence des évêques catholiques de France, de la Fédération protestante et du Comité interépiscopal orthodoxe lui apportèrent leur soutien après la publication dans le journal *Troud* d'un article haineux le mettant en cause. Preuve qu'Alexandre Men était bien « à la solde » de l'étranger.

Son intérêt pour certains papes d'ouverture comme Jean XXIII qu'il avait beaucoup lu quand il était étudiant, la curiosité attentive qu'il témoigna pour la communauté œcuménique de Taizé, fondée en Saône-et-Loire par le pasteur protestant Roger Schultz à l'automne 1944, la bienveillance qu'il manifesta à l'endroit des jeunes Russes,

1. Olivier Clément, « Malaise et scandale dans l'Église orthodoxe », *Le Monde*, 10 juin 1998.

ses liens avec certains intellectuels catholiques comme le Canadien Jean Vanier, cofondateur des communautés de l'Arche en 1964 : tout cela épouvantait littéralement le clergé conservateur.

Or Alexandre Men n'avait jamais fait mystère de son inquiétude devant la tendance résolument conservatrice qui se renforçait au sein de l'Église russe. Elle était « caractérisée par la nostalgie du passé, l'hostilité à tout ce qui est étranger, l'antiœcuménisme, l'opposition à toute réforme [1] ». Cette Église-là, moralisatrice archaïque, était déjà instrumentalisée par l'État à qui elle fournissait une manière d'idéologie de rechange, un décorum, des chants, une rhétorique inchangée depuis le XIXe siècle. Voyant avec une certaine surprise resurgir une religiosité à la fois ostentatoire et passéiste, Men n'hésitait pas à déclarer : « Cela a peu de rapport avec la foi. » Quelques mois avant son assassinat, dans un sermon du 15 juillet 1990, il était allé plus loin. Exprimant son bonheur de voir qu'on restaurait un peu partout des milliers d'églises jadis profanées, il avait ajouté que si, dans le même temps, on ne convertissait pas les cœurs, elles ne seraient que des coquilles vides. De quoi déplaire, une fois encore, aux conservateurs.

Alexandre Men n'ignorait pas qu'une quête identitaire de cette nature, la tentation de ressusciter, dans ses pompes et dans ses œuvres, l'orthodoxie de jadis étaient la conséquence directe des dévastations de la période communiste. En arrachant les Russes à leurs traditions, en les déracinant pour les condamner aux mensonges idéologiques et au cynisme, le communisme avait créé un immense vide. C'est lui que les « identitaires » tentaient de combler en restaurant à l'identique ce qui avait disparu. La démarche nostalgique n'était d'ailleurs pas l'apanage des orthodoxes. La minorité catholique de Russie et d'Ukraine connaissait le même repli identitaire.

En dépit de son hostilité à l'égard des conservateurs, Men rejetait pourtant toute idée de rupture ou de schisme, alors même que la tentation se faisait jour chez certains fidèles. Ces derniers dénonçaient la longue compromission de la hiérarchie avec le pouvoir communiste et préféraient se placer délibérément sous l'obédience de l'Église orthodoxe dite « hors frontières », c'est-à-dire de l'émigration. Pour Men,

1. Yves Hamant, *op. cit.*

cette démarche schismatique – et « passéiste » – n'était pas acceptable. C'est ici, au sein du patriarcat de Moscou, qu'il fallait œuvrer. Dans les derniers mois de sa vie, Men reconnaissait volontiers qu'il devait faire face à un « puissant vent contraire ». Il observait que ce vent-là soufflait surtout « du côté des Centuries noires », allusion aux courants d'extrême droite russe. Il ajoutait qu'il devait « se tenir solidement sur ses pieds, les jambes écartées, pour ne pas être renversé ».

Le 8 septembre, la veille de sa mort, Alexandre Men savait confusément que le temps lui était compté. Il s'en était déjà ouvert à certains visiteurs, dont Jean-Marie Lustiger. Dans la fameuse conférence, « Le christianisme ne fait que commencer », prononcée le 8 septembre à la Maison de la technique de Moscou, il exprima à nouveau l'espérance têtue qui l'habitait : « L'antique enseignement de la Bible nous révèle que nous pouvons accomplir une révolution intérieure et dire “oui” à l'existence, faire confiance à ce qui nous semble effrayant et redoutable [1]. »

* *
*

Huit ans après la disparition du curé inspiré de Novaïa Derevnia, le 5 mai 1998, le jeune évêque d'Ekaterinbourg, ville de Sibérie où fut assassinée la famille impériale en juillet 1918, un certain Nikon, fit confisquer tous les livres d'Alexandre Men que ses étudiants en théologie possédaient. Il ordonna qu'on les brûle publiquement ainsi que ceux de deux autres théologiens « réformateurs » mondialement appréciés, Jean Meyendorff et Alexandre Schmemann. Effaré par cet autodafé, un modeste prêtre de la paroisse, Oleg Vokhmianine, voulut s'y opposer. Il fut immédiatement démis. Par la suite, on tenta d'étouffer le « scandale d'Ekaterinbourg », mais en vain.

Les livres d'Alexandre Men lui survivent.

Et sans doute pour longtemps…

JCG

1. Alexandre Men, *Le christianisme ne fait que commencer*, *op. cit.*, p. 176.

29 juin 1992

Mohamed Boudiaf : un homme en trop

Un biographe de Mohamed Boudiaf n'est pas autorisé à prédire, d'entrée de jeu, la mort tragique de son héros. Il n'en doit pas moins relever que cet homme est né sur une terre secouée de violences, les escarpements de M'Sila, dans le Sud constantinois, où se prolongèrent les derniers combats de la guerre de conquête, en 1848 ; et que sa naissance remonte à 1919, l'année même où Georges Clemenceau, assez noble pour reconnaître que les sacrifices consentis dans les tranchées par l'homme algérien pour la défense de la France valaient bien d'accorder le droit de vote aux anciens combattants, se heurte au veto de la colonisation, dont le porte-parole, un certain abbé Lambert, maire d'Oran, soutient que l'islam interdit cet exercice... Alors peut-être est scellé le destin de l'Algérie, le refus des droits démocratiques conduisant à coup sûr à la violence.

Mohamed Boudiaf ne naît pas pour autant dans la misère : ses ascendants sont dits « de grande tente », issus d'une lignée de *cadis* (« juges musulmans »). La bonne éducation réservée aux enfants de notables lui donnera une double culture d'origine, une excellente pratique du français, qu'il écrit bien, lui valant d'être chargé de rédiger le texte appelant, le 1er novembre 1954, au soulèvement national. Un petit emploi dans le cadre de l'administration française des « contributions », à Bordj Bou Arreridj, des galons de sous-officier dans l'armée coloniale. Bon apprentissage pour un rebelle : rien ne vaut de connaître l'adversaire de l'intérieur. Il le fait avec assez de malice pour être surnommé l'« ombre furtive ». Le fils du cadi a rejoint le parti révolutionnaire, le PPA de Messali Hadj qui, en 1936, à Alger, a proclamé sans détour son objectif, l'indépendance, à dix-sept ans. Mais c'est du lendemain de la guerre, en mai 1945, des tragiques affrontements de Sétif et de

Guelma – auxquels il n'est pas directement mêlé – qu'on peut dater son engagement révolutionnaire.

Que le PPA, interdit par le colonisateur, se soit mué en MTLD (Mouvement pour le triomphe des libertés démocratiques) ne peut faire que l'objectif cesse d'être l'indépendance, par le moyen de l'action armée. Boudiaf, qui adhère pleinement à cet objectif, ne sera jamais, pour autant, des proches du leader à la barbe fleurie, Messali, ni d'ailleurs, quoi qu'on en ait dit, des « centralistes » qui, d'accord sur le programme, contestent l'autoritarisme prophétique du « zaïm ».

Pense-t-il très vite, organisateur né, unitaire de tempérament, à une nouvelle structure ? Ce n'est pas lui, dût-il s'y associer, qui fonde l'« OS » – (Organisation spéciale) axée sur l'activisme, le passage à l'action directe –, laquelle prend la forme de l'attaque de la poste d'Oran : ce sont ses futurs associés du groupe des neuf « historiques », Aït Ahmed et Ben Bella, qui ont mené l'opération. Lui fait la navette entre la métropole – il y noue très vite un réseau – et l'Algérie, prépare la création du CRUA (Comité révolutionnaire d'unité et d'action), matrice du FLN. S'il ne parle pas le berbère, ses origines sud constantinoises le font très proche des Kabyles, tel Krim Belkacem, dès longtemps passé au maquis, et assassiné avant lui…

Ce qui fait de Boudiaf le « personnage nucléaire », le noyau du soulèvement algérien du début des années 1950 à 1962, ce n'est pas seulement un très remarquable sens de l'organisation, c'est la double familiarité où il vit entre l'Algérie et la métropole (où il dirige un temps la section du MTLD), entre l'arabisme et le berbérisme, entre cultures originelle et française, entre nationalisme et idéologies informées par le socialisme. Une bonne pratique de la littérature politique contemporaine le rend à même de débattre aussi bien avec un militant marxiste – ce qu'il n'est pas – qu'avec un lettré coranique, ce qu'il n'est pas davantage. Boudiaf est vraiment à la croisée de tous les chemins…

Alors que les divers courants du vieux parti de Messali se déchirent entre factions, dévots du « zaïm » contre supposés démocrates, Mohamed Boudiaf sent, avant tous peut-être, que c'est dans l'action seule que peut se forger l'unité. Par la dynamique révolutionnaire, la décision d'agir est prise au cœur de deux réunions secrètes à Alger les 10 et 24 octobre 1954.

« Dans le mur… »

Dans une émouvante interview accordée en 2004 au *Watan* (« nation ») d'Alger, l'excellente historienne Annie Rey-Goldzeiguer, qui fut mêlée de près à ces débats, rapporte honnêtement qu'elle n'a pas cru au bien-fondé de cette stratégie : « Le 1er novembre 1954, j'étais catastrophée. Je me suis dit, ils vont dans le mur. Cela va recommencer, comme au 8 mai 1945. Lancer l'insurrection dans l'état de décomposition du PPA, c'était à mon sens de la folie. »

De cette « folie », Mohamed Boudiaf fut, plus que personne, responsable. Certes, il n'est d'abord que l'un des « neuf » du FLN (issu du CRUA, puis du « Comité des 22 ») – aux côtés de Didouche Mourad, Larbi Ben M'Hidi, Mostefa Ben Boulaïd, Krim Belkacem, Mohamed Khider, Rabah Bitat, Hocine Aït Ahmed et Ahmed Ben Bella. Mais, alors que les trois derniers sont en mission quasi permanente au Caire, Krim et Ben Boulaïd accrochés à leurs terroirs de Kabylie et des Aurès, lui, mobile entre Constantinois, Algérois, métropole, coordonne et souvent assure l'impulsion. Ce n'est pas pour rien que, lors de la fondation du FLN par le groupe des « 22 », à la veille même du soulèvement, il se voit attribuer la « carte numéro 1 » du parti. Il est le principal rédacteur de la proclamation diffusée au cours de la nuit du 1er novembre 1954, marquée par quelque soixante-dix actions simultanées : assassinats, coups de main ou attentats signifient à la France et au monde que l'ordre ne règne plus en Algérie.

Paris (où les responsabilités sont alors assumées par le président du Conseil Mendès France et le ministre de l'Intérieur Mitterrand) sous-estime étrangement la gravité de l'événement – moins d'ailleurs que les « spécialistes » d'Alger et le général Cherrière, qui ne voient là qu'agitation médiocre fomentée par les « services spéciaux égyptiens » et refusent les renforts proposés par la métropole. Les « événements » ne s'en muent pas moins en soulèvement, puis en révolution.

Pourquoi, le mouvement déclenché, l'opinion publique, française d'abord, internationale ensuite, fit-elle d'Ahmed Ben Bella la figure de proue d'un mouvement dont il fut longtemps le représentant le plus voyant auprès du monde arabe et surtout du pouvoir égyptien, du fait de ses relations personnelles avec Gamal Abdel Nasser ? On peut y voir la main des services spéciaux français, qui faisaient tout – dès l'origine, on l'a vu – pour « égyptianiser » le mouvement, ce qui conduira à la folle expédition de Suez.

Du 1er novembre 1954 au 26 octobre 1956, date du « hold-up » aérien – raconté plus loin – qu'a organisé Max Lejeune, secrétaire d'État dans le gouvernement socialiste de Guy Mollet (opération dont dut se désolidariser un honnête homme – sur trente-quatre membres du cabinet –, Alain Savary, en rendant son portefeuille ministériel…), Mohamed Boudiaf fait figure à la fois de dynamo et de coordinateur du soulèvement, s'activant de la métropole au Maroc, de Tunis au Caire.

Son prestige auprès des militants du FLN est dû non seulement à son passé, aux services rendus, à son autorité naturelle, mais aussi à ce qu'on appelle son « charisme ». Laissons le soin de présenter le personnage à Annie Rey-Goldzeiguer, qui, audacieusement engagée du côté du FLN au plus fort de la guerre, propose, du fils du cadi de M'Sila, ce portrait saisissant : « Mohamed Boudiaf était un grand seigneur. Il avait un port d'aristocrate, une intelligence très fine. Il lisait énormément. C'était un homme intègre, vertueux […], un organisateur né […] animé d'une volonté de démocratie réelle. Il avait beaucoup souffert du manque de démocratie du PPA, des cooptations. Il pensait que c'était au contraire en laissant s'épanouir la démocratie que le peuple algérien avancerait. »

Bon. Tenons compte de l'amitié qui s'exprime là. Tous ceux qui ont rencontré le fondateur du FLN ont été marqués par quelque chose d'inflexible et d'austère, sa rigueur et l'exigence de son propos. J'en témoignerai, un peu plus loin, à mon tour. Quand, après des contacts pris à Rome et à Belgrade pendant l'été 1956, notamment par Mohamed Khider et Pierre Commin, se présente une chance de négociation entre la France et le FLN (occasion dont se saisit Bourguiba, médiateur naturel), la délégation désignée pour représenter le FLN comprend naturellement Boudiaf, aux côtés de Ben Bella, Aït Ahmed et Khider. Regroupés à Rabat, c'est de la capitale marocaine qu'ils s'envolent pour Tunis et la grande négociation – voyant leur avion (celui que le roi du Maroc a mis à leur disposition) détourné par l'aviation française sur Alger, d'où les quatre dirigeants sont expédiés à Paris, à la prison de la Santé.

Péripétie capitale. Fût-elle aménagée, voire assouplie, par le transfert ultérieur des prisonniers à l'île d'Aix, près de La Rochelle, puis au château de Turquant sur la Loire, et à celui d'Aunoy, à soixante kilomètres de Paris, les frictions provoquées par cette cruelle cohabitation aggravent les tensions dès longtemps repérées entre le beau parleur méditerranéen qu'est l'Oranais Ben Bella et le taciturne montagnard du Constantinois qu'est Boudiaf.

Parmi les témoignages des nombreux visiteurs de Turquant et d'Aunoy, il faut retenir bien sûr celui, recueilli un demi-siècle plus tard, de Sid Ahmed Ghozali, alors étudiant à Paris, depuis lors Premier ministre du président Boudiaf en 1992 : « Je rendais visite, comme en pèlerinage, à nos quatre dirigeants incarcérés. Aït Ahmed était le plus brillant dans l'entretien ; Ben Bella le plus attaché à séduire ; Khider le plus impliqué dans le débat politique ; Boudiaf était le plus avide de dialogue, d'échanges avec le visiteur : "Que pensent les jeunes comme toi [1] ?" »

Les accords d'Évian, signés le 22 mars 1962, n'ouvrent pas seulement les portes à l'indépendance de l'Algérie. Ils entraînent la libération des quatre « chefs historiques », transférés d'Aunoy au Maroc, où les accueille le roi qui était leur hôte à la veille du brigandage de 1956. C'est là que, dépêché par *Le Monde*, j'eus l'occasion de faire la connaissance non de Ben Bella, de Khider et d'Aït Ahmed que j'avais rencontrés au Caire de 1953 à 1956, mais de Mohamed Boudiaf. D'où ce portrait alors brossé à l'intention des lecteurs du *Monde* :

« Visage de bois dur, brun. Sculpté à l'emporte-pièce, tendu. Celui d'un Buster Keaton tragique ? Le front est vaste, un peu fuyant, le crâne dégarni, les orbites cintrées [...]. On voit des masques précolombiens aussi fortement modelés, mais rarement aussi intenses.

« Libéré, cet homme ? Mobilisé surtout, ou mieux confronté, non à l'inconnu, mais à l'incertain, peu maîtrisable. Que dit-il, de sa voix sourde, à peine libérée, elle ? Que désormais la tâche primordiale est

1. Entretien avec l'auteur, avril 2009.

la conquête de l'unité – et il le dit à trois pas de ce Ben Bella qu'il déteste et qu'il sait déjà promis, plus que lui, au pouvoir… »

Éliminé par ses pairs

Quand sonne l'heure de l'indépendance, tout porte à croire qu'elle va ouvrir au grand jour le débat entre l'Oranais Ben Bella soutenu par l'Égypte (« Nous sommes des Arabes, des Arabes, des Arabes ! » clame Ben Bella) et le Constantinois Boudiaf (appuyé notamment par la fédération de France). C'est mal mesurer le rôle arbitral, d'abord, de l'armée dite « des frontières », qui semble s'être mise en réserve pour jeter tout son poids dans la décision. À Oujda, aux portes du Maroc, où se fit la décision, Houari Boumediene et les siens approchèrent d'abord Boudiaf pour le porter en avant et en faire « leur » homme. On a de bonnes raisons de croire que Boudiaf rejeta les offres des centurions, que Ben Bella accepta d'emblée.

Il n'est pas de révolution qui n'ouvre la voie à des luttes internes entre jacobins et girondins, trotskistes et staliniens. Ici, la première scission ne s'opéra pas sur des bases idéologiques, mais géographiques. Il est plus difficile en l'occurrence de donner les raisons qui firent se définir, comme « groupe de Tlemcen », l'Oranais Ben Bella et le Constantinois Ferhat Abbas – et comme « groupe de Tizi-Ouzou » le très Kabyle Krim Belkacem et Boudiaf. Le fait est que l'armée, disposant de l'instrument d'arbitrage décisif, choisit de porter au pouvoir à Alger, le 5 août 1962, Ahmed Ben Bella et ses affidés.

Que l'armée se soit trouvée en position d'arbitre au lendemain de l'accession de l'Algérie à l'indépendance, on ne saurait s'en étonner, ni être surpris du refus opposé par Boudiaf à devenir le jouet des militaires. Ce qui surprend, c'est qu'avec les atouts psycho-politiques qu'il avait en main, ses assises locales, l'amitié de l'autre « démocrate » du FLN, Hocine Aït Ahmed, le fondateur du FLN n'ait pu, sinon faire prévaloir son point de vue, du moins faire entendre sa voix.

Pourquoi le parti qu'il fonde alors, le PRS (Parti de la Révolution socialiste), appelant à ses côtés quelques-uns des meilleurs militants de la Fédération de France du FLN, comme Ali Haroun, Ali Boubnider ou Rachid Krim, ne « déboucha »-t-il pas dans la foisonnante vie politique algérienne de 1962 ? Le prestige du double fondateur, le caractère porteur des thèmes – révolution, socialisme… – alors fort à la mode, une mise en garde contre l'armée « des frontières », dont beaucoup commençaient à penser qu'elle était plus active dans la paix que dans la guerre, auraient pu le porter au sommet.

Le démissionnaire du premier gouvernement Ben Bella et son parti attirent très vite sur eux les foudres des hommes en armes : Mohamed Boudiaf est par deux fois mis en état d'arrestation et, dès 1964, prié de quitter ce territoire algérien qu'il a, plus qu'aucun autre depuis dix ans, contribué à libérer. Il faut citer ici, à nouveau, l'interview d'Annie Rey-Goldzeiguer, l'ardente militante des comités de soutien au FLN :

« Mohamed Boudiaf, un "historique" emprisonné par l'armée ! C'était quand même incroyable ! […] En 1963, un jour, on sonne à la porte, j'ouvre : je me trouve devant Mohamed. Je le revois encore avec son trench-coat. Il me dit : "Je n'ai rien, même pas un bagage." […] Il est resté plusieurs mois chez moi à Paris. Pendant presque un an, il tente de faire une percée politique avec le PRS dans l'immigration, d'une part, par la distribution de tracts, des conférences, d'autre part, par un travail vers les anciens de la Fédération de France […]. »

En vain…

Prenant congé de ses amis français, Mohamed Boudiaf choisit de s'installer au Maroc. Plus précisément à Kenitra (l'ancien Port-Lyautey), à quelque cinquante kilomètres de Rabat, où il a pu racheter une briqueterie, qui va assurer sa subsistance et celle de sa famille, avec l'aide de sa femme, Fatiha. Il s'est profondément détaché de la vie politique algérienne, non sans que de fidèles amis comme Ali Haroun ou Rachid Krim ne l'en informent à intervalles réguliers.

Il est très attentif à son entreprise, très attaché à sa famille. Avec l'âge, il est redevenu un pratiquant d'une religion avec laquelle il n'a jamais d'ailleurs prétendu rompre. Et il s'est retrouvé, lui, l'infatigable militant, un infatigable lecteur, ouvert sur les deux cultures, et très amateur de musique dite andalouse, qui tient plus de place au Maroc que dans son pays d'origine (encore que l'école constantinoise soit fière de son ensemble fameux groupé autour de Cheikh Raymond). Quel beau personnage de retraité définitif…

Mohamed Boudiaf mène ainsi depuis vingt-sept ans à Kenitra une vie de retraité reconverti dans l'industrie familiale et clairement retiré des responsabilités publiques, quand un ouragan sans précédent secoue la vie politique algérienne : le 26 décembre 1991, après que des élections municipales (juin 1990) l'eurent portée en tête des forces politiques du pays, une nouvelle organisation, le Front islamique du salut (FIS), sort victorieuse des élections législatives, écrasant le FLN. La légitimité du président Chadli Benjedid, au pouvoir depuis près de douze ans, est remise en cause et la majorité qu'a obtenue le front des « barbus » musulmans les met en position d'exiger une réforme radicale de la Constitution, instaurant un État islamique régi par le Coran. C'est une révolution aux conséquences incalculables, de nature à renvoyer l'Algérie au Moyen Âge.

La seconde guerre d'Algérie

La plupart des historiens de l'Algérie contemporaine voient l'origine de ce que Pierre Bourdieu appelle la « seconde guerre d'Algérie » (1992-2001) dans les émeutes qui, en octobre 1988, soulevant une masse dont la jeunesse universitaire avait pris la tête à Alger, provoquent une répression non seulement policière, mais militaire, qui fit officiellement cent cinquante-neuf morts – chiffre qui doit probablement être quadruplé –, étudiants notamment. Horrible réaction qui acheva de couper la masse populaire d'un pouvoir présidé par le général Chadli, d'ailleurs peu répressif par tempérament.

Cette poussée de colère populaire pouvait certes être attribuée à la crise économique provoquée par la soudaine dégringolade du prix du pétrole. Elle était largement attribuée aussi aux mœurs politiques et aux pratiques des possédants, qui faisaient de la société algérienne l'une des plus opaques et des plus inégalitaires du monde ; l'amertume populaire était due enfin à l'emprise d'un réseau policier, celui de la toute-puissante Sécurité militaire, dont on ne parle qu'à mi-voix : selon les excellents historiens Mireille Duteil et Pierre Dévoluy, « on dit "les services" quand on appartient à la bourgeoisie, la "SM" si on vient du peuple, et "sports et musique" quand on est un homme politique [1] »...

Pour vigilante qu'elle soit, la « SM » n'a pas su prévenir, à partir de la fin des années 1980, la foudroyante montée en puissance du FIS dont la création officielle remonte à mars 1989, et qui prétend substituer à la société encadrée par un FLN pourrissant, un pouvoir islamique régi par le seul Coran. Le FIS a trouvé des dirigeants dynamiques comme Abassi Madani, des orateurs inspirés comme Ali Belhadj.

Anticipant sur leur prochain succès, les leaders du FIS déclenchent diverses formes d'agitation à partir des mosquées, menaçant d'appeler à la « Guerre sainte » (*jihad*) si l'armée ne rentre pas dans les casernes : Madani et Belhadj sont arrêtés le 30 juin 1991 et condamnés à douze ans de prison. Est-ce ce « martyre », la corruption généralisée ou la baisse du niveau de vie ? Les élections vont assurer le triomphe des prisonniers...

Le 26 décembre 1991, au premier tour du scrutin, le parti de Dieu obtient cent quatre-vingts sièges, quand le FFS d'Hocine Aït Ahmed, l'ancien compagnon de Boudiaf, en revendique vingt-cinq et le FLN, qui exerce le pouvoir depuis trois décennies, en est réduit à vingt ! Un désastre pour le pouvoir... Le second tour ne peut manquer d'assurer au FIS la maîtrise absolue de la vie publique algérienne.

Très vite se dégage, au sein des responsables, la décision de couper court à un processus électoral qui voue l'Algérie à passer sous la coupe d'islamistes. Si le président Chadli, bientôt démissionnaire, hésite devant ce qui est bel et bien un coup de force antidémocratique, si le leader du FFS Hocine Aït Ahmed, promis au rôle d'arbitre, plaide pour la poursuite du processus électoral (comme le Boudiaf isolé à Kenitra que nous avons cité), la grande majorité des responsables, du très intelligent Premier ministre Sid Ahmed Ghozali au président de la Ligue des droits de l'homme Ali Haroun et au leader des syndicats UGTA, Ben Hammouda, se prononce pour l'interruption d'une procédure démocratique qui n'aura pour effet que la remise du pouvoir aux ennemis de la démocratie.

1. *La Poudrière algérienne*, Calmann-Lévy, 1994.

Si difficile qu'il soit de voir en ce personnage une référence en matière de démocratie, il faut citer ici le tout-puissant général Khaled Nezzar : « Décider de poursuivre le processus électoral eût été délivrer le permis d'inhumer la démocratie. » Ce dernier mot était-il applicable à l'Algérie de 1991 ? On y votait, en tout cas, de telle façon que le pouvoir pouvait changer de mains. De là à entériner, démocratiquement, la Guerre sainte permanente...

Mais le séisme a été trop violent pour que le système politique algérien n'appelle pas une refonte radicale. Le président Chadli a démissionné, imité par les meilleures têtes de la société civile algérienne – notamment Sid Ahmed Ghozali, Premier ministre.

Recours à l'exilé aux mains pures

Me Ali Haroun, président de la Ligue des droits de l'homme, Ali Kafi, président des Anciens Combattants, Abdelhak Ben Hamouda, dirigeant des syndicats, vont former un Haut Conseil de Sécurité, flanqués de l'inévitable général Nezzar. Mais à cet organisme, d'ailleurs prévu par la Constitution, il faut donner une figure qui lui assure vie et prestige – celui-ci d'autant plus indispensable que ce personnage n'aura pas été élu. Un général ? Ce serait comme se résigner à un retour au passé. Un religieux ? Aucun ne peut faire face aux « barbus » pourchassés. Un grand juriste démocrate comme Ali Haroun ? Celui-ci préfère lancer lui-même le nom d'un personnage historique à la mémoire sans tache, son ami Mohamed Boudiaf, l'exilé aux mains pures. L'idée est aussitôt agréée par les autres membres du Haut Conseil – notamment par le général Nezzar – et Haroun est chargé d'aller discrètement sonder son ami à Kenitra.

Un premier contact téléphonique s'avère fort décevant : Ali Haroun se voit proprement rabrouer par le fondateur du FLN (« Les urnes ont sanctionné une politique imbécile. Il faut en tirer les conséquences... »). Il n'en est pas moins invité à venir plaider sa cause au Maroc, où il est accueilli en ami, mais avec méfiance.

« Nous allons confier les responsabilités majeures à un Haut Conseil de Sécurité dont je fais partie, dit Ali Haroun. Nous te demandons – je parle au nom de tous – de rentrer au pays pour en prendre la présidence, personnifier le changement et remettre le pays au travail.

– Il n'en est pas question. J'ai quitté le pays il y a vingt-sept ans. Je n'ai pas les moyens d'apprécier la situation.

– Tu détiens un capital historique qui appartient à toute l'Algérie… »

Boudiaf est ébranlé. Il consulte sa femme Fatiha, téléphone à son ami Rachid Krim, un des fondateurs du PRS en 1962, devenu professeur d'économie à Paris, qui accourt. Le visiteur conseille à son ami d'aller au moins enquêter sur place. Mais c'est, semble-t-il, l'épouse de l'exilé, Fatiha, qui lève ses doutes : il prend le premier avion pour une « mission d'information » en Algérie.

Dans *La Poudrière algérienne*, Mireille Duteil et Pierre Dévoluy rapportent que Boudiaf n'a pas plus tôt pris pied à Boufarik que le général Nezzar lui précise : « C'est tout le pouvoir que nous t'offrons. L'armée ne veut plus s'en charger, se contentant d'empêcher le FIS de s'emparer de l'Algérie [1]. » Le voyageur suscite une intense curiosité :

« Comment est-il ?

– Sec…

– À qui ressemble-t-il ?

– À Ramsès II. Avec lui, on a l'impression que la récréation est finie… »

Après un bref séjour à Kenitra où il va quérir son épouse et où le rejoint Rachid Krim, décidément engagé à ses côtés, il atterrit pour de bon à Alger le 16 janvier 1992. Accueil très chaleureux de Ghozali, d'Haroun, de Kafi, de Nezzar et d'une foule qui, près d'un tiers de siècle après la proclamation de l'indépendance, a presque oublié son nom. Notation très inattendue du revenant : « J'ai retrouvé l'émotion de mon premier voyage à La Mecque. » Quelques mots à la foule : « Le destin m'a éloigné de la terre de mes ancêtres. Je vous tends la main avec confiance […]. Je fais serment d'agir pour l'édification de l'Algérie. » Et le 16 janvier, à la fin de l'après-midi, il prête serment

1. *Op. cit.*

en tant que Président de la plus haute instance du pays. À peine plus de 20 % des Algériens connaissent son nom : mais sa légende renaît. Il lui reste cent soixante-quatre jours à vivre.

Face aux « barbus »

Le président Boudiaf est bien entouré. Le Premier ministre est Ghozali, qui a repris du service à ses côtés, meilleure « tête » de la diplomatie algérienne. Le ministre des Affaires étrangères est Lakhdar Brahimi. Des plus représentatifs des « modernistes » au plus « politique » des militaires, Khaled Nezzar, il a rassemblé autour de lui un *brain-trust* sans égal dans l'histoire de la jeune Algérie, de Rachid Krim à Mohand Dehmous – non sans provoquer évidemment un sursaut de jalousie et d'inquiétude dans la bureaucratie d'affaire au pouvoir. Et bientôt ses déclarations de guerre à la corruption formulées plus rudement de jour en jour suscitent de terribles réflexes de défense du « système » verrouillé depuis plus de trente ans – ce qui reste du FLN étant noyauté par une armée elle-même infiltrée par les affairistes.

Il n'y a pas eu de révolution de palais. Le nouveau Président s'est entouré d'un quarteron de fidèles, on l'a vu, et peut compter sur la loyauté de Ghozali, de Brahimi, de Nezzar, de Kafi, de Ben Hamouda. Mais les vieux réseaux, débris du ben bellisme, du boumediénisme, de l'ère Chadli d'abord décontenancés (en apparence ?) se sont vite reformés. Dans l'esprit de beaucoup de patrons du FLN, vaincus dans les urnes mais incrustés partout, des Services spéciaux aux milieux d'affaires, le recours au grand homme doit surtout servir à briser la menace du FIS, et couvrir, de son ombre prestigieuse, le retour aux pratiques d'antan. Il faudra qu'il en dise beaucoup, très vite, très fort, pour que certains comprennent et se préparent, de nouveau, à « interrompre le processus »...

Mohamed Boudiaf est-il vraiment libre de ses propos, de ses gestes ? Les bons observateurs constatent bientôt que tel de ses discours est censuré à la télévision, ou modifié par *El Moudjahid*, organe du FLN. Certains lui font grief de recourir à un langage où se mêlent par rop le français et le dialectal. Et les moins prévenus des islamistes s'indignent que le vieux révolutionnaire rappelle sans ménagement qu'aux premiers temps du soulèvement contre le système colonial, il n'a pas vu autour de lui beaucoup de religieux !

La bataille engagée contre les islamistes est primordiale, et sans merci. Musulman pratiquant, Mohamed Boudiaf s'implique sans réserve dans la lutte contre un mouvement que, mieux informé depuis son retour, il juge suicidaire. La répression ne cesse de s'intensifier. « Alger ne sera pas Téhéran ! L'islam politique n'y a pas sa place », martèle-t-il. Avant même d'engager la guerre à la corruption, il faut préserver l'Algérie de la frénésie des « barbus ». Poussés à bout par l'incarcération de leurs leaders Madani et Belhadj, les militants du FIS entretiennent un climat de violence qui va provoquer une répression terrible : des camps de concentration sont créés au Sahara, où s'entasseront bientôt plus de cinq mille « fous de Dieu ».

Au surplus, le Président, en plein accord avec les généraux, Nezzar et Belkheir, décide que les mosquées, dont le FIS a fait autant de bastions, seront désormais placées sous le contrôle du ministère des Affaires religieuses : le dernier vendredi de janvier, elles sont encerclées par des hommes en armes. Enfin, le 19 mars 1992, trois ans après sa création, quatre mois après son triomphe électoral, le FIS est dissous. Ce qui a pour résultat d'aviver son ardeur au combat. Légal, il ne répugnait pas à la violence. Interdit, il s'y engage sans réserve, sous l'impulsion d'une part d'un maquisard de la Mitidja nommé Mustapha Bouyali, et de l'autre de ceux qu'on appelle les « Afghans », dont le noyau est fait de quelques dizaines d'anciens combattants antisoviétiques d'Afghanistan, ou de volontaires pro-irakiens de la guerre de 1991.

Tous s'engagent farouchement dans ce qu'on a appelé alors la « guerre des mosquées » – marquée par d'affreux massacres dans Alger même, notamment rue de la Lyre, si souvent ensanglantée pendant la guerre d'indépendance. Entre les hommes en blanc de Bouyali et ceux, en kaki, de Nezzar, la guerre peut prendre toutes les formes – peut-être celle de l'assassinat au sommet.

Le musulman Boudiaf ne livre pas cet implacable combat sans douleur. Il est plus à l'aise – mais plus menacé peut-être – dans l'autre bataille, celle qu'il doit mener contre ce que chacun appelle – on est un pays méditerranéen – la « mafia politico-financière ». Selon Pierre Dévoluy et Mireille Duteil, elle regroupe « de vieux politiciens, d'anciens militaires et de nouveaux affairistes [1] » (encore que les premiers ne soient pas tous vieux, les deuxièmes pas tous anciens et les troisièmes pas tous nouveaux...).

Très vite, l'équipe de Boudiaf vérifie que, si la bataille contre les « barbus » ne va pas sans risque, celle qui s'ouvre contre la cohorte innombrable des « affairistes », des « trabendistes », opérateurs du marché noir, et de leurs complices dans l'administration n'en comporte pas moins. L'officier qu'il a désigné entre tous pour mettre à nu les incroyables trafics attribués à l'administration des douanes, le commandant Amar, va être abattu...

Un intermède marocain

Est-ce parce que ce combat sur deux fronts impose une tension excessive à cet homme de soixante-treize ans ? S'offre, après cent vingt journées de luttes harassantes, une occasion de prendre, pour quelques jours, le large : son fils va se marier à Kenitra. Son vieil attachement pour le pays qui l'a longtemps hébergé le pousse à aller se retremper brièvement dans le climat familial. Quoi de plus naturel ? Mais, depuis son accession à l'indépendance, l'Algérie est en butte à une véhémente revendication marocaine au Sahara dont la frontière a été, martèle-t-on à Rabat, corrigée par le colonisateur au bénéfice d'une Algérie alors française. Cette revendication, à peine quatre mois après l'accession de l'Algérie à l'indépendance, a même pris une forme militaire (celle de la « petite guerre des sables » en novembre 1962). Entre Alger et Rabat, une tension frontalière persiste. Depuis vingt ans, aucun chef d'État algérien n'a franchi, en tant que tel, la frontière qui le sépare du royaume chérifien.

L'idée de ce voyage est combattue par l'entourage de Boudiaf : l'armée est très prévenue contre le pouvoir marocain – et le Président est soupçonné (du fait de quelques propos tenus naguère

1. *Op. cit.*

à l'adresse d'un journal de Casablanca) de n'être pas hostile à des rectifications frontalières au Sahara. Faut-il risquer de s'aliéner ces alliés décisifs ?

Boudiaf s'entête et, le 21 mai, s'envole pour une « visite privée » dans sa famille de Kenitra. Les choses se compliquent quand le roi Hassan II le prie de lui rendre une visite de courtoisie au palais de Rabat – où le voyageur doit être accompagné par l'ambassadeur d'Algérie. Rien ne se dit, semble-t-il, de compromettant. Pourtant, quand les photographes convoqués par le roi se présentent, le diplomate algérien prétend les empêcher de laisser une trace de cette visite : colère du roi, qui impose la mise en images de la périlleuse rencontre… Il est impossible de mesurer combien ce bref épisode marocain marqua les semaines à venir, les cinq dernières de la vie de Mohamed Boudiaf, mais on y reviendra.

Le dernier mois de celui que beaucoup d'Algériens appellent désormais *Tayeb el-Watani* (le « patriote ») est fourmillant d'initiatives. On a vu que, sollicité en janvier par son ami Ali Haroun de refaire le PRS, l'homme de Kenitra l'avait d'abord rabroué : « Pas question de créer un nouveau parti… » Mais, moins de cinq mois plus tard, le voilà tenté par la création d'un Rassemblement patriotique national, idée rendue publique le 8 juin. C'est sur ce thème qu'il va quasiment entrer en campagne, décidant de prendre contact avec la foule, d'abord dans l'Ouest, à Oran et Aïn Temouchent, avant de retrouver le Constantinois de ses origines, à Annaba (le Bône de la colonisation).

Il est peu de dire que, cinq mois après le retour de Mohamed Boudiaf à Alger, le pays est toujours en ébullition. Le 19 janvier, à la veille même des deux voyages projetés, une bombe a explosé dans une mosquée où le Président était attendu pour sa première prière en public. Un tract a circulé, parlant d'« avertissement ». Pas question pour Boudiaf de reporter les deux déplacements prévus, ni même de renforcer les services de sécurité. Lors du premier voyage, en Oranie, les 24 et 25 juin, le commissaire chargé de la protection du Président est effaré par la maigreur du dispositif. Rompant avec le comportement des présidents depuis Boumediene, Boudiaf prend tous les risques, se mêlant à la foule oranaise à l'occasion de la finale de la coupe d'Algérie de football. S'agissant du déplacement à Annaba, qui s'annonce très « politique », et à propos duquel surgissent ici et là des rumeurs inquiétantes, n'est-il pas temps enfin de mettre en place un dispositif de sécurité digne de ce nom ?

Le commandant Hadjerès, responsable direct de la protection du Président, demande des renforts au puissant chef des services spécialisés, le général Mohamed Mediène – dont on ne connaît d'ailleurs pas très bien la position par rapport au recours à Boudiaf, non plus que celle du ministre de l'Intérieur Larbi Belkheir. On fait appel en tout cas au GIS (Groupement d'intervention spéciale) supposé être la meilleure force de protection, récemment créée à cet effet, et constituée de douze officiers spécialisés. Il se trouve que l'un d'eux se fait porter malade. Il faut recourir à un intérimaire, volontaire, le sous-lieutenant Lembarek Boumaârafi, bien qu'on dise ce jeune officier animé de convictions islamistes. Des attaches avec le FIS ? Ses supérieurs n'y voient pas matière à l'exclure de la mission. Première des « négligences », plus ou moins conscientes, qui vont s'enchaîner.

Mohamed Boudiaf attache une importance majeure au déplacement à Annaba. En Oranie, il a pris ce que, du temps du général de Gaulle, on appelait des « bains de foule ». Dans son Constantinois natal, il va délivrer un message à la jeunesse, appeler à ce « rassemblement patriotique » auquel il veut donner la forme d'une organisation. Il passe de longues heures avec ses collaborateurs, ceux qu'il a expressément appelés auprès de lui, à préparer son discours. De toute évidence, il va lancer un « appel d'Annaba ». La première phase de sa mission a pris, inévitablement, un caractère répressif – contre le fanatisme et l'affairisme. La seconde doit prendre une forme constructive.

On ne peut amorcer le récit des heures tragiques d'Annaba sans rapporter un trait, douloureusement pittoresque, emprunté à l'excellent livre de Dévoluy et Duteil, déjà cité plusieurs fois. La veille du départ, dans la soirée du 28 juin, sa femme Fatiha, à laquelle il avait d'abord demandé de l'accompagner, se rétractant ensuite, lui fait essayer un nouveau costume offert par sa sœur, acheté chez un grand tailleur de Montréal – sur le modèle de celui qu'il avait coupé pour Anouar el-Sadate quelques années plus tôt... Et Fatiha de laisser échapper ce mot : « Tu ressembles vraiment à Sadate dans ce costume ! » Un trait qui ne s'invente pas.

Derrière le rideau

C'est le lundi 29 juin que se déroule la visite de Mohamed Boudiaf à Annaba, qui doit être ponctuée par un discours dans la salle de théâtre du palais de la Culture où, devant le rideau de scène, a été installée une tribune pour le Président, flanqué du *wali* (« préfet ») Oussedik et des notables de la région. Le public – un millier de personnes –, très jeune, choisi pour tel (le Président veut traiter de l'avenir), lui fait une ovation qui l'enchante. Le climat est créé : on va parler de l'Algérie à bâtir.

Le service de sécurité semble cette fois avoir pris la mesure de l'événement, sous la direction personnelle du commandant Hadjerès. Curieusement, trois agents – dont le sous-lieutenant Lembarek Boumaârafi – sont placés derrière le rideau devant lequel va parler le Président. On ne saurait être en meilleure posture – caché, voyant sans être vu – pour muer en tragédie quelque manifestation que ce soit…

Mohamed Boudiaf prend place à la tribune un peu avant 11 heures. « Ce que je vais dire s'adresse aux jeunes ! » Très vite, chacun s'aperçoit que, négligeant le texte auquel il a si bien travaillé depuis plusieurs jours avec ses collaborateurs, le Président improvise, avec une verve qu'on ne lui connaissait pas. Il commence par faire le procès sarcastique de « ces responsables qui se voient inamovibles, paralysant le pays. Chacun doit savoir que d'autres les remplaceront. Tout est question de compétence, d'intégrité… » Il déploie une éloquence entraînante : « L'Algérie ne manque ni de dignité ni de noblesse […]. Notre objectif est de revenir à la démocratie […]. L'islam est compatible avec les changements. Les vrais musulmans doivent tendre au progrès […]. D'autres nations nous ont surpassés. Mais l'islam… »

Il est 11 h 28 quand Boudiaf prononce ce mot. Il faut exclure que l'ardent musulman qu'est Boumaârafi l'ait choisi pour signal : il ignorait le texte du discours. C'est à cet instant qu'il écarte le rideau derrière lequel on l'a dissimulé : à moins de trois mètres de l'orateur, il lance une grenade cachée sur lui, puis tire une rafale de pistolet-mitrailleur.

Boudiaf et ses voisins s'effondrent dans une mare de sang. Profitant de l'affolement général, l'assassin réussit à s'enfuir par le fond du théâtre. Il sera repris deux heures plus tard dans un immeuble voisin.

L'ambulance est très mal équipée, et si fâcheusement conduite que le blessé ne sera accueilli à l'hôpital Ibn Rochd d'Annaba que près de trente minutes après l'attentat, avant d'être transporté – déjà mort, vraisemblablement – par avion à Alger, où son décès clinique sera annoncé vers 17 heures. On essaiera de se garder d'imputer cette nouvelle cascade de défaillances à une volonté délibérée : la stupéfaction surtout semble avoir présidé à cette accumulation d'incurie.

Le tueur est rapidement présenté à un juge d'instruction et reconnaît d'emblée, comme il le fera devant la commission d'enquête, puis le tribunal, être l'homme qui, chargé de le protéger, a tiré sur Mohamed Boudiaf les coups de feu mortels. Il n'a pas dissimulé non plus sa sympathie pour les organisations islamistes, se présentant comme un « FIS indépendant », et reprenant volontiers les arguments des « barbus » contre la corruption du pouvoir et l'interruption du processus électoral. Le grand psychiatre Bachir Ridouh, associé à la procédure, n'aura pas de mal à voir en lui l'exemple d'un surmoi caricatural exalté par le meurtre d'un « grand », et qui se manifestera au cours du procès par un redoublement d'insolence et de provocations.

Mais derrière les actes de ce caractériel ne peut être décelée la main de l'organisation islamique. Ni d'aucune autre, d'ailleurs. Il sera de bon ton, au cours des mois et des années qui suivent, de dénoncer un complot : tout journaliste digne de ce nom, surtout algérien, se croira obligé d'en parler avec assurance, et comme d'une évidence, sans aller beaucoup plus loin que l'évocation de la « mafia politico-financière ».

On ne peut rejeter d'emblée la thèse du complot, si clairs que soient les aveux de l'assassin et ses démarches, son armement, l'exécution de son acte. Ce qui frappe, en cette affaire, c'est que si mille voix ont crié à la conjuration, si un des livres publiés sur l'affaire s'intitule pompeusement *Complot sur scène* (de Zoubir Seif el-Islam), aucun des documents qu'il accumule ne décrit les mailles d'une réelle conjuration. Mille ombres s'agitent derrière le criminel. Aucune ne porte le nom d'un homme ni d'une organisation.

Pierre Dévoluy et Mireille Duteil se contentent d'évoquer un

« assassinat par défaut » (de protection et de secours). On pourrait peut-être parler d'une « conspiration en creux », de non-assistance à personne en danger, de la part d'une société politico-militaire où trop d'intérêts étaient alors mis en question par le vieux Candide rappelé du Maroc et que beaucoup avaient cru momifié par l'exil et par l'âge.

L'assassinat d'Annaba n'a rien à voir avec l'opération déclenchée au Caire contre Sadate par l'organisation Al-Jihad. De quelque façon qu'il ait été encadré, manipulé, Boumaârafi, dont le fanatisme religieux n'est pas de la même trempe que celui de l'Égyptien Islambouli, a agi, pour l'essentiel, en solitaire – dût-il avoir été plus ou moins récupéré, en amont peut-être, en aval sûrement.

Un crime assorti d'autant de « coïncidences » ne saurait être tenu pour tout à fait individuel. Quant à désigner quelle fut la force d'« encadrement », de manipulation... Militaire ? Il est évident que l'ensemble d'organisations regroupées alors en Algérie sous le vocable d'armée – unités combattantes, services, administrations, polices, commandos, douanes... – est agité de mouvements convulsifs, la suprématie de Khaled Nezzar, proche de Boudiaf on l'a vu, étant pour le moins contestée par les généraux Lamari, ou Mediène, ou Belkheir, le ministre de l'Intérieur. Règlements de comptes, par Boudiaf interposé, entre seigneurs de la guerre, plus ou moins répressifs, plus ou moins corrompus, attachés au FLN ou au nouveau pouvoir ?

Rivalités et contradictions qui pourraient avoir été exacerbées, on l'a vu, par les intentions prêtées à Mohamed Boudiaf à propos du Maroc. En 2007, recevant Jean Daniel, bon témoin s'il en fut, Fatiha Boudiaf, veuve du Président, confiait à son hôte que son mari avait été éliminé par un clan de l'armée qui le soupçonnait d'envisager de faire des concessions à Rabat sur la frontière saharienne. Interprétation que l'on peut ne pas retenir, si respectable qu'en soit la source.

Lenteurs et complaisances

Le 27 décembre 1992, une commission d'enquête présidée par Ahmed Bouchaïb, ami du disparu, faisait connaître la conclusion de son travail : « L'auteur matériel de l'assassinat du Président Boudiaf est bien le sous-lieutenant Boumaârafi Lembarek, dit Abdelhak, élément du GIS (Groupe d'intervention spéciale). Outre ses propres aveux, il a été formellement reconnu par plusieurs témoins [...]. Dans une lettre datée du 27 juin 1992, il a reconnu et expliqué les raisons de son acte [...] fondées sur ses convictions religieuses [...] et sous l'influence des mouvements islamistes dont il soutient la revendication visant à instaurer la *dawla islamya...* »

Rarement dans l'histoire de la violence meurtrière une accusation aura été plus nette. Ce rapport Bouchaïb ne tend pas à mettre en lumière la thèse de l'« assassinat par défaut » (de protection), du « meurtre par l'environnement ». Le criminel ne se reconnaît pas seulement pour tel, il suggère que ses mobiles sont ceux de millions d'Algériens ralliés à la cause islamiste et dénonçant comme impies aussi bien l'interruption du processus électoral à la fin de 1991 que la féroce répression qui jette leurs frères dans les camps du Sahara, et tout simplement l'exercice du pouvoir par les infidèles qui prétendent se substituer à Dieu.

Observons au surplus que, moins de deux mois après le meurtre d'Annaba, les tueurs du FIS organisèrent le 26 août à l'aéroport d'Alger – symbole de l'occidentalisation corrompant le pays – un attentat qui provoqua la mort de plus de vingt citoyens algériens. Abassi Madani et Ali Bel Hadj pouvaient bien croupir en prison : leur organisation ne laisserait pas la société algérienne accéder à la modernité.

Si le mobile islamique, en ses diverses composantes, pourrait suffire à expliquer le crime d'Annaba, compte tenu des opinions de l'assassin et des capacités de nuisance du FIS dans l'Algérie de 1992, il n'est guère d'observateur attentif et indépendant de la société algérienne de 1992 qui s'en satisfasse.

L'opération fut en tout cas minutieusement « encadrée » par les services responsables, du recrutement d'un islamiste comme garde du corps aux stupéfiantes lenteurs de la justice.

Étrangement, en effet, le procès de Boumaârafi ne se déroula que trois ans après le crime, en mai 1995, à Alger. Il n'apporta aucune révélation, dévoilant l'insupportable jactance, l'insolence satisfaite d'un accusé qui récusa ses avocats, apostropha le président, insulta les témoins – non sans assumer sans réserve la totale responsabilité du crime telle qu'elle ressort des travaux de la commission Bouchaïb. On peut toutefois observer que, s'agissant des mobiles, il apporta un rectificatif à ses déclarations antérieures, faisant valoir qu'il avait avant tout voulu abattre, en Boudiaf, moins le responsable de la répression de l'islamisme que l'homme de pouvoir : il aurait aussi bien éliminé un autre, civil ou militaire…

Non moins étrangement, le tueur, condamné à mort, fut bientôt gracié. Clémence dont on hésite à deviner les mobiles, et qui apporte des arguments aux tenants de la thèse de ceux qui ne voient en lui qu'un exécutant inconscient. Il est bien évident que le tueur d'Annaba devenu l'imprécateur d'Alger se prenait pour un justicier solitaire et autonome. Mais il n'est pas très difficile de percevoir, derrière l'acte de l'enragé solitaire, la rage ou l'effroi provoqués par l'épuration déclenchée par *Taïeb el-Watani*, visant ce qu'on est convenu d'appeler la « mafia politico-financière ». L'équipe boudiafiste n'allait-elle pas jusqu'à parler de vérification des comptes bancaires à l'étranger ?

Plus on s'acharne à dévoiler le mécanisme, les ressorts de la machine infernale qui produit le désastre d'Annaba, plus on observe une diabolique conjonction entre fanatisme et affairisme, entre la banque et la mosquée, entre le hasard et les préméditations.

Le tueur d'Annaba ne serait pas le premier inconscient de l'histoire qui, croyant sacrifier à Dieu, aura servi Mammon.

JL

4 novembre 1995

Yitzhak Rabin : un veto de l'Éternel

L'homme pâle au front très haut, à l'œil bleu, qui nous reçoit en cet automne 1975 dans son bureau de Premier ministre de l'État d'Israël pose sur nous un regard chargé d'anxiété. Il sait que mes deux camarades et moi arrivons du Caire où, dépêchés par la télévision française, nous avons été reçus par un Sadate exubérant. Dès avant le grand voyage à Jérusalem, le *Raïs* égyptien s'est comporté et exprimé comme un homme persuadé que le conflit de Palestine allait vers un dénouement pacifique. Mais, ici, tout donne à penser qu'au pouvoir depuis seize mois, vainqueur de deux guerres, maître du jeu stratégique, Yitzhak Rabin ne partage pas – pas encore – cette espérance.

Certes, il donne son agrément discret aux prises de contact qui ont déjà permis d'assouplir le « refus arabe » : va-et-vient d'émissaires jordaniens ou marocains, « bons offices » du chancelier autrichien Kreisky, démarches apaisantes du président du Congrès juif mondial Nahoum Goldmann, et (avec plus de réticences) échanges noués, notamment chez Pierre Mendès France, par les groupes pacifistes israéliens et palestiniens. Il constate néanmoins avec dépit que l'ensemble de ces démarches sert plutôt alors la cause (ou le personnage) de Yasser Arafat qui a reçu quelques mois plus tôt, aux Nations unies, un accueil grandiose.

Il n'est pas encore, lui, Rabin, prêt à accepter l'idée d'un État palestinien symétrique d'Israël. Il croit plutôt à une solution politique dans le cadre jordanien, intégrant la Cisjordanie évacuée à une fédération qui aurait Amman pour capitale, la monarchie hachémite, si rassurante, se portant garante du bon voisinage.

Contre ce projet apparemment si prudent, il voit se dresser, n'ayant pas cru devoir en prévenir la menace, au sein même de la communauté israélienne, une force de blocage d'une intransigeance sans limite : le *Goush Emounim* (« bloc de la foi »). Née dans les premières colonies de Cisjordanie, auxquelles adhèrent de jeunes politiciens comme Ehoud Olmert, promis à un grand avenir, cette organisation pose en principe que la moindre restitution aux Arabes de terres attribuées aux Hébreux par l'Éternel est pure trahison. Tout, déjà, est dit : la saisie du politique par le religieux – et le crime du 4 novembre 1995…

Il a compris, lui, travailliste issu d'un sionisme d'inspiration laïque, qu'a surgi en Israël un prophétisme biblique qui fait peu de cas des démarches des simples mortels. Établit-il déjà un parallèle entre Sadate aux prises avec ses Frères musulmans, et lui-même et ses Fous de Dieu ? Il sent monter autour de lui la fièvre qu'il s'efforcera, pendant de longues années, tantôt de mépriser, tantôt de maîtriser, on le verra. C'est en tout cas un homme sur ses gardes qui accueille ce jour-là les visiteurs français.

« Monsieur le Premier ministre, croyez-vous devoir ou pouvoir garder longtemps, indéfiniment, le contrôle politique et militaire de la Cisjordanie ?

– Si je vous réponds en militaire, ce sera pour vous informer que nos plans tendent à ne pas transformer l'éventuel retrait en abandon. Toutes les formes de garantie sont à l'étude. Si je vous parle en juif, je dois vous rappeler que ce territoire porte aussi les noms de Judée et de Samarie…

– Ne croyez-vous pas que tout délai mis à un "éventuel retrait" conforme aux résolutions de l'ONU risque de pousser les Palestiniens à recourir aux pires moyens ?

– Si vous faites allusion au terrorisme, je dois vous informer qu'il est et sera combattu sans réserve. Mais je ne crois pas que la répression la plus sévère interdise jamais la négociation…

– Le terrorisme, bon nombre de vos compagnons de lutte des années 1940 n'y ont-ils pas recouru, à commencer par le groupe Stern animé par votre prédécesseur Yitzhak Shamir ?

– Sous le commandement de Ben Gourion, nous les avons combattus. Nous continuerons à combattre sans merci le terrorisme des Palestiniens. Mais nous n'y chercherons pas le prétexte pour refuser la négociation.

Nous ne ménagerons rien, ni pour notre défense, ni dans la recherche de la paix. »

Ce qui imposait ce Rabin de 1975 comme le véritable successeur de Ben Gourion-le-fondateur, c'était ce mélange de sérénité (plus crispée chez le militaire) et de fermeté, d'ouverture et de circonspection. Un homme, en tout cas…

En cet automne 1975, le Premier ministre d'Israël paraît bien tenir en main les deux bouts de la chaîne, dût-on faire déjà grand cas du Goush Emounim et des partis extrémistes tel le Shaath que dresse, au nom de Dieu, le mouvement de colonisation comme une barrière contre la paix, ce qu'Amnon Kapeliouk appellera une « OAS en calotte ». Et peu de signes font prévoir, dans l'Israël de 1975, le retour au pouvoir du Likoud, partisan déclaré du Grand Israël – qui va dénoncer sans relâche le « pacifisme » du Premier ministre.

Cet Yitzhak Rabin, déjà voué au pire par les pieux ennemis d'une paix conforme à la justice et aux résolutions des Nations unies, on ne peut dire qu'il ait jusqu'alors, des premiers combats dans la Palestine colonisée des années fondatrices au triomphe militaire de 1967, ménagé quoi que ce soit pour imposer par la force non seulement la naissance, mais la croissance d'Israël, avec l'implacable détermination d'un Josué.

Un combattant sans merci

C'est un « Sabra », le premier de ces Juifs originaires de Palestine à diriger le gouvernement d'Israël. Il est né en 1922 alors que la déclaration Balfour n'était encore que le projet d'un « foyer » juif, et Israël une « promesse ». Après des études d'agriculture bonnes pour un pionnier, il entre dans l'armée à dix-huit ans. Une armée, la Haganah, vouée au harcèlement de l'occupant britannique – et à l'affrontement avec les extrémistes de Begin, ancêtres du Likoud… Il est, à vingt-six ans, le plus jeune colonel du Palmach, avant-garde d'où sortira l'élite de Tsahal.

Cela lui vaut d'être, en 1948, un protagoniste des opérations de « nettoyage » (par la terreur…) dans la région de Lydda et Ramleh en vue de l'expulsion des populations arabes – opérations dont les nouveaux historiens israéliens comme Benny Morris ont dénoncé le caractère impitoyable, que Rabin ne cherchera pas à dissimuler. Témoin ce passage de ses *Mémoires*, censuré en Israël et rétabli dans un numéro du *New York Times* (20 octobre 1979) cité par Charles Enderlin : « Nous marchions aux côtés de Ben Gourion ; Allon répéta la question : "Que devons-nous faire de la population ?" Ben Gourion agita la main en un geste qui signifiait : "Chassez-les !" Allon et moi avons tenu conseil. J'étais d'accord avec lui qu'il était essentiel de les chasser. [...] Il n'y avait pas d'autre moyen que d'utiliser la force et les tirs d'avertissement pour contraindre les habitants. »

Le tout aboutit au massacre de quelque deux cent quatre-vingts civils...

Ce combattant sans merci, au cours de la guerre contre l'Égypte, en 1949, a d'ailleurs rencontré à Fallouja (où l'armée israélienne avait encerclé un fort contingent ennemi) un certain capitaine Abdel Nasser dont il parle avec faveur – l'Égyptien, dans ses souvenirs, évoquant plutôt avec émotion ses entretiens avec un capitaine Cohen... De la Haganah à Tsahal, Yitzhak Rabin s'affirme à tel point comme l'officier modèle qu'il devient chef d'état-major, et à ce titre le stratège et le maître d'œuvre de la foudroyante campagne de 1967 qui met l'Égypte et le monde arabe à genoux, à commencer par son interlocuteur de Fallouja, le *Raïs* Gamal Abdel Nasser.

Si d'autres responsabilités diplomatiques l'appellent alors, le vainqueur de 1967 fait figure, dans un pays où l'on honore – et pour cause – les vertus militaires, de héros belliqueux, incarnation d'un judaïsme pleinement ressuscité – comme l'ont été ou ne le seront un Allon, un Dayan, un Sharon...

Son entrée dans le monde politico-diplomatique s'opère dans le cadre de la prestigieuse ambassade de Washington, où des observateurs comme moi entendent dire qu'il est promis à devenir l'idéal Premier ministre d'Israël. De longues années passées à l'écart de son pays l'exonèrent de toute responsabilité dans l'épisode sinistre de 1973, ce que Jean-Claude Guillebaud a appelé *Les Jours terribles d'Israël* – où fut pour la première fois remise en cause sinon la survie, en tout cas la suprématie régionale d'Israël. Être à la fois le vainqueur de 1967 et l'absent de 1973 le désignait pour les plus hautes fonctions. L'homme a imposé son personnage intraitable et serein, voué à l'exercice d'un pouvoir fort, appelé aux décisions les plus périlleuses, reconnu par l'opinion internationale – américaine surtout.

Ce loyal travailliste, c'est pourtant la droite extrême, revenue au pouvoir sous la conduite du vieil ennemi de Ben Gourion, Menahem Begin (celui-là même que mitraillait le colonel Rabin en 1948...), qui, flanqué de l'ancien terroriste Yitzhak Shamir, le rappelle au ministère de la Défense. Avant d'ouvrir des négociations avec le monde arabe, les leaders du Likoud donnent pour mission à lui, Rabin, et à ses camarades, la répression.

« Brisez-leur les os ! »

Il s'en acquittera sans faiblesse, on pourrait même dire sans mesure, aussi bien dans les territoires occupés que face à l'OLP réfugiée à Tunis autour de Yasser Arafat. Défié par l'*Intifada* palestinienne de 1987, il lance le terrible mot d'ordre : « Eh bien, brisez-leur les os ! » Cette formule, il l'a prononcée à l'adresse de tel officier de son état-major qui lui faisait observer que tirer à balles sur les jeunes lanceurs de pierres de l'*Intifada* nuisait à l'image de Tsahal ; elle collera longtemps à la peau du vainqueur de 1967. D'autant que si nombre d'adolescents palestiniens sont roués de coups, beaucoup d'autres sont bel et bien criblés de balles : quatre cents morts, deux mille blessés... Toujours au nom de la sécurité d'Israël, il patronne le bombardement du quartier général de l'OLP à Tunis (soixante morts) aussi bien que l'assassinat, dans la même ville, de l'un des plus proches collaborateurs d'Arafat, Abou Jihad. Il donne enfin son approbation à l'invasion du Liban opérée par Ariel Sharon.

Alors Yitzhak Rabin peut bien avoir été un très sage ambassadeur à Washington, le prudent Premier ministre que nous avons rencontré en 1975 : il s'inscrit résolument dans la lignée des guerriers d'Israël, moins politisé qu'un Ygal Allon ou un Moshe Dayan, plus proche apparemment d'un Sharon de ces années-là, avant tout préoccupé de l'immédiate sécurité de l'État juif – mais plus soucieux peut-être que ses rivaux de la force montante de l'intégrisme rabbinique. Il y a découvert un péril majeur pour la sécurité de l'État: l'aventurisme territorial et la confiscation du politique par le religieux. Et il n'est pas revenu au pouvoir que s'est déjà noué le complot qui l'abattra.

Yitzhak Rabin est assez intelligent et patriote pour avoir enregistré comme des progrès vers la paix – ou mieux la sécurité de son pays – le voyage à Jérusalem d'Anouar el-Sadate et les accords de Camp David qui ont fait du principal pays arabe, l'Égypte, un simple voisin – fût-ce au prix de la restitution (par les va-t-en-guerre du Likoud !) de « sa » conquête de 1967, ce Sinaï où la Loi fut donnée aux juifs… Voilà en tout cas qui ouvre des perspectives à ce stratège réaliste, voilà qui donne l'occasion d'amorcer de nouvelles démarches.

Le 23 juin 1992, les électeurs israéliens assurent une confortable victoire à son parti, le Mapaï, et à ses alliés de gauche (Meretz), majorité à laquelle se joignent les élus arabes de la Knesset. À soixante-dix ans, Yitzhak Rabin redevient Premier ministre. Deux mots scandent son discours d'intronisation devant la Knesset: paix et sécurité. « Ce n'est pas à nous qu'on apprendra ce que c'est que la sécurité. » Mais il a autre chose à dire. De ce texte impressionnant se détachent deux thèmes. D'abord qu'« Israël n'est plus un peuple isolé », ce pour quoi il peut et doit « conduire à son terme le conflit israélo-arabe ». Pour ce faire, et c'est par là que s'affirme le nouveau Rabin, « le choix est entre les mains des Palestiniens des territoires ».

Voilà le grand mot lâché: les Palestiniens. Et d'un coup défini l'objectif. Il ne s'agit plus seulement de la fin de l'antagonisme entre Israël et les États voisins arabes – mais de faire leur place aux Palestiniens, non plus en tant qu'individus, mais bien comme groupe humain et même entité politique, à vocation étatique.

C'est une perspective révolutionnaire. Certes, en évoquant devant nous, en 1975, une évacuation très contrôlée de la Cisjordanie, Yitzhak Rabin prenait bien en compte la spécificité de la question palestinienne. Mais, ici, le peuple d'Hébron ou de Gaza n'est plus vu comme un objet à libérer, mais comme un sujet avec lequel traiter. Non plus comme une population, mais comme un peuple, et même une nation. Révision radicale.

En l'occurrence, le problème historique qui se pose est celui-ci : y eut-il interaction directe, relation de cause à effet, entre cette reconnaissance du fait national palestinien et la montée en flèche des mouvements extrémistes de colons autour du *Goush Emounim,* ou simple coïncidence ?

Une vocation de pacificateur

Doté d'une confortable majorité parlementaire, assuré d'un soutien sans réserve de Washington, confiant dans la coopération pacifique de ses voisins égyptiens – il s'est d'emblée senti compris par Hosni Moubarak –, il est constamment nourri d'informations sur les contacts entre Palestiniens et pacifistes israéliens. Yitzhak Rabin-le-combattant se voit donc investi d'une mission de pacificateur. Il s'y engage avec d'autant plus de confiance qu'entre-temps la conférence de Madrid – où Shamir l'intransigeant représentait Israël – a, malgré son échec, montré la convergence à long terme des intérêts de l'État juif avec ses voisins. En outre, la guerre du Golfe de 1991 révèle les profondes dissensions au sein du monde arabe, qui peut devenir plus accommodant.

La mise en place de l'équipe pour la paix (armée…) qu'entend former Rabin est compliquée par l'aigreur des relations qu'il entretient depuis toujours avec Shimon Peres, qui s'impose aux Affaires étrangères. Entre ces deux fidèles de Ben Gourion, le courant passe bien mal. Tout au long de la négociation qui sera bientôt résumée (abusivement) dans le mot d'Oslo, Peres tiendra bel et bien les rênes et, compte tenu du rôle des « émissaires » secrets, sera le négociateur et gestionnaire diligent des intérêts nationaux d'Israël. Un climat de suspicion ne cessera de régner entre le Premier ministre et le patron de la diplomatie de l'État juif. Mais, le temps venu, les assassins feront voir qu'ils ne confondent pas « le » responsable et l'exécutant.

Son double passé militaire et diplomatique a permis au Premier ministre Rabin de former une remarquable équipe de négociateurs que l'on retrouvera mêlés aux démarches de Peres, mais dont on peut dire qu'ils s'inspirent plus directement de lui, de Moshé Sneh à Shlomo Gazit, de Jacques Neriah à Nahoum Ahmoni, au général Dany Rotschild et à Yossi Beilin enfin.

Du côté palestinien, où l'on a d'emblée perçu que Rabin ouvrait des perspectives sérieuses, les deux plus proches collaborateurs de Yasser Arafat, Abou Ala et Abou Mazen (le futur président Mahmoud Abbas), vont d'emblée s'impliquer personnellement dans le processus de paix. Et avant même qu'ils prennent l'affaire en main, le grand notable palestinien de Jérusalem el-Husseini avait amorcé, chez lui, une série d'entretiens avec deux hommes clés, Yaïr Hirschfeld et Yossi Beilin – avec l'aval discret (très discret) du Premier ministre Rabin.

Un « séminaire » à Oslo

Pourquoi Oslo ? Les règlements politiques d'Orient mûrissaient en des lieux magiques – Chypre, Malte, Istanbul, Rome, Rabat, Tunis, Genève, voire Londres ou Paris. Pourquoi cette fois la capitale de la Norvège ? Pour mieux dérouter les « spécialistes » trop curieux qui pullulent au Proche-Orient ou en Europe ? C'est en tout cas dans la périphérie de cette capitale scandinave où les reporters locaux ne reconnaissaient pas d'emblée, attablés, comme ils le feraient à Marseille ou à Oran, un agent du Mossad et un militant palestinien, que le professeur Yaïr Hirschfeld a noué d'abord la conversation avec l'universitaire norvégien Torje Larsen, lequel lui a suggéré de rencontrer un des leaders de l'OLP, Abou Ala.

Beaucoup plus importante que le « choix » du lieu intervient alors une décision de la Knesset. Elle abolit la loi interdisant à tout citoyen israélien des contacts avec des militants de l'OLP – loi qui avait en quelque sorte pourri, ou invalidé, les négociations entamées, entre autres, sous l'égide de Pierre Mendès France par divers mouvements pacifistes israéliens, notamment par le général Peled, assisté d'Henri Curiel. Un obstacle vers la paix est abattu.

Le 20 janvier 1992 s'ouvrent, dans la périphérie d'Oslo, sous forme d'un « séminaire », les pourparlers entre l'OLP et l'État juif – représentés l'un par Abou Ala, numéro trois de l'organisation, et l'autre par le professeur Hirschfeld. La supervision des pourparlers, assurée par

Arafat du côté palestinien, est, du côté israélien, le fait de Shimon Peres.

Dans son magistral *Paix ou Guerres*, où se manifeste une profonde sympathie (critique) pour le personnage et les démarches d'Yitzhak Rabin, Charles Enderlin suggère que, tout au long des pourparlers de Norvège, Rabin n'aura accordé à ces démarches qu'« un scepticisme à peine bienveillant » – alors que Peres est, de loin d'abord, de près ensuite, aux commandes. Cela incite à la méfiance, s'agissant des entretiens d'Oslo, aussi bien les Égyptiens que les Américains, qui pensent que c'est sur Rabin que peut se fonder un règlement. En fait, l'antagonisme entre le général et Shimon Peres n'aura guère pesé sur la négociation, les « hommes » de l'un s'avérant parfois les confidents de l'autre. Le ministre aura joué le jeu. Le général l'aura couvert, payant le prix…

Très vite, les Palestiniens font valoir que les pourparlers ne peuvent être pris au sérieux si Israël n'est représenté que par un ou plusieurs intellectuels comme Hirschfeld, certes respecté, mais sans responsabilité politique. Qu'au moins vienne se joindre à la conversation un parlementaire israélien notoire comme Yossi Beilin. Shimon Peres propose à Rabin de partir lui-même pour Oslo. Le Premier ministre refuse, mais confie la mission au numéro deux du ministère, son secrétaire général, Ouri Savir, personnage de premier plan. Cela revient à engager l'État dans l'opération. Et Rabin s'implique plus personnellement en adjoignant à Savir, en tant que conseiller juridique, son ami Yoël Singer, avocat à Washington. Lequel lui fait part de l'irritation qu'éprouvent les Américains – qui se jugent marginalisés, écartés d'un type de négociations dont ils s'estiment chargés par la Providence.

Ouri Savir s'affirmera comme un négociateur très loyal. Mais le premier contact est rude. Abou Ala :

« Vous êtes les plus forts : armée, aviation, arme nucléaire. Pourquoi vous dites-vous menacés ?

– Parce que vous voulez vivre dans ma maison ! »

Bigre ! Très vite cependant, les deux hommes et leurs assistants vont adopter un autre ton, à propos de la « maison ». On passe de l'avenir de Gaza à celui d'Hébron ou de Ramallah, et à l'idée d'un corridor entre les deux fragments de la Cisjordanie. Une dynamique est créée, prometteuse…

D'Oslo à Jérusalem et du Caire à Washington, les pourparlers sont longtemps tenus secrets, mais les chancelleries, sinon la presse, sont aux aguets. L'opération est-elle conduite à l'insu, à l'encontre de Rabin ? Arafat s'interroge, Le Caire s'en inquiète. À la fin de 1993, le Premier ministre reçoit un émissaire égyptien, qui lui demande s'il est vraiment au courant des entretiens d'Oslo. Rabin coupe sèchement : « Dites à Arafat que ce qui se passe en Norvège engage l'État d'Israël et son Premier ministre… »

Dans le conflit qui oppose depuis bientôt un demi-siècle Israël à ses voisins, c'est un éclairage neuf. L'homme qui, dix-sept ans plus tôt, évoquait devant nous l'hypothèse alors fragile d'un retrait de Tsahal d'une partie des territoires, non sans rappeler – principe fondamental ! – que négociation sans entrave et répression sans merci pouvaient aller de pair, s'ouvre d'autres perspectives que celle de la répression perpétuelle.

Bientôt, la diplomatie américaine décide de sortir de la marginalité où elle est plus ou moins tenue. À l'occasion de l'une des manifestations de l'impatience de Washington, Rabin recevant le diplomate américain Dennis Ross à la fin de juillet 1993 – qui fait état devant lui de la mauvaise humeur du secrétaire d'État Warren Christopher (« Que font-ils dans ce pays perdu ? ») –, décide d'associer solennellement l'oncle Sam aux progrès réalisés à Oslo. Au moment de se lancer dans la périlleuse cohabitation avec des Palestiniens promus au rang de partenaire majeur et peu portés à la modération, Israël doit resserrer ses liens avec le grand allié américain. On fera semblant de lui reconnaître la paternité de l'accord enfanté en Scandinavie…

Une poignée de main réticente

C'est donc à Washington que se déroule le 13 septembre 1993, en présence du président Clinton, de Rabin et d'Arafat, la cérémonie de signature de la « déclaration de principes » israélo-palestinienne, par Shimon Peres et Abou Mazen, sur la table même où avaient été paraphés les accords de Camp David de 1979 – si violemment dénoncés alors par les Palestiniens. Yasser Arafat tend la main à Rabin, visiblement réticent. Le président Clinton saisit le bras du Premier ministre et met sa main dans celle du leader palestinien. Sur quoi Rabin, tout rouge, se retourne vers Peres et lui lance, en hébreu : « À présent, c'est ton tour ! » Il ne sera pas dit qu'un seul d'entre eux aura fait ce geste dangereusement symbolique.

Rabin prend la parole : « La signature de cette déclaration de principe n'est facile ni pour moi, soldat des guerres d'Israël, ni pour le peuple juif de la diaspora [...]. Laissez-moi vous dire ceci, à vous Palestiniens : notre destin nous force à vivre ensemble, sur le même sol, sur la même terre [...]. À vous les Palestiniens que nous avons combattus, nous disons d'une voix forte et claire : assez ! Adieu aux armes ! »

Arafat répond par ces mots : « Notre peuple ne considère pas que l'exercice de son droit à l'autodétermination puisse violer les droits de ses voisins ni porter atteinte à leur sécurité. » Révolution copernicienne de la part de l'un comme de l'autre. Mais le retour à l'état de justice est toujours plus difficile à opérer par le fort que par le faible...

Et, en cette soirée de septembre 1993, qui aurait dit que le plus menacé des deux leaders était le prestigieux général israélien, appuyé sur un État fort et doté d'une confortable majorité ? Celui qui semblait mettre sa vie en jeu était plutôt le petit homme au keffieh excentrique, contesté non par une puissante opposition parlementaire et par quelques organisations de colons et d'intégristes religieux, mais par de rageuses ou frénétiques branches du mouvement national, plus ou moins comparables à la sienne en ancienneté et prestige, et qui ont déjà fait la preuve de leur propension à l'assassinat...

Flanqués de leurs divers conseillers, Rabin et Arafat se retrouveront bientôt au Caire, où les accueille un Moubarak épanoui. À lire le récit exhaustif que Charles Enderlin propose de ces épisodes, on est frappé par la différence d'attitude des deux leaders : quand Arafat ne cesse de proposer des initiatives de coopération à propos de Gaza ou de Jérusalem, Yitzhak Rabin n'a jamais qu'un mot en bouche : sécurité. Ce n'est pas en aveugle ni en naïf qu'il marche vers la paix.

Il la voit d'abord insultée et menacée sous une forme qu'il n'avait assurément pas prévue – bien qu'il nourrisse la plus grande méfiance à l'endroit de l'extrémisme juif. Le 24 février 1994, à Hébron, dans le caveau des Patriarches, lieu sacré entre tous aux yeux des fidèles des trois religions, le Dr Baruch Goldstein massacre de sang-froid, à la mitraillette, les musulmans rassemblés là pour la prière : on compte vingt-neuf morts et cent vingt-cinq blessés. L'horreur sans nom – perpétrée par un pieux médecin venu des États-Unis, connu pour ses attaches avec les organismes ultra-religieux : il est militant de l'un d'entre eux, le Kaach. Avant d'être assommé par quelques survivants à coups d'extincteur d'incendie, il fait savoir qu'il a agi pour couper court au processus de paix…

Ce geste atroce sera acclamé par plusieurs organisations israéliennes, et tenu pour fondateur par un jeune homme nommé Ygal Amir, que l'on retrouvera… Rabin, quant à lui, publie un communiqué exprimant la honte qu'inflige ce massacre au peuple d'Israël, et propose à son gouvernement la libération de plusieurs centaines de prisonniers palestiniens – ce que refuse l'état-major de Tsahal.

« À mort le traître ! »

Le 5 octobre 1995 va se dérouler à la Knesset un dernier face-à-face avant la mise à mort du Premier ministre, l'un des plus tragiques qui aient agité le Parlement de l'État juif. Flanqué de Shamir, Benyamin Netanyahu n'a que l'insulte à la bouche quand il s'adresse au Premier ministre : « Vous êtes en rupture avec la tradition d'Israël, pour vous, Hébron est une ville arabe ! » Rabin : « C'est vous qui avez renoncé au Sinaï, où le peuple d'Israël a reçu la Torah ! » Netanyahu : « Il n'est pas surprenant que vous ayez renoncé au cœur de la patrie […]. Seuls ceux qui se sentent des envahisseurs étrangers se comportent ainsi envers la terre de leurs ancêtres, comme si c'était de l'immobilier ! » (dit à un Sabra !)

Tandis que leurs chefs harcèlent ainsi le Premier ministre, autour de la Knesset des militants du Likoud et des quelques partis ultra-religieux, tels que le Shas, agitent le centre-ville. On entend des slogans meurtriers : « Par le feu et par le sang, nous expulserons Rabin ! C'est un traître ! À mort Rabin ! » S'adressant à la foule du haut d'un balcon, Netanyahu et Sharon accusent le Premier ministre de vendre la terre sacrée au prix d'un accord ratifié grâce aux votes des élus arabes de la Knesset. On voit même surgir, dominant la foule, un énorme mannequin (fabriqué par les élèves d'une école religieuse du mouvement Kahana Haï), vêtu d'un uniforme de SS et portant le visage d'Yitzhak Rabin… Jusqu'où peut aller la haine meurtrière ! Une mise à mort préventive.

Vers minuit, alors que l'accord avec l'OLP n'a été ratifié qu'à la très faible majorité de soixante et une voix – dont celles des députés arabes – contre cinquante-neuf, l'ambiance est quasi insurrectionnelle. Les forces de sécurité, dont les effectifs sont maigres, semblent débordées. Autour du domicile du Premier ministre, une foule grossit, encadrée par les jeunes militants du Likoud, scandant : « Rabin traître ! » Léah Rabin, l'épouse du Premier ministre, tente en vain d'obtenir l'intervention de la police devant son domicile…

Que fait donc le Shabak, le prestigieux service de sécurité intérieure ? Que fait le parti du Premier ministre, le Mapaï, théoriquement majoritaire dans le pays ? Ce n'est qu'un mois plus tard, l'effervescence restant très vive dans tout le pays, que le parti du gouvernement se décide enfin à organiser la riposte, en convoquant à Tel-Aviv, sur la place des Rois d'Israël, face à la mairie, un meeting pour la paix autour de Rabin et de Peres, coresponsables de l'accord avec les Palestiniens. Sont invités plusieurs ambassadeurs arabes – mais non Arafat, dont la présence comportait trop de risques – et nombre d'amis notoires d'Israël. Jean Frydman, proche de Pierre Mendès France, est l'un des organisateurs.

L'heure la plus heureuse de ma vie

Au centre de la tribune, face à plus de cent trente mille citoyens d'Israël venus l'acclamer – et à quelques autres… –, Yitzhak Rabin, qu'a précédé Shimon Peres, prend la parole, la voix étranglée par l'émotion : « J'ai combattu aussi longtemps qu'il n'y avait pas de chance de paix. Je crois qu'à présent une telle chance existe. Nous devons la saisir pour le salut de tous [...]. La violence ronge les fondements de la société israélienne [...]. Nous avons trouvé un partenaire pour la paix, l'OLP, qui fut un ennemi et a cessé de pratiquer le terrorisme [...]. Pour Israël, il n'y a pas de chemin sans souffrance, mais la voie de la paix est préférable à celle de la guerre. »

Ce propos est acclamé. Lancé par Aviv Guefen, chanteur très populaire qui naguère critiquait le « bellicisme » du Premier ministre, s'élève le Chant de la Paix, interdit dans l'armée israélienne (notamment par l'ancien chef d'état-major...). Rabin, rouge d'émotion, l'entonne à son tour – confiant à son voisin Jean Frydman : « Je vous dois l'heure la plus heureuse de ma vie. » C'est un homme en pleine euphorie qu'interviewa alors, sur la tribune, l'animateur de la télévision israélienne, Dov Gilhar – qui confiera plus tard qu'il avait découvert là un « autre » Rabin, rayonnant. Deux minutes avant les coups de feu mortels...

Au pied de la tribune, dans le parking situé en contrebas où stationne sa voiture de fonction, l'attend un homme qui, depuis près de deux heures, rôde alentour sans que nul ne se soit enquis de lui. Au moment où Yitzhak Rabin, à peine descendu de la tribune, s'engouffre par la porte arrière, l'individu se précipite et lui tire trois balles dans le dos. La voiture se mue en ambulance, sans que le chauffeur ou le garde du corps aient cru bon de téléphoner à l'hôpital Ichilov, distant de moins d'un kilomètre. Du coup, l'arrivée de la victime – qu'on entend murmurer : « J'ai mal au dos, mais ce n'est pas terrible... » – y provoquera le plus grand désarroi. Moins de deux heures après l'attentat, avant minuit, le Premier ministre d'Israël aura cessé de vivre.

Les trois coups de feu n'ont pas plus tôt retenti dans l'ombre que Charles Enderlin, dans sa tribune de presse, s'entend dire sur son portable : « La prière *Poulsa de Noura* a été exaucée... signé Avigdor Erskine. » Le même personnage avait prévenu un mois plus tôt le journaliste que cette prière de malédiction pour la mort d'un homme était récitée par nombre de rabbins.

« Les manifestations de deuil populaire pour la mort de Rabin, assure le journaliste israélien Amnon Kapeliouk, ont été sans égales dans l'histoire d'Israël.» À la fin de la semaine de deuil, le rassemblement sur la place des Rois-d'Israël, devenue «place Yitzhak-Rabin», réunit en tout cas plus de deux cent cinquante mille personnes. Seule à prendre la parole, Léah Rabin osa proclamer: «On t'a laissé, Yitzhak, combattre seul. On n'a pas vu la menace écrite sur le mur!» Pas vu, ou refusé de voir?

De cette conscience ou prescience du péril, on a, entre mille témoignages, celui-ci, qui ne manque pas de frapper. Le diplomate français Yves Aubin de la Messuzière, spécialiste reconnu du monde proche-oriental, se trouvait à Jérusalem le soir de l'attentat. À minuit, il apprend la nouvelle. Il appelle aussitôt Yasser Arafat, qui réside à Gaza, pour vérifier s'il maintient le rendez-vous fixé entre eux pour le lendemain. «Oui, bien sûr, plus que jamais...» Le jour suivant, Aubin est reçu par un Arafat bouleversé, évidemment désespéré, qui gémit: «C'est la fin du processus de paix!» et qui lui confie: «La dernière fois que j'ai vu Rabin, je lui ai dit: "Prends garde: l'OAS va t'assassiner... !"» L'OAS? La référence à l'organisation qui tenta d'abattre de Gaulle peut paraître surprenante, venant d'un homme qui n'était pas spécialement lié à l'histoire contemporaine de la France. Il est pourtant vrai que la guerre d'Algérie, et les démarches et déboires du général de Gaulle avaient frappé le monde arabe qui voyait en lui un héros.

Dans sa biographie du leader palestinien [1], Kapeliouk fait longuement état du désespoir que provoque chez Arafat l'assassinat de son interlocuteur. Ce désarroi sera évidemment retenu par le tueur et les siens à la charge de Rabin! Il faut ajouter que la «rue» palestinienne ne partage pas les sentiments de son leader, et a tendance à fêter comme une victoire l'assassinat de celui que l'on appelle volontiers, sur les marchés de Ramallah ou de Naplouse, le «briseur d'os». À Gaza, Arafat interdira toute manifestation.

1. *Yasser Arafat*, Fayard, 2004.

Un assassin fier de lui

Écrite sur le mur… Jamais probablement dans l'histoire les services de sécurité d'un État, ici le fameux Shin Beth devenu le Shabak que le monde entier croyait pouvoir prendre pour modèle, n'auront pris si peu de soin à défendre un homme contre la vie duquel s'accumulaient depuis deux ans (date de la signature des accords intérimaires d'Oslo) toutes les menaces, proférées non seulement par les rabbins les plus fanatiques qui avaient applaudi au massacre d'Hébron, mais par les partis extrémistes, Moledet, Tsomet, Zo Artsenou… Et surtout par l'assassin. Jamais, dans l'histoire, attentat ne fut mieux et obstinément exigé, annoncé, d'avance acclamé.

Quel assassin aura plus ardemment revendiqué la responsabilité de son acte qu'Ygal Amir, étudiant de vingt-cinq ans d'origine yéménite, lauréat de l'université de Bar Ilan, refusant l'exemption du service militaire à laquelle il avait droit pour participer au « maintien de l'ordre » dans les territoires occupés et se portant volontaire pour procéder aux « interrogatoires poussés » qu'ailleurs on appelle torture ? Très intelligent, versé dans l'étude du Talmud et de la Torah, membre du parti extrémiste Moledet dont la revendication majeure est l'expulsion des Arabes d'Israël, il est le type même de l'extrémiste militant, et autoproclamé.

Tout au long des interrogatoires, et lors de son procès, il ne cessera de manifester un fanatisme de zélote aux yeux duquel il n'est de devoir plus pressant pour le croyant juif que de suivre l'exemple de ce Josué qui n'hésita pas, pour le service du Seigneur, à massacrer des nouveau-nés. Son héros, auquel il se réfère volontiers dans ses réponses, est ce fameux Dr Goldstein que nous avons vu massacrer des Arabes en prière dans le caveau des Patriarches d'Hébron. Et, pour évoquer la paix négociée à Oslo, il n'a d'autre mot que celui de « Shoah »…

Ce discours délirant, ce n'est pas seulement devant les policiers et les juges qu'il le tient, quand tout est consommé : c'est, depuis des années, depuis le début des démarches pacifiques qui, à tort ou à raison, sont mises sur le compte de Rabin – après tout chef du gouvernement –, devant famille, amis, condisciples, militants du Moledet aussi bien que camarades d'université ou fidèles en prière. Ce petit homme frêle est une bombe, ou un poignard vivant : « Il faut tuer Rabin, je tuerai ce Quisling ! » Cela est clamé en tout temps ou en tout lieu, à la barbe des autorités, du Shabak, qui laissent ce furieux hurler. Comment qualifier le comportement des services de sécurité de l'État ? Certains, au Shabak, sont-ils trop heureux de trouver de si voyantes et sonores expressions de leurs arrières-pensées ?

Cet assassin idéal ne se contente pas de se vanter pour rejeter dans l'ombre les autres responsables. Il a mis une effrayante minutie dans la préparation de son acte. Les enquêteurs l'ont entendu décrire avec orgueil comment il avait introduit dans son arme trois balles explosives dites *hollowpoint* (d'autres disent « dum-dum ») qui se fragmentent en entrant dans les chairs. Il les a mises au point lui-même, avec l'aide de son frère. Le soin porté à la préparation du tir va de pair avec l'obstination à mettre en œuvre le projet. L'enquête révélera qu'en pas moins de quatre occurrences, avant la nuit de novembre 1995, Ygal Amir s'était rendu, l'arme chargée en poche, en un lieu où était attendu le Premier ministre. Les mêmes enquêteurs ont retrouvé chez lui une abondante littérature du passage à l'acte criminel, de *Baruch-le-gaillard*, portrait dithyrambique de l'assassin d'Hébron, le Dr Goldstein, à *Chacal*, le récit romancé par Frederick Forsyth de la plus fameuse des tentatives d'assassinat du général de Gaulle, celle du Petit-Clamart…

Quel tribunal pouvait ne pas prononcer la peine maximale, l'emprisonnement à vie – voyant se pavaner devant lui, proférant injures et sarcasmes, un accusé qui ne cesse tout au long des audiences de mâcher du chewing-gum, sinon pour interpeller ironiquement les témoins, notamment les proches de la victime ? Cela n'empêchera pas que se multiplient depuis lors les gestes de bienveillance à l'endroit de l'accusé, les demandes de remises de peine – que, quinze ans après le meurtre de Tel-Aviv, les gouvernements dominés par le Likoud n'ont toutefois pas osé mettre en œuvre. La question ici est moins celle de la personnalité perverse d'un individu, à coup sûr caricatural, que celle de sa représentativité. En quoi le petit Yéménite frémissant exprime une réalité profonde ?

Un Hitler juif

On ne saurait mieux résumer le débat que ne l'a fait le très sérieux historien Zeev Sternhell, cité par Amnon Kapeliouk dans son *Rabin, un assassinat politique* [1] : « Depuis toujours, je suis persuadé que la responsabilité n'incombe pas seulement à celui qui a mis le doigt sur la gâchette. Les assassins véritables sont ceux qui créent l'atmosphère de haine [...]. C'était ainsi il y a plus de cinquante ans en Allemagne, en Italie, et c'est maintenant ainsi en Israël. Celui qui a présenté Rabin comme un traître, livrant à l'ennemi la terre sacrée de la nation, porte la responsabilité de sa mort. Celui qui a pressé la gâchette n'a pas d'importance. La démocratie israélienne est entrée dans une phase dans laquelle elle doit se défendre de l'intérieur. »

Contre qui ? On a vite fait de citer les organisations extrémistes qui ont directement « encadré » le tueur du 4 novembre, Zo Artsenou (« C'est notre pays ») dont le leader Moshé Feiglin dénonçait le pouvoir détenu par Rabin comme « illégitime » et qui, le 3 novembre, appelait ouvertement au meurtre. Le même individu, dans une interview accordée au très sérieux *Haaretz,* faisait l'éloge du fascisme, voire de tels aspects du nazisme (ordre, nation), alors qu'un hebdomadaire en yiddish, *Algemayne journal*, traitait Rabin d'« Hitler juif ».

Ce courant de « pensée » est d'ailleurs doté d'une station radiophonique financée par les colons, émettant à partir de Ramallah et dont les orateurs favoris sont Ouri Ariel et Adir Zik : ce ne sont que comparaisons entre Rabin ou Arafat avec Hitler ou Ceausescu. La mise en condition en vue de l'« exécution » du traître est répétitive et parfaitement explicite, des émissions diffusées aux discours que l'on entend dans les écoles pour enfants de colons. Rabin est Satan pour les uns, Hitler pour les autres.

* *
*

1. Le Monde Éditions, 1996.

Le crime du 4 novembre 1995 fut tout sauf un acte isolé. Perpétré par un individu né, formé dans un univers d'intolérance absolue, dans des écoles vouées à l'exaltation d'une foi conquérante, il exprime d'abord la dérive national-religieuse d'une société fanatisée, fort peu conforme à l'esprit de Ben Gourion. Mais l'assassinat de Rabin révèle aussi de terribles complicités à divers niveaux du pouvoir et de l'État. On a signalé l'extraordinaire comportement des services de sécurité intérieure, le Shabak, comme réduit à la passivité face au petit homme qui hurlait à tous les vents sa détermination d'abattre le Premier ministre et dont on retrouvait la présence (armée) à l'occasion de chaque rassemblement présidé par Rabin. On n'a pas encore relevé le fait qu'à la veille même du tragique rassemblement de la place des Rois-d'Israël, précédé de terribles avertissements hurlés jusqu'à la tribune de la Knesset, le chef du Shabak jugea bon de quitter le pays, appelé par une opportune mission à l'étranger…

Oui, le cri qui domine la tragédie de Tel-Aviv, c'est bien celui, déjà cité, de Léah Rabin : « On t'a laissé, Yitzhak, combattre seul… La menace était écrite sur le mur. » Écrite par beaucoup, on l'a vu, notamment par ceux qui, inspirateurs politiques de l'assassin, auteurs eux-mêmes de propos meurtriers, allaient revenir au pouvoir quelques mois plus tard.

JL

14 février 2005

Rafic Hariri : libérateur objectif

L'antithèse provocante que constitue, dans ce cadre pour une Odyssée souriante qu'est le Liban, l'incessante renaissance d'une Iliade en miniature où le féroce le dispute à l'absurde, on en a déjà vu la manifestation avec l'assassinat de Béchir Gemayel. Encore l'élimination du fils cadet du fondateur des « Phalanges libanaises » par l'occupant syrien obéissait-elle à une certaine rationalité belliqueuse, épisode d'un conflit entre forces bien déterminées – syriennes, maronites, israéliennes...

Le crime qui va nous occuper, en apparence aussi simpliste, ne relève probablement d'aucune des catégories d'horreurs qui ont fait un permanent martyrologe du dernier demi-siècle de l'histoire de l'aimable Liban – confronté à l'impérialisme syrien, impliqué dans le conflit israélo-arabe, pris en tenailles dans le grand débat entre les deux branches de l'islam, la sunnite et la chiite, et dépositaire d'un héritage chrétien qui n'a jamais, sur cette terre, cessé de faire scandale.

Le système fondateur du Liban moderne, le Pacte national de 1943, avait réparti le pouvoir entre les trois communautés dominantes : aux chrétiens maronites la présidence (très active) de l'État, aux musulmans sunnites la direction du gouvernement, aux chiites – maltraités du point de vue social – la présidence de l'Assemblée (les druzes se contentant du ministère de la Défense). Du fait de l'exode des chrétiens et surtout de la dynamisation du chiisme, cet « équilibre » est rompu. L'angoisse qu'entraîne cette rupture provoque, entre les trois sociétés, des tensions intolérables qui auront beaucoup contribué à criminaliser une vie publique déjà portée aux méthodes expéditives – auxquelles l'aimable Florence du XVIe siècle ne répugnait pas non plus...

À tant de virus porteurs de violences, qui infestent une société à la fois raffinée et rurale, ouvertement répartie en clans, très personnalisée, lourde d'histoire et d'histoires, les Libanais, si l'on en croit l'un d'eux, le journaliste René Naba, ont choisi de donner comme un style de tragédie, folklorique, ou mieux de sacrifice rituel. « Tous les continents, écrit-il dans une lettre adressée à l'auteur de ces lignes, regorgent de personnages charismatiques, héros mythiques tombés au champ d'honneur du combat politique, mais nulle part ailleurs qu'au Liban le culte des martyrs ne prend une telle ampleur au point que la vénération posthume des chefs de clan, la plupart fourvoyés dans des causes perdues, ressortit à une industrie du martyrologe [...]. Le martyre est commun à tous les peuples de la planète, mais sa redondance est une spécialité libanaise... »

Rien de moins « folklorique » pourtant que le cas qui va nous occuper, l'élimination foudroyante, anonyme, comme due à un séisme, de l'un des personnages les moins traditionnels et les plus hauts en couleur de l'histoire moderne du Liban.

Un empire de béton

Rafic Hariri, musulman sunnite né en 1944 (un an après la signature du Pacte national), à Saïda, dans le sud du pays (où domine le chiisme), n'appartient pas aux prospères sociétés beyrouthines ou tripolitaines où se recrutaient les Premiers ministres libanais. C'est le type du self-made-man : petit professeur de mathématiques, il choisit d'émigrer très tôt (1966) en Arabie Saoudite, où le plus farouche conservatisme n'exclut pas l'initiative individuelle (virile...). Il ne s'attardera pas longtemps dans l'enseignement, encore que les leçons données au fils du roi Fahd aient beaucoup compté dans son élévation. Introduit dans l'une des cours les plus hermétiques du monde, le voilà promu bâtisseur : à partir d'une idée qui a plu au souverain, ce petit géomètre se voit chargé de bâtir le palais de Taef – ce dont il s'acquitte en recourant aux services d'une entreprise française, Oger, qui opère en six mois... Le voilà promu favori du chef des wahhabites, bientôt familier de Washington – et, dès avant son retour au pays, tenu pour le plus riche des Libanais.

Ce dont il ne fera pas seulement un usage ostentatoire. Que l'on y voie ou non une part de calcul, le nabab revenu d'Arabie va multiplier les gestes en faveur de la jeunesse libanaise – bourses d'études, fondations... –, qui lui valent une indéniable popularité, amplifiée au même rythme que ses entreprises – banques, sociétés de construction plus ou moins filiales de son entreprise majeure, Solidere. Toutes les portes lui sont ouvertes aux États-Unis et en France, où il devient l'ami déclaré (et bénéfique) de Jacques Chirac, chef de l'État.

Comment n'aurait-il pas séduit ses interlocuteurs français, ce jovial Méditerranéen au visage plein, au sourire généreux, au rire sonore, à la moustache plus fournie que celle de Tartarin ? On le croit sorti d'un récit de Daudet, ou d'une pièce de Pagnol, ou d'un film de Fellini... Cordial, on ne peut plus. Aussi généreux qu'habile à s'enrichir. Cet homme parti de rien a bâti en vingt ans un empire de béton, de Taef la saoudienne à Paris et à Chicago, sans trop regarder sur les moyens, ni les risques, ni les pertes infligées aux autres.

Tout ce qu'il touche – la pierre ou le béton surtout – se fait or, dans une société, celle de l'islam, qui n'a pas pour la richesse le dégoût manifesté par le christianisme – sinon par les chrétiens... Suivi de ses cinq enfants, on le voit s'afficher de palace en palace, fastueux organisateur de fêtes, comme à l'hôtel Saint-Georges de Beyrouth, aux abords duquel il sera pulvérisé. Personnage peu doué pour la tragédie, il avait fait de sa vie une conquête somptueuse.

Longtemps, il s'était gardé de se mêler de politique. Mais, à dater de 1975, le Liban se trouve, de crise en crise, entraîné dans ce que le grand journaliste Ghassan Tueni a appelé la « guerre pour les autres » – on pourrait dire aussi par les autres : Palestiniens, Israéliens, Syriens, et Libanais aussi, de toutes confessions, se trouvent impliqués dans une guerre que d'aucuns disent civile, mais que les citoyens de Beyrouth, du Chouf et de Tripoli ressentent aussi bien comme étrangère – vouant leur pays à la dislocation, et la minorité chrétienne à l'exil.

Cinq fois Premier ministre

Parce que c'est son ami le roi Fahd qui a pris l'initiative d'accueillir à Taef, en octobre 1989, une conférence inter-libanaise dont l'objectif est de mettre un terme au conflit en procédant à une refondation des institutions de 1943 ? Rafic Hariri s'implique dans cette tentative dont beaucoup disent qu'elle est une dernière chance pour le Liban. Que les travaux de Taef aient péché par timidité, se contentant de restaurer tant bien que mal un équilibre de forces profondément modifié depuis 1943 par la progression du chiisme, par le repli des chrétiens vers l'Occident, et surtout par les pressions syrienne d'une part, israélienne de l'autre, le fait est que des travaux patronnés par le roi Fahd se dégage un Liban « replâtré » et apparemment viable. En raison de l'ampleur qu'a prise son personnage, du rôle prépondérant joué en l'occurrence par son protecteur royal, et des « libéralités » dont il a fait bénéficier tel ou tel des participants, Rafic Hariri est comme aspiré dans la fournaise politique de Beyrouth.

Cinq fois, de 1992 à 2004, l'ancien « petit prof » de Saïda se retrouvera Premier ministre, installé au « sérail » de Beyrouth à l'issue d'élections dont certaines sont, pour lui, des triomphes : celles de 2000 lui valent une majorité des cent sept députés sur cent vingt-neuf... Il est peu de dire que ce Crésus revenu du pays des mosquées fertiles fut d'abord accueilli en sauveur par la majorité des Libanais, et pas seulement par ses coreligionnaires, qui virent se dresser les buildings et se multiplier les banques. Le petit peuple lui donne l'aimable surnom d'« Abou Baha » (« père généreux ») et les familles patriciennes font mine de voir en lui l'un des leurs.

Une telle faveur ne pouvait manquer d'exaspérer aussi bien les Syriens, forts de leurs quatorze mille occupants (sans parler du noyautage de la police et des services spéciaux), que la société chiite en pleine expansion, le Hezbollah surtout qui ne voulait voir en lui qu'un agent des Saoudiens et des Américains.

Près de quatorze années durant, Rafic Hariri règne en patron sur un Liban dont il pourrait pour un peu se dire propriétaire – il possède effectivement près d'un cinquième de la superficie du territoire, dispose d'une fortune personnelle que l'on dit supérieure au revenu national du pays (à vrai dire ruiné par la guerre permanente) et contrôle un empire médiatique qui l'assure de la maîtrise de l'information et du mouvement d'idées – à quelques francs-tireurs près, comme *An-Nahar* (« *Le Jour* »). On le voit au surplus acharné à transformer le vieux Beyrouth en Manhattan, altérant ainsi ses relations avec une partie de la vieille société maronite qui se rallierait volontiers à lui par peur du chiisme, mais tient à préserver la culture d'antan.

Si Rafic Hariri se retrouve progressivement isolé, en tout cas contraint à la démission en octobre 2004, c'est peut-être parce que l'étroitesse des liens qui l'attachent aux Saoudiens et aux Américains fait de lui l'adversaire irréductible de tout ce qui peut ressembler à un rapprochement avec le Hezbollah, le « parti de Dieu » chiite, certes dangereusement noyauté par l'Iran, mais sans la coopération duquel les leaders chrétiens comme les généraux Aoun et Lahoud ont compris qu'on ne peut plus gouverner le Liban (idée que le propre fils de Rafic Hariri, Saad, un temps Premier ministre en 2009, mettra à exécution...).

« Opération syrienne ! »

Le 14 février 2005, à la fin de la matinée, la voiture de l'ancien Premier ministre Rafic Hariri s'engage sur l'avenue du front de mer, le quartier le plus résidentiel – et pour lui le plus familier – de Beyrouth, où s'élève le célèbre hôtel Saint-Georges : elle est heurtée de front par une camionnette bourrée de centaines de kilos d'explosifs. On retirera de l'amas de ferrailles fumantes vingt-deux corps, dont celui, déchiqueté, de Rafic Hariri, mort avant d'être accueilli à l'hôpital de l'Université américaine. On dénombre plus de cent blessés. Beaucoup plus qu'un meurtre, un massacre.

De la rumeur d'émotion internationale provoquée par l'élimination foudroyante d'un homme dont les relations s'étendaient au monde entier, surtout à celui des affaires, se détache aussitôt un cri : « Opération syrienne ! » Bien que l'homme ait quitté le pouvoir depuis bientôt six mois, il passait toujours, du fait de sa personnalité, du double soutien de Riyad et de Washington et de la résistance qu'il avait opposée à l'occupation étrangère, pour l'ennemi numéro un de Damas au Liban.

Réaction un peu simple, pour ne pas dire simpliste. Dois-je évoquer un débat auquel je participais le lendemain, au cours duquel fut posée cette question : « Les stratèges syriens sont-ils assez stupides pour se tirer ainsi une balle dans le pied ? » Je ne fus pas le seul à rester indécis. Lesdits stratèges crurent tout de même assez fort que le monde les tenait pour responsables, que la rumeur internationale était la plus puissante, pour entamer le processus de retrait de leurs forces au pays du Cèdre – semblant ainsi plaider coupables. Un aveu ?

Dès le soir de l'attentat, pourtant, le chef de l'État syrien, Bachar el-Assad, prenant la parole à Radio Damas, dénonçait « ce terrible acte criminel », ajoutant : « Le gouvernement et le peuple syriens se placent aux côtés du Liban frère dans cette situation dangereuse. » On ne saurait dire que cette louable intervention en a convaincu beaucoup hors des frontières de la Syrie. Mais Damas n'étant pas accoutumé à prendre des gants à propos du Liban…

Quelques heures plus tard, s'exprimant à Paris sur la chaîne Arabya, l'ancien ministre des Affaires étrangères syrien Abdel Halim Khaddam, très mêlé à la mise en place de l'occupation du Liban, déclarait : « Hariri était l'objet de nombreuses menaces de la Syrie […], des choses dangereuses ont été dites. Il a été une fois convoqué à Damas […] où […] le président Bachar el-Assad […] lui a parlé […] en termes extrêmement durs. »

Damas ayant imposé à Beyrouth la prolongation du mandat présidentiel du général Lahoud, partenaire compréhensif, Rafic Hariri ne pouvait manquer de résister à un tel empiètement. Quasiment sommé de se rendre à Damas, il se serait entendu dire par Bachar el-Hassad : « Tu veux imposer un nouveau président […]. Je ne le permettrai pas. J'écraserai quiconque essaie de renverser notre décision. »

Le Premier ministre libanais serait sorti de cet entretien menaçant en état de choc, affligé d'une poussée de tension artérielle. Ces révélations faites, qui alourdissaient le « dossier » de Damas, le même Abdel Halim Khaddam, assurant avoir gardé avec Bachar el-Hassad des relations « amicales », déclarait qu'il n'accusait pas son pays de complicité dans l'attentat du 14 février et qu'il faisait toute confiance à la commission d'enquête de l'ONU pour faire éclater la vérité.

Pourquoi le régime de Damas, ainsi mis en cause pour les meilleures raisons du monde – si bonnes qu'elles en paraissent, on l'a dit, trop claires… –, prit-il la posture du coupable et choisit-il d'emblée de retirer ses troupes (sinon ses agents) du Liban, comme pour escamoter le corps du délit ? N'était-ce pas, d'une certaine façon, pris la main dans le sac, la retirer, comme d'une plaie le couteau qu'on y aurait planté ? Le fait est que dès le 26 avril, sept semaines après l'attentat, Damas annonçait le retrait total de ses troupes (quatorze mille hommes) d'un pays qu'elles occupaient, partiellement, depuis vingt-neuf ans – y ayant d'ailleurs été appelées à plusieurs reprises par tel ou tel dirigeant libanais, comme Camille Chamoun en 1974, ou ses successeurs en 1988.

La pression du pouvoir étatique syrien sur son voisin occidental s'exerce évidemment par bien d'autres moyens, à travers services spéciaux et alliés ou affidés politiques de tout poil, musulmans ou chrétiens. Et ce n'est pas dans les régiments d'infanterie que l'on recrute les fabricants de voitures explosives… Alors ? Convenons que le retrait syrien décidé en mars 2005 et achevé quelques mois plus tard ne témoigne ni à charge ni à décharge dans l'affaire Hariri.

Une filiale d'Al Qaïda ?

Le gouvernement israélien ne pouvait manquer d'exploiter la tragédie contre le pouvoir qu'il tient pour son ennemi le plus acharné. Mais Sylvain Shalom, ministre des Affaires étrangères, se crut tenu à une prudence de bon aloi, évidemment bien documentée : « Je ne peux dire avec certitude que la Syrie est derrière cet attentat […]. Il y a dans la région beaucoup de groupes qui auraient pu le commettre. »

De fait, la chaîne de télévision Al Jazira, basée au Qatar, avait diffusé dans la soirée du 14, quelques heures après l'attentat, un enregistrement vidéo dans lequel un groupe inconnu, qui se fait appeler *An-Nosra wal Jihad fi Bilad el-Cham* (« victoire et guerre sainte en Grande Syrie »), revendique le massacre de Beyrouth. La vidéo fait apparaître un jeune homme barbu coiffé d'un turban blanc lisant un communiqué devant une bannière noire ornée de la *Shahada* et portant le nom du groupe cité ci-dessus. Il précise que le responsable de l'opération, Ahmed Abou Adass, a supprimé Rafic Hariri, « complice des autorités saoudiennes [...], pour venger nos frères "moudjahidines" martyrisés au pays des deux *Haramain*, les mosquées saintes ».

Revendication d'une petite bande d'illuminés ? On peut noter que le réseau Al Qaïda, si porté, surtout à cette époque (trois ans après l'opération Manhattan du 11 septembre 2001), à revendiquer à tort et à travers toute action nuisible à la puissance américaine et au régime exécré de Riyad, garde le silence. Ce qui peut être interprété en sens divers, mais surtout comme une accréditation, par la « maison mère », de la revendication de sa filiale d'*An-Nosra wal Jihad*... Il y a, dans cette opération, une telle furie, une telle disproportion entre les moyens employés (des centaines de kilos d'explosifs) et la liquidation d'un homme politique minutieusement « encadré » par les services spéciaux syriens qu'on a tendance à y voir plutôt la manifestation d'une démesure fanatique propre à ce genre d'organisations. Le bras du Seigneur ne saurait être économe... Mais voir là les responsables directs n'exonère pas tout à fait Damas : comment acheminer tant d'explosifs au cœur de Beyrouth sans un minimum de complicités syriennes ?

À Beyrouth, les porte-parole des groupes les plus engagés contre l'occupation syrienne, notamment le député druze Marwan Hamadé, se déchaînent naturellement contre Damas. Le 14 mars, quelques semaines après l'attentat, ce parlementaire très écouté, lui-même grièvement blessé quelques mois auparavant, en octobre 2004, dans une opération terroriste, s'adresse, aux côtés du fils du disparu, Saad, à une foule de huit cent mille personnes rassemblées sur la célèbre place des Martyrs (devenue place de la Liberté).

Une justice internationale minutieuse

Rarement assassinat politique – il faudrait trouver d'autres mots pour qualifier ou résumer l'opération terroriste du 14 février 2005 – aura été l'objet de soins aussi attentifs, on dira même minutieux, de la communauté internationale. Où l'on voit qu'il n'est pas indifférent d'avoir des relations, de Washington à Paris et de New York à Riyad.

Une commission d'enquête fut bientôt mise en place par les Nations unies, dotée d'un procureur, d'abord le juriste allemand Detlev Mehlis, puis son confrère belge Serge Brammertz. Le premier s'était d'emblée attaché à dévoiler les responsabilités syriennes, ou plutôt celles des services spéciaux syro-libanais, dénoncés d'emblée en tant que tels, on l'a vu, par plusieurs hommes politiques libanais comme Marwan Hamadi ou Walid Joumblatt, et par la presse internationale.

Serge Brammertz s'appliqua à rectifier le tir. Non qu'il ait jugé bon de tenir Damas à l'abri de tout soupçon – faisant valoir que « des liens opérationnels pouvaient exister entre le crime de 2005 et dix-huit autres assassinats ou attentats ciblés au Liban » –, ce qui met en cause une organisation permanente et très structurée (les « services » conjugués syro-libanais) telle que la dénonçait son prédécesseur. Les rapports de la Commission se multiplièrent.

Dans le huitième de ces textes, Serge Brammertz précise que son équipe a compilé cent vingt mille documents pour rédiger une version qui ne compte plus que deux mille quatre cents pages... Ce travail a permis d'identifier un certain nombre de personnes qui pourraient être impliquées dans la préparation et la mise en œuvre de l'attentat ainsi que des individus qui auraient été au courant du projet d'assassinat. Mais, après deux années d'investigations, l'enquêteur ne fait état d'aucun nom de suspect et estime que le climat d'insécurité qui règne au Liban pourrait entraver la suite de ses recherches.

Il ressort tout de même du rapport Brammertz que la camionnette meurtrière chargée de mille huit cents kilos d'explosifs (!) avait été volée quatre mois avant l'attentat, en octobre 2004 au Japon (!!), avant d'être acheminée vers les Émirats arabes, puis vendue par un commerçant de Tripoli, dans le nord du Liban. Les acquéreurs de la camionnette, très vraisemblablement impliqués dans la préparation de l'attentat, auraient utilisé six téléphones mobiles différents dans les étapes de la mise en place de l'opération.

Bien qu'un citoyen libanais nommé Ahmed Abou Adass ait revendiqué, dans une vidéo, la responsabilité du déclenchement de la charge explosive, les auteurs du rapport ont exclu cette piste et conviennent modestement qu'ils sont incapables de désigner le ou les auteurs du geste criminel du 14 février 2005. Interrogé enfin sur le niveau de la coopération apportée au travail des enquêteurs par les autorités syriennes, le magistrat belge l'a qualifié de « satisfaisant ».

C'est à partir de ces travaux de la commission Brammertz que mûrit l'idée singulière de la constitution d'un tribunal international, idée qui semble avoir été lancée conjointement aux États-Unis et en France : on sait l'amitié exubérante que portait Jacques Chirac au disparu. L'idée fut en tout cas reprise à Paris par le pouvoir élu en 2007, notamment par Bernard Kouchner, et adoptée avec enthousiasme au Liban par les dirigeants les plus engagés dans la dénonciation du pouvoir de Damas, surtout par le propre fils de Rafic Hariri, Saad, devenu entre-temps député. Mais elle souleva bon nombre d'objections, d'abord au Liban même, puis au sein de la communauté internationale, notamment chez les juristes.

Cette internationalisation judiciaire d'une affaire qui relève a priori de l'État libanais a quelque chose de choquant – à moins qu'on ne tienne cet État pour déchu de sa souveraineté, ou qu'on ne présuppose la culpabilité de l'État syrien. Bien des dirigeants politiques libanais avaient, on l'a dit et déploré, subi le même sort que Rafic Hariri, dont deux Présidents en exercice (dont Béchir Gemayel, on l'a vu) sans que l'on crée une instance *ad hoc*.

Si Saad Hariri, fils du disparu, propulsé à la tête de la majorité parlementaire antisyrienne, proclame qu'« il s'agit d'une étape historique en vue de protéger le Liban, qui permettra d'arracher notre pays à la série de crimes qui l'ont secoué », et si le Premier ministre libanais Fouad Siniora approuve la création de ce tribunal « qui n'est dirigé contre personne et en particulier pas contre la Syrie sœur » et assure qu'« il s'agit d'une victoire pour tous les Libanais, contre l'oppression et le crime », le général Michel Aoun, tenu pour le leader des chrétiens maronites soucieux de ménager Damas, déclare à France Inter, le 30 mai 2008 : « Où sont les accusés ? L'enquête n'a pas abouti [...]. On n'a [...] pas même de suspicion valable [...] ; jusqu'à maintenant, il n'y a que des soupçons très légers. »

Quant à Nabi Berri, président du Parlement libanais, il accuse le Conseil de sécurité de l'ONU d'ignorer la Constitution libanaise : « Vous avez choisi la voie de l'internationalisation plutôt que celle de l'État libanais. » Et à Damas, la réaction qui s'exprime ne manque pas de saveur : « La création du tribunal spécial pour le Liban constitue une atteinte à la souveraineté du Liban, ce qui pourrait détériorer davantage la situation. » (Expression d'une volonté de préserver la souveraineté du Liban qui émeut, venant de Damas…)

Un tribunal contesté

Soutenu sans réserve à l'ONU, non seulement par la France, mais aussi par les États-Unis (dont la position fut confirmée, après son élection, par le président Obama, souvent mieux inspiré…) et l'ensemble des puissances occidentales, mollement combattu par la Russie et la Chine qui, ayant parlé de veto, choisissent de s'abstenir, le Tribunal international était donc constitué, ses créateurs faisant référence au chapitre VII de la Charte des Nations unies qui a trait aux « menaces contre la paix internationale ». Était-ce vraiment le cas ?

On peut observer que la création de ce tribunal est non seulement discutée par Damas et tous ceux qui, au Liban, tentent de maintenir avec la Syrie des relations positives, mais qu'elle est contestée aussi par de très sérieux jurisconsultes. *Le Monde diplomatique* publiait en août 2007, sous le titre « Douteuse instrumentalisation de la justice internationale au Liban », une analyse très critique, due au meilleur spécialiste français, le professeur Géraud de Geouffre de la Pradelle. Ces contestataires faisaient valoir d'une part que le Liban avait été auparavant le théâtre d'actes analogues sans que l'on crût bon de créer un tribunal international *ad hoc*, et d'autre part que les crimes d'État intéressant d'autres pays qu'arabes ou africains ne se voyaient pas traiter de la sorte. (On l'a vu à propos de Thomas Sankara…)

C'est tout de même le ministre libanais de la Justice, Charles Rizk, qui, en juin 2008, annonça la création du Tribunal international chargé de juger les assassins de l'ex-Premier ministre Rafic Hariri, en vertu de la résolution 1757 du Conseil de sécurité de l'ONU. Décision qualifiée aussitôt d'« illégitime » par le président de la République libanaise Émile Lahoud, tandis que le président du Parlement, Nabi

Berri, leader des chiites, refusait pour sa part de convoquer le Parlement chargé de procéder à la ratification de cette création.

Le Tribunal spécial pour le Liban (TSL) n'en est pas moins installé le 1er mars 2009 à Leidschendam, près de La Haye. Il est chargé de juger non seulement les auteurs présumés de l'attentat contre Rafic Hariri, mais les crimes terroristes visant d'autres personnalités libanaises. Il est composé de onze juges, dont quatre libanais.

La première phase de cette étrange procédure menée dans le cadre rassurant des Pays-Bas a été marquée par une série de décisions qui ne font pas prévoir une issue rapide. À la veille de l'ouverture des travaux du Tribunal spécial, la justice libanaise, comme pour rappeler sa légitimité, prenait une décision significative. Le 25 février, le procureur de la République Saïd Mirza annonçait la libération, de son propre chef, de trois des sept personnes retenues dans le cadre de l'enquête, les frères Mahmoud et Ahmed Abdel Al, Libanais, et le citoyen syrien Ibrahim Jarjoura, soupçonnés d'avoir induit les enquêteurs en erreur : personnages mineurs, délits secondaires, mais décisions significatives – la justice libanaise a encore son mot à dire…

Bien mieux : sitôt installé, le Tribunal spécial pour le Liban allait être beaucoup plus audacieux dans le même sens. Il annonçait la libération de quatre généraux détenus dans le cadre de l'enquête. Dès la première audience du TSL, le 29 avril, le magistrat belge Daniel Fransen, répondant à une requête de son collègue canadien Daniel Bellemare, demandait la « mise en liberté avec effet immédiat » des généraux, en raison de l'absence d'« éléments de preuve suffisants ».

Ces quatre généraux étaient considérés comme les piliers du système syrien (à participation libanaise) qui « tenait » naguère le Liban : le général Moustapha Hamdane, chef de la garde présidentielle ; le général Jamil Sayed, directeur de la sécurité extérieure ; le général Ali Hadj, responsable de la sécurité intérieure ; et le général Raymond Azar, chef des services de renseignements. Tout le « système » des années 1980-2000…

On imagine l'exploitation que le Hezbollah et tous les partis prosyriens purent faire de cette décision : ce ne fut qu'une longue fantasia dans les quartiers sud de Beyrouth. Dans l'autre camp, le fils de Rafic Hariri, Saad (qui allait être appelé à la tête du gouvernement en juin 2009), se contenta d'« enregistrer et saluer » la décision des juges de La Haye, dont le moins qu'on puisse dire est qu'ils ne se comportaient pas en machine de guerre contre la Syrie – ce pour quoi ils avaient été nommés…

L'affaire, traitée avec sérénité par le tribunal contesté, sous la responsabilité du juge belge Fransen et du Canadien Bellemare allait bientôt rebondir, du fait de la presse. Le 23 mai 2009, l'hebdomadaire allemand *Der Spiegel* provoquait en effet la polémique : se référant à des « sources proches du Tribunal spécial » de Leidschendam, cette publication assurait que « les investigations intensives menées au Liban conduisent toutes vers une nouvelle conclusion : ce ne sont pas les Syriens, mais les forces spéciales de l'organisation chiite libanaise Hezbollah qui ont planifié et exécuté l'attentat ».

Fondées sur des documents émanant de surveillances électroniques, les informations dont fait état *Der Spiegel* auraient conduit les enquêteurs à repérer huit téléphones portables achetés simultanément à Tripoli par les membres du commando meurtrier. Un « coup de fil » passé à sa compagne aurait permis aux enquêteurs d'identifier l'un des détenteurs des portables, un certain Abd al-Majid Ghamlush, membre du Hezbollah ayant séjourné dans un camp d'entraînement en Iran, et dont la trace a été perdue. À partir de là, les enquêteurs privés ont pu localiser celui qu'ils tiennent pour le cerveau de l'attentat, un certain Hajj Salim, habitant du quartier chiite du sud de Beyrouth, et responsable d'une « unité des opérations spéciales », en liaison directe avec Hassan Nasrallah, le chef suprême du Hezbollah. Cette mise en cause d'une organisation qui avait certes nombre de griefs contre le Premier ministre assassiné tombait vraiment trop bien à la veille même d'élections générales libanaises fixées au 7 juin 2009, qui s'annonçaient favorables au « parti de Dieu » – ce qui ne fut d'ailleurs pas le cas, le Hezbollah ayant essuyé là une surprenante défaite.

« Trop simple, mon cher… »

Il est peu d'exemples dans l'histoire du crime d'État d'une affaire aussi simple en apparence. Rafic Hariri est l'ennemi de l'occupant syrien : il vient d'être démis de ses fonctions, et donc privé de l'appareil de protection d'État, non sans garder une influence considérable et des atouts majeurs en Occident et en Arabie Saoudite, contre Damas : comment ne pas en conclure que l'occupant militaire de Beyrouth, le régime syrien, s'est débarrassé de ce formidable gêneur ? D'autant que, « pris la main dans le sac », le pouvoir de Damas retire précipitamment ses troupes d'occupation. Tout n'est-il pas clair ? Mais il se trouve que, plus de cinq ans après les faits, et compte tenu d'enquêtes menées aussi bien par la presse internationale que par un tribunal créé et animé par les puissances occidentales, l'énigme reste entière.

Si difficile qu'il soit de se mettre dans la peau d'assassins plus ou moins professionnels, on voit très mal pourquoi et comment les « services » syriens (ou syro-libanais) appliqués à la perte de Rafic Hariri – écarté pour un temps du pouvoir –, informés comme ils l'étaient de ses moindres faits et gestes, habitudes et déplacements dans Beyrouth et ailleurs, l'ayant absolument « localisé », disposant de tous les moyens pour le faire disparaître « par accident », auraient monté cette formidable machine infernale pour mieux attirer l'attention du monde sur le forfait… Il y a là un degré d'imbécillité dont on hésite à taxer des services dits spéciaux, et qui fait penser aux sectes fanatiques.

Ne faut-il pas chercher plutôt la trace des tueurs parmi telle ou telle des organisations plus ou moins calquées sur Al Qaïda, et animées de la même fureur mystique et vengeresse, notamment à l'encontre du souverain saoudien ? On a cité au début de ce récit le porte-parole d'une très obscure organisation, *An-Nosra wal Jihad fi Bilad el-Cham,* revendiquant, sur la chaîne Al Jazira, la responsabilité du massacre de Beyrouth : on serait tenté de rechercher dans ce type de commandos de la haine intégriste et démente, de préférence à une organisation plus ou moins étatique, les responsables de l'élimination en forme d'apocalypse du robuste bâtisseur venu de Saïda.

* *
*

D'autres assassinats, on l'a vu, l'auteur s'est ou a été rapidement ou immédiatement dévoilé, en tirant même parfois, comme les meurtriers de Sadate ou de Boudiaf, une gloire tapageuse – sans qu'on puisse pour autant évaluer les conséquences de leur crime. Tel leader est foudroyé sans que l'on décèle clairement les effets de son élimination : si celle de Rabin a bouleversé la stratégie et peut-être la société israéliennes, il n'est pas évident que l'Égypte d'après le 6 octobre 1981 diffère de celle des années 1970.

À l'inverse, le massacre du jovial Rafic Hariri, s'il garde le mystère de ses origines, aura bientôt dévoilé ses effets. Qui peut, cinq ans plus tard, se dire vraiment informé de ses auteurs, fût-ce son fils Saad, Premier ministre en suspens d'un Liban « désoccupé » ? Mais ce massacre anonyme a produit les effets les plus manifestes, l'évacuation du Liban par les forces d'occupation, sous leurs formes les plus visibles en tout cas. Donnant inconsciemment un sens profond à sa vie, le petit professeur de Saïda, devenu le nabab de trois continents, aura bel et bien échangé sa vie contre la libération militaire de son pays.

JL

7 octobre 2006

Anna Politkovskaïa : « un condensé d'énergie noire »

Les détails de ce crime font d'abord songer au scénario d'un – médiocre – film d'espionnage. Tout commence à 16 heures le samedi 7 octobre 2006 au numéro 8 de la rue Lesnaïa, au centre de Moscou. Une femme de quarante-huit ans gare sa voiture au pied de l'immeuble où elle habite. Sa journée a été épuisante. Elle a rendu visite à sa mère Raïssa Mazeppa, hospitalisée pour un cancer, puis rencontré sa fille Vera qui attend un bébé. Elle est surtout fébrile car elle doit achever au plus vite un article sur la torture en Tchétchénie promis à son journal, le bihebdomadaire *Novaïa Gazeta*. Avant de rejoindre son appartement, elle est passée au supermarché du quai Frounze pour faire des courses. En pénétrant dans son immeuble, les bras chargés de provisions, elle n'a pas remarqué qu'elle était suivie par deux hommes et une femme. Plus tard, les caméras de surveillance placées devant la porte d'entrée révéleront que les deux hommes, qui possédaient le code d'accès, sont entrés après elle. L'un s'est posté dans la cage d'escalier, l'autre près de l'ascenseur.

La journaliste l'a déjà emprunté pour monter rapidement au septième étage. Elle y dépose ses paquets avant de redescendre afin d'aller chercher le reste des provisions dans le coffre de sa voiture. À 16 h 10, au moment où elle rouvre la porte de l'ascenseur parvenu au rez-de-chaussée, l'un des deux hommes braque sur elle un pistolet muni d'un silencieux et tire plusieurs balles à bout portant. On retrouvera l'arme laissée sur les lieux. C'est un pistolet de marque Makarov, calibre 9 millimètres, celui dont usent la plupart des policiers russes. Cinq minutes plus tard, une habitante de l'immeuble découvre le corps et prévient la police. La victime a reçu deux projectiles, l'un dans le cœur, l'autre au milieu du front. Les policiers reconnaîtront aussitôt qu'il s'agit d'un « travail de professionnel [1] ».

Anna Politkovskaïa – que ses parents et ses proches appelaient « Ania » – est la treizième journaliste assassinée depuis 2000 et l'arrivée au pouvoir du « tchékiste » (c'est ainsi qu'elle le désignait) Vladimir Poutine. L'allusion était claire. Créée en 1917, la Vétchéka (*Vserossiïskaïa Tcherzvytchaïnaïa Kommissia* : « Commission spéciale panrusse de lutte contre la contre-révolution et le sabotage »), communément appelée « Tchéka », est l'ancêtre des services russes de sécurité, notamment du KGB (aujourd'hui FSB) où Vladimir Poutine a effectivement fait carrière. Ce jour-là, le président de la Fédération de Russie s'est rendu à Saint-Pétersbourg, sa ville natale, pour fêter son cinquante-quatrième anniversaire. Prévenu du crime, il ne fait d'abord aucun commentaire. Quelques jours plus tard, lors d'un voyage à Dresde en Allemagne, il ironisera sèchement sur la journaliste assassinée. Il dira que « son influence sur la société russe était insignifiante » avant d'ajouter que, après tout, sa disparition « fera plus de dégâts à la Russie que ses articles ».

À elle seule, la remarque de Poutine révèle le cynisme, le mépris et l'arrogance du successeur de Boris Eltsine. Mais elle montre aussi à quel point il se trompe. L'assassinat d'Anna Politkovskaïa, passé un moment de relative indifférence, bouleversera peu à peu les Russes et mobilisera le monde entier. Peu après le crime, Oleg Panfilov, directeur du « Centre pour le journalisme dans des situations extrêmes », basé à Moscou, rendra spontanément à « Ania » le plus bel hommage qu'on puisse imaginer. « À chaque fois que la question se posait de savoir s'il y avait encore un journalisme honnête en Russie, le premier nom qui venait à l'esprit était pratiquement toujours celui de Politkovskaïa [2] ». Dans une autre interview, le même Panfilov ajoutera : « Si les défenseurs des droits de l'homme et les libéraux la respectaient, beaucoup de ses confrères la détestaient et la jalousaient.

1. On s'inspire ici de l'excellent et très détaillé récit rédigé par Marie Jégo, correspondante du *Monde* à Moscou, in *Hommage à Anna Politkovskaïa*, Buchet Chastel, 2007.
2. Rapporté par *Le Nouvel Observateur* du 23 octobre 2006.

C'est que, contrairement à eux, elle était immunisée contre toute propagande [1]. »

Cinq jours après la mort d'Anna, *Novaïa Gazeta* publiera l'article sur lequel elle travaillait au moment de son assassinat et qui a été retrouvé, inachevé, sur son ordinateur. Intitulé « On te nomme "terroriste" », il porte sur la torture couramment pratiquée dans le Caucase et sur le cas particulier d'un Tchétchène, Beslan Gadaïev, contraint d'avouer sous la torture trois meurtres qu'il n'a pas commis. Deux jours avant, elle avait donné une interview à Radio Liberté, au sujet de la « politique antiterroriste de la torture » menée par les forces russes. En mars 2007, elle recevra à titre posthume le prix mondial de la liberté de la presse pour sa « ténacité incroyable » à couvrir la guerre en Tchétchénie. Des livres lui seront consacrés un peu partout dans le monde, ses articles seront rassemblés, traduits et republiés, d'abord en Russie, puis à l'étranger [2]. En quelques années, Anna est devenue une icône du journalisme mondial.

Le poison du conformisme

En moins de dix ans, cette femme de haute taille, portant de fines lunettes d'institutrice, était devenue un vrai « souci » pour le pouvoir russe. La raison en est simple : à la différence de la plupart des journalistes, elle ne s'est jamais soumise à la « reprise en main » des médias et de l'opinion décrétée par le pouvoir. Plusieurs fois arrêtée, menacée de mort, victime d'une mystérieuse tentative d'empoisonnement, contrainte de s'exiler quelques mois en Autriche, elle tient tête avec une opiniâtreté stupéfiante. Rien ne prédestinait pourtant cette jeune mère de famille d'origine ukrainienne (son nom de jeune fille est Anna Mazeppa), diplômée de la faculté de journalisme de Moscou, à devenir un jour la bête noire du Kremlin et l'enquêtrice infatigable

1. Rapporté par Nathalie Nougayrède, journaliste au *Monde* et ancienne correspondante à Moscou, in *Hommage à Anna Politkovskaïa*, *op. cit.*, p. 244.
2. Concernant la France, on citera notamment : Anna Politkovskaïa, *Qu'ai-je fait ?*, traduit du russe par Ada et Galia Ackerman, Buchet Chastel, 2008. On trouvera dans ce recueil le dernier article, inachevé, évoqué plus haut.

que les médias aux ordres qualifieront parfois de « sage-femme du terrorisme » ou de « folle de Moscou ». Dans le meilleur des cas, les confrères jaloux la qualifieront de *nieoudobnaïa* (« inconvenante ») ou de *izgoï* (« proscrite »).

Ses goûts portaient plutôt Ania vers la littérature, la poésie et la tradition humaniste russe. Son éditeur français, Jean-François Bouthors, raconte qu'elle évoquait souvent Tolstoï en ajoutant : « Après avoir lu Tolstoï, pour ne citer que lui, je ne peux renoncer à moi-même ni à la recherche de la vérité. » À la faculté de journalisme, elle a choisi de consacrer son mémoire à la grande poétesse russe Marina Ivanovna Tsvetaïeva. Cette dernière, incomprise des siens et tenue en suspicion aussi bien par les Russes de l'émigration que par le régime communiste, se pendra en 1941 à Elabouga dans l'Oural, désespérée après l'arrestation de son mari Serguei et de sa fille Ariadna. Ania évoquait souvent son admiration totale pour ce goût puissant de la vérité et de l'indépendance – au prix de la solitude –, qui caractérisera la vie de la poétesse suicidée, celle dont Boris Pasternak disait qu'elle était une « femme virile ».

Anna Politkovskaïa, quant à elle, fait ses vrais débuts de journaliste, sous Brejnev, aux *Izvestia*, le quotidien du Soviet suprême de l'URSS, puis à l'hebdomadaire *Obchtkaïa Gazeta* d'Edgar Yakovlev. Sous Boris Eltsine, ce journal dénonce la corruption du régime et mène campagne – déjà ! – contre la première intervention de l'armée russe en Tchétchénie. Acculé à la faillite, *Obchtkaïa Gazeta* cesse de paraître en 2002. Entre-temps, et après avoir travaillé un moment pour le petit journal *Megapolis Express*, Ania a intégré en 1999 la rédaction du bihebdomadaire *Novaïa Gazeta*, l'un des derniers bastions du journalisme libre.

Créé en 1993 par d'anciens collaborateurs de la *Komsomolskaïa Pravda*, dirigé par Serguei Sokolov et tirant à cent soixante-dix mille exemplaires (c'est très peu pour la Russie), *Novaïa Gazeta* devient vite le fragile refuge des opposants à la « normalisation » médiatique, cette chape de silence et de lâcheté, qui retombe peu à peu sur le pays. La mise au pas des médias russes, en réalité, a commencé dès 1995, sous Boris Eltsine. Un événement tragique a marqué ce basculement, c'est-à-dire la fin de la *glasnost* (« transparence »), et donc de l'éphémère liberté de l'information voulue par Mikhaïl Gorbatchev : l'assassinat par balle de Vlad Listiev, le très populaire producteur du magazine télévisé non conformiste *Vzgliad* (le « regard »), lequel sera supprimé. Le meurtre de Listiev a révolté Ania et découragé son mari journaliste, Alexandre Politkovski, cofondateur de *Vzgliad*. Il sombrera dans l'alcoolisme et le couple se séparera en 1999.

Après l'arrivée au pouvoir de Vladimir Poutine, en mars 2000, la « reprise en main » se fait plus dure, plus brutale. Aux menaces et aux pressions s'ajoute l'effet d'un poison aux effets lents : le conformisme diffus, teinté de cynisme, l'arrivisme calculateur qui s'abrite derrière le « patriotisme » et les nécessités de la « lutte contre le terrorisme » afin de justifier sa propre servilité. Plusieurs journalistes célèbres renoncent peu à peu à leur libre parole après avoir été corrompus, circonvenus ou simplement apprivoisés par le « bon tsar russe », pour reprendre la formule d'Ania. Des réputations d'intégrité s'effondrent. Dans son *Journal d'une femme en colère*, à la date du 10 décembre 2003, elle cite le cas du journaliste de radio et de télévision Vladimir Soloviev, soudainement métamorphosé en « poutinien farouche [1] ».

La grande presse pratique dorénavant l'autocensure systématique et sacrifie volontiers à la langue de bois. Ania, au nom de ses convictions, se cabre. Elle dénonce sans retenue la « médiocrité » du nouveau maître de la Russie. Au-delà des questions strictement médiatiques, elle n'accepte pas de voir le pays tout entier gouverné par l'appât du gain, l'explosion des inégalités et la lâcheté face au Kremlin. Dans son dernier livre, publié après sa mort, elle justifiera ainsi son refus : « Tout ce système ne peut exister que si le peuple se tait. C'est ce mutisme de la population qui est le phénomène principal de la vie politique russe d'aujourd'hui [2]. »

Le journal dont elle devient vite l'enquêtrice la plus en vue la soutient contre vents et marées. La rédaction de *Novaïa Gazeta*, conduite par Sokolov, paiera pourtant au prix fort cet attachement à l'indépendance. Deux de ses enquêteurs sont assassinés par balle et

1. Anna Politkovskaïa, *Douloureuse Russie : journal d'une femme en colère*, traduit du russe et annoté par Natalia Rutkevich et Galia Ackerman, Buchet Chastel 2006, rééd. Folio 2008, p. 35.
2. Anna Politkovskaïa, *Douloureuse Russie : journal d'une femme en colère*, *op. cit.*

deux autres meurent dans des conditions mystérieuses. (En janvier 2009, une autre journaliste de *Novaïa Gazeta*, Anastassia Babourovna, sera assassinée à son tour.) Les événements – et les circonstances – vont pourtant conduire Ania à s'engager de plus en plus résolument dans la résistance au pouvoir, et à la barbarie. « Le monde a peur d'une catastrophe nucléaire, d'une réaction en chaîne incontrôlable, écrivait-elle le 11 septembre 2006, moi j'ai peur de la haine [1]. » Dans l'un de ses livres, elle dénonce ce « condensé d'énergie noire » qui se développe alors chez les Russes tandis que « des sentiments de haine se nichent dans leur for intérieur [2] ».

Le cancer tchétchène

Cependant, on aurait tort de réduire le personnage d'Anna Politkovskaïa à celui d'une opposante politique, porte-parole de l'opposition russe. La fascination que son souvenir exerce sur le journalisme mondial tient aussi à sa méthode de travail. Elle n'est pas une éditorialiste et ne pratique pas un journalisme « engagé » sur le mode simplement déclamatoire. C'est une enquêtrice obstinée, attentive aux victimes et aux sans voix, aux oubliés de l'histoire, à ceux qu'on n'écoute jamais. Cela ne l'empêche pas de montrer des qualités d'analyste politique assez remarquables. De ce point de vue, son *Journal d'une femme en colère*, tenu du 7 décembre 2003 au 31 août 2006, est un document irremplaçable pour quiconque veut comprendre la lente « néo-soviétisation capitaliste » des années Poutine.

Les notations politiques au jour le jour y alternent avec des reportages très « écrits » et dont certains sont des modèles du genre. On citera le récit d'une visite qu'elle effectue le 6 janvier 2004 dans un orphelinat d'une banlieue misérable de Moscou. « J'ai décidé, écrit-elle en préambule, d'aller voir tout en bas, là où les élites ne s'aventurent jamais. » Elle ajoute : « À regarder l'orphelinat dans lequel je me suis

1. Article repris dans le livre d'Anna Politkovskaïa, *Qu'ai-je fait*, *op. cit.*, p. 245.

2. Anna Politkovskaïa, *Tchétchénie, le déshonneur russe*, Buchet Chastel, 2003. Ce livre a obtenu le prix international « Lettre Ulysses pour l'art du reportage » et, en 2004, le prix des lectrices de l'hebdomadaire français *Elle*.

rendue, il serait impossible de croire que Moscou est une ville où vivent des gens très riches [1]. »

Chargée de « couvrir » la deuxième guerre de Tchétchénie, en 1999, elle va y pratiquer un journalisme de terrain, d'investigation dirait-on aujourd'hui. Indignée par la relative indifférence des Russes – alors que la première intervention militaire, de 1994 à 1996, avait fait l'objet de protestations ouvertes –, elle brave les menaces pour se rendre à Grozny et témoigner des crimes qu'y commettent l'armée et les services spéciaux. En sept années, elle ira plus de soixante-dix fois dans le Caucase. Grâce à elle, *Novaïa Gazeta* sera le seul journal à rendre vraiment compte de ce qui se passe là-bas, si loin de Moscou.

Avant de s'occuper de la guerre proprement dite, Ania s'est passionnément intéressée aux exactions que subissent, au sein même de l'armée, les jeunes conscrits qu'on envoie au front. Elle se met à l'écoute des mères de soldats, rapporte quantité de cas de brimades, de « bizutages » mortels, de suicides à répétition. « En Russie, note-t-elle dans son journal, les soldats sont toujours de la poussière sous les bottes des officiers. » En février 2004, elle est l'une des rares journalistes à évoquer la création par des femmes lassées de ne pas être entendues par le pouvoir d'un « Parti des mères de soldats ». « Que penser d'une armée, écrit-elle encore, dans laquelle, pour la seule année 2002, plus de cinq cents hommes, soit l'équivalent d'un bataillon, sont morts, non pas au combat, mais à la suite de mauvais traitements [2]. » À ses yeux, la guerre en Tchétchénie est devenue le cancer primaire qui diffuse ses métastases dans l'ensemble de la société russe. Quant à l'armée russe, elle n'est pas seulement l'exécutrice brutale des desseins « nationalistes » du Kremlin, elle est elle-même un « système clos semblable à une prison ». Le silence n'est brisé que grâce aux témoignages des mères endeuillées, plaintes relayées par l'enquêtrice. « Les mères de soldats, écrit-elle encore, doivent se battre contre cette armée monstrueuse qui dévore leurs enfants [3]. »

C'est à Ania que l'on doit d'avoir révélé nombre de crimes commis

1. Anna Politkovskaïa, *Douloureuse Russie : journal d'une femme en colère*, *op. cit.*, p. 247.
2. Anna Politkovskaïa, *La Russie selon Poutine*, Buchet Chastel, 2005.
3. Anna Politkovskaïa, *Douloureuse Russie*, *op. cit.*

par les officiers sur leurs propres troupes. Elle enquêtera avec la même détermination sur le sort – en général pitoyable – des soldats revenus de Tchétchénie et rendus à la vie civile, totalement déboussolés. Désorganisé ou indifférent, le pouvoir leur mesure chichement son aide. Beaucoup d'entre eux tombent ainsi dans la délinquance et se retrouvent en prison. Pour elle, le « syndrome tchétchène » conduit bien à une généralisation du système de violence et d'impunité qui règne sur le « front ». Brutalité aveugle, mépris pour les civils, dissimulation de la vérité, menaces adressées aux témoins trop bavards : les crimes commis dans le Caucase gangrènent toute la vie politique et sociale russe et accélèrent la « militarisation galopante des esprits [1] ».

Un témoin très gênant

La lecture des recueils d'articles d'Anna Politkovskaïa, posthumément rassemblés par ses amis, est saisissante. S'y révèlent, en effet, une passion pour les faits, une extrême précision des reportages, une vertigineuse addition de témoignages, de dates, de noms propres. À cela s'ajoute une audace tranquille qui force l'admiration. A-t-elle peur ? Bien sûr qu'elle a peur ! « Je refuse [simplement] de me cacher, écrit-elle, et d'attendre dans ma cuisine des jours meilleurs, comme le font les autres [2]. »

Le pouvoir russe aurait peut-être accepté des critiques abstraites et générales. Il est beaucoup plus gêné, en revanche, par ce flot continu de révélations. À de nombreuses reprises, on cherche à faire taire la journaliste. À partir de 2001, elle n'est plus invitée à la télévision. Elle reçoit sans cesse des lettres d'injures et des menaces de mort. On essaie de l'intimider. Cette même année 2001, par exemple, elle est arrêtée en Tchétchénie par des agents du FSB russe. Pendant deux jours et deux nuits, elle est interrogée, menacée de mort et de viol. Seule une intervention de sa rédaction auprès du ministère de la Défense lui vaut d'être libérée et de pouvoir rentrer à Moscou.

1. Rapporté par Laure Mandeville, journaliste au *Figaro*, en charge de la Russie, in *Hommage à Anna Politkovskaïa*, *op. cit.*

2. Cette phrase figure dans la conclusion qui, sous le titre « Ai-je peur ? », parachève son *Journal d'une femme en colère*.

À deux reprises, elle sort de son strict travail de reporter et tente de s'engager plus activement. La première fois, en octobre 2002, elle amorce – au risque de sa vie – une négociation de la dernière chance pour éviter un bain de sang lors de la prise d'otages, par les Tchétchènes, de plusieurs centaines de Moscovites qui assistaient à la représentation de la comédie musicale *Nord-Est* au théâtre de la Doubrovka. Elle s'entretient avec le chef du commando, qu'elle tente de raisonner. Jouant les intermédiaires entre les preneurs d'otages et les forces spéciales russes, elle n'est pas écoutée. L'assaut est finalement donné, après l'utilisation d'un gaz toxique qui fait cent soixante-dix victimes et plus de cinq cents blessés. La plupart des questions concernant ce tragique dénouement resteront sans réponse. *Novaïa Gazeta* se mettra à l'écoute des survivants et n'hésitera pas à parler de tuerie délibérée.

La seconde tentative d'Ania a lieu deux ans plus tard, le 1er septembre 2004, lors d'une autre prise d'otages à Beslan, en Ossétie du Nord. Un groupe de *boieviki* (« combattants tchétchènes ») s'enferme dans le gymnase d'une école avec plus d'un millier d'otages, principalement des enfants. Dans des conditions obscures, l'assaut est donné là encore le 3 septembre par les forces d'intervention russes. Une bataille confuse s'ensuit qui fait trois cent trente et un morts parmi les civils, onze du côté des soldats et trente et un parmi les trente-deux preneurs d'otages. Le massacre est aussitôt instrumentalisé par le Kremlin, qui veut y voir la parfaite illustration de la barbarie des *boieviki*.

Ania s'est immédiatement proposée comme négociatrice. Sa présence pourrait permettre d'éviter le pire. Elle a déjà convaincu le président tchétchène Aslan Maskadov de se rendre sur place pour participer aux négociations. Le pouvoir, manifestement, n'y est pas favorable. Il déteste Maskadov et ne veut pas d'Ania sur les lieux. Celle-ci est d'abord empêchée physiquement de monter dans un avion pour l'Ossétie. Tenace, elle parvient à prendre un autre vol pour la ville de Rostov-sur-le-Don, située à mi-parcours. Après avoir bu quelques gorgées de thé dans l'avion, elle tombe dans le coma et doit être hospitalisée à Rostov. Elle n'émergera que difficilement de cette syncope restée d'autant plus inexpliquée que les analyses de sang effectuées seront détruites « par inadvertance ». Ania est persuadée qu'elle a été victime des services spéciaux russes, comme l'avait été, en juillet 2003, son collègue de *Novaïa Gazeta*, Iouri Chtchekotchikhine, mort des suites d'un coma mystérieux à l'hôpital central du Kremlin.

Empêchée d'agir, la journaliste s'en prend inlassablement aux mensonges des autorités – notamment sur le nombre d'otages détenus – et à la docilité coupable de la chaîne de télévision NTV, qui a bloqué la diffusion de certains reportages et censuré sans vergogne son envoyé spécial à Beslan. Quant au rédacteur en chef des *Izvestia*, Raf Chakirov, un homme plutôt prudent, il sera licencié pour avoir publié un reportage photo montrant l'assaut du gymnase. « Beslan, écrit-elle, a été l'apothéose de l'autocensure criminelle qui règne dans nos médias de masse. »

Descendante d'un « traître » ?

Cette femme se montrant décidément difficile à impressionner, on chercha continûment à disqualifier son travail, parfois avec le concours des médias russes. Au lendemain de sa mort, le nouveau rédacteur en chef bien en cour des *Izvestia*, Vladimir Mamontov, laissera entendre qu'elle était peut-être mêlée à des activités aussi louches que rentables. Plusieurs autres journaux, parmi lesquels le quotidien économique *Kommersant*, insisteront assez lourdement sur le fait qu'elle était née à New York et bénéficiait de la double nationalité russo-américaine.

Ces venimeuses « oraisons funèbres » aident rétrospectivement à comprendre la violence des attaques dont l'enquêtrice fait l'objet de son vivant. Plusieurs thèmes reviennent en boucle dans cette campagne de diffamations, tant et si bien qu'on en retrouve parfois trace, trois ans après sa mort, dans les commentaires qui, sur l'Internet, accompagnent la publication en français de ses livres. Il y a d'abord ses accointances supposées avec les États-Unis. Le père d'Ania est membre de la délégation soviétique aux Nations unies. C'est donc à New York qu'elle est née et a passé une partie de son enfance. Cette « tare » des toutes premières origines lui sera constamment reprochée. Bien qu'ayant toujours vécu, par la suite, à Moscou, elle parle aussi bien l'ukrainien que le russe. C'est un autre « péché » dans la Russie post-soviétique qui, après l'éclatement de l'URSS en décembre 1991, a vu l'Ukraine prendre peu à peu le large.

Il y a plus grave. Le nom de son père, Mazeppa, évoque pour les Russes les plus nationalistes un mauvais souvenir. Au XVIIe siècle, un grand chef cosaque d'origine ukrainienne – un « hetman » – du nom d'Ivan Stepanovitch Mazeppa (1644-1709), après avoir rallié un moment le tsar Pierre le Grand, trahit finalement ce dernier en 1709 et s'enfuit en Ukraine, puis en Turquie. L'épopée du « renégat » inspirera Byron, Pouchkine mais aussi Victor Hugo et Liszt. Aux yeux des Russes, Mazeppa est un traître alors même qu'il est considéré aujourd'hui comme un héros – et un précurseur – par les Ukrainiens. Cette ambiguïté du Bien et du Mal, difficilement compréhensible par un enfant, marquera la jeune Anna Politkovskaïa. À Moscou, elle apprend de ses professeurs la « traîtrise » avérée d'un homme dont son propre père, une fois à la maison, lui fait l'éloge. Il y a donc bien deux vérités en URSS, l'une publique, l'autre familiale…

Une naissance aux États-Unis, un lien patronymique avec un « traître historique » : les adversaires et les censeurs d'Anna Politkovskaïa n'en demandaient pas tant. Ces insinuations la poursuivent. Ania en a fait très tôt l'expérience. À ses débuts de journaliste, pas encore mariée, elle signe ses premiers articles de son nom de jeune fille, Anna Mazeppa. Elle reçoit aussitôt des menaces anonymes et des injures appuyées qui évoquent son patronyme, preuve « évidente » de sa déloyauté à l'égard de la Russie.

La lecture de ses articles et de ses livres montre pourtant que là n'est pas sa motivation, loin s'en faut. Les noms qui reviennent sous sa plume, les auteurs auxquels elle se réfère témoignent de son attachement au courant humaniste et « occidentaliste » de la culture russe : d'Alexandre Sergueïevitch Pouchkine (1799-1837) protestant contre le servage à Anton Tchekhov (1860-1904) dénonçant les conditions de vie et les châtiments barbares infligés aux détenus dans le bagne de l'île Sakhaline, ou encore Léon Nikolaïevitch Tolstoï (1828-1910) s'insurgeant contre la misère urbaine et l'exploitation des pauvres, un Tolstoï qu'Ania cite souvent.

Dans un texte magnifique, son ancien mari Alexandre Politkovski, très croyant, raconte qu'elle avait également beaucoup lu les livres du philosophe et romancier chrétien Evgueni Chiffers (1934-1997), figure importante de l'*underground* intellectuel soviétique des années 1960 et 1970 [1]. Quand la journaliste, adolescente, explique qu'elle lit volontiers les « livres interdits » que lui rapporte à Moscou son père diplomate, c'est d'abord à la littérature russe « dissidente » qu'elle se réfère. Ces lectures ne sont pas celles d'une adversaire de la Russie. Plus tard, dans plusieurs interviews données à des médias occidentaux, Ania revient d'ailleurs sur l'amour qu'elle porte à la Russie. « C'est mon pays », répète-t-elle avant d'ajouter : « Le régime de Poutine est une terrible épreuve qui nous a été envoyée, et il faut la traverser avec honneur. »

D'Anna à Natalia : quand le crime récidive

Les (innombrables) assassinats, politiques ou non, sont rarement élucidés en Russie. L'adjectif « innombrables » n'est pas abusif. On estime qu'entre 2000 et 2006 près de trente-cinq mille meurtres commandités ont été commis à travers le pays [2]. Le plus souvent, les enquêtes de police n'aboutissent pas ou s'enlisent dans des procédures dilatoires, quand elles ne sont pas « empêchées » de manière occulte. Pour ne citer que les assassinats de journalistes, le meurtrier de Dimitri Kholokov (1994) n'a jamais été identifié, pas plus que celui de Vladislav Listev (1995), ni celui de Larissa Ioudina (1998) ou de Paul Klebnikov (2004). On peut comprendre le scepticisme, voire le fatalisme, des Russes à ce sujet. En janvier 2007, trois mois après la mort de la journaliste, le centre d'études de l'opinion publique Iouri Levada, dont le siège est à Moscou, publie une enquête d'opinion d'où il ressort que 59 % des personnes interrogées estiment que ce crime-là ne sera jamais élucidé.

De fait, malgré des effets d'annonce à répétition, l'enquête traîne à n'en plus finir. Au bout d'un an, le responsable du parquet chargé du

1. Alexandre Politkovski, « Un contact par la prière », in Anna Politkovskaïa, *Qu'ai-je fait ?*, *op. cit.*
2. Chiffre cité par *Le Monde* du 1er septembre 2007.

dossier, Petros Gariban, a beau affirmer connaître les exécutants, c'est peu de dire que le flou subsiste. Ni les commanditaires ni le vrai mobile de l'assassinat n'ont été véritablement identifiés. Les soupçons des enquêteurs visent principalement un groupe de Tchétchènes prorusses qui auraient agi en liaison avec des agents – ou anciens agents – des services de sécurité. En août 2007, une dizaine de personnes sont arrêtées, parmi lesquelles d'anciens responsables du FSB. Deux des suspects seront relâchés par la suite. Pour les collègues d'Ania, notamment pour Dmitri Mouratov, rédacteur en chef de *Novaïa Gazeta*, ce sont assurément des agents des services de sécurité russes qui ont « organisé » et « coordonné » le meurtre. À plusieurs reprises, Anna Politkovskaïa avait déclaré à ses proches : « S'il m'arrive un jour quelque chose, cherchez du côté du Kremlin. »

Les officiels russes, pour leur part, ont essayé, un temps, de faire porter les soupçons sur certains oligarques, notamment Boris Berezovski, qui vit en exil à Londres et pourrait être le commanditaire. Cela permet au procureur général d'évoquer la « main de l'étranger » et la volonté de « déstabiliser » Vladimir Poutine. Les journalistes de *Novaïa Gazeta*, quant à eux, ont apporté la preuve qu'Ania était constamment filée et écoutée par les services du FSB. Au bout du compte, en 2008, seuls trois suspects sont officiellement inculpés – un certain Sergueï Khadjikkourbanov, membre de la police criminelle russe, et deux Tchétchènes, les frères Djabraïl et Ibraguim Makhmoudov. Un quatrième homme, membre du FSB, soupçonné d'avoir fourni l'adresse de la journaliste, est inculpé lui aussi mais, comme il appartient aux services spéciaux, son cas est disjoint. Les enquêteurs affirment connaître le nom du tueur, un troisième frère Makhmoudov prénommé Roustam, qui se serait enfui en Europe.

Fondé sur une enquête incertaine, le procès s'ouvre à Moscou le 17 novembre 2008 devant un tribunal militaire. Comme le craignaient les journalistes de *Novaïa Gazeta* et les proches d'Anna Politkovskaïa, les audiences n'aident pas vraiment à éclaircir les choses. Les accusés plaident d'ailleurs non coupables et, chose extraordinaire, ils sont finalement acquittés tous les quatre, au grand dam de l'opinion internationale et des amis d'Ania. Le Conseil de l'Europe parle d'un « échec patent » et l'Organisation pour la sécurité et la coopération en

Europe s'élève contre l'« impunité » dont bénéficient manifestement en Russie les meurtriers de journalistes. Ce premier verdict paraît si contestable qu'il est annulé le 25 juin 2009 par la Cour suprême. Ce n'est pas tout. Le 21 juillet, on annonce officiellement à Moscou qu'un nouveau procès sera rapidement organisé.

Rapidement ? Quelque chose aurait-il changé en Russie ? Le remplacement – en trompe l'œil – de Vladimir Poutine par Dmitri Medvedev le 7 mai 2008 à la présidence de la Russie déboucherait-il sur l'amorce d'une embellie démocratique ? On serait naïf de le croire, d'autant plus que Poutine reste en réalité aux commandes. En revanche, on note l'annonce d'une nouvelle procédure suivant de très près – moins d'une semaine – un nouvel assassinat qui, une fois encore, révolte le monde entier. C'est également d'une femme qu'il s'agit : Natalia Estemirova, ancienne journaliste et collaboratrice de l'ONG russe « Memorial ». Selon deux témoins, cette militante très connue en Russie, ancienne proche d'Anna Politkovskaïa, aurait été poussée de force dans une voiture à Grozny, en Tchétchénie, le mercredi 15 juillet 2009, à 4 h 30 du matin, heure locale. Son corps est retrouvé l'après-midi du même jour dans un bois situé à proximité de la ville de Nazran, l'ancienne capitale de l'Ingouchie. Il porte des traces de blessures par balle à la tête et à la poitrine.

Comme Ania, cette veuve d'un policier tchétchène, déléguée de Memorial à Grozny, depuis l'année 2000, relatait les enlèvements, les tortures et les crimes commis dans le Caucase. Elle faisait régulièrement l'objet de menaces de mort et venait de mécontenter une nouvelle fois les autorités de Grozny – et notamment le président prorusse Ramzan Kadyrov – en permettant à Memorial de rendre publique une tuerie commise le 7 juillet dans le village d'Akhkintchou-Borzoï. Sa mort suscite un émoi considérable, aussi bien en Russie qu'à l'étranger. Natalia Estemirova avait été plusieurs fois récompensée pour son action en faveur des droits de l'homme. Elle avait notamment reçu, en 2004, le « prix Nobel alternatif » et, en 2005, la médaille Robert Schuman décernée par le Parti populaire européen. Aussitôt le crime commis, le patron de Memorial, Oleg Orlov, n'hésite pas à mettre en cause Ramzan Kadyrov, la marionnette du Kremlin qui fait régner un régime de terreur en Tchétchénie.

À l'évidence, pour Moscou, ce nouveau crime tombe au plus mal. On en veut pour preuve un fait sans précédent. Le nouveau maître du Kremlin, Dmitri Anatolievitch Medvedev, ne réagit pas du tout à la manière de Poutine en 2006 après l'assassinat d'Anna Politkovskaïa. Il n'a pas un mot pour prendre la défense de Kadyrov, aussitôt désigné comme le commanditaire du crime. Mieux encore : le 16 juillet, Medvedev rend un hommage appuyé à la militante dont la mort tragique a mobilisé les organisations de défense des droits de l'homme du monde entier. Certains observateurs – les plus optimistes – font d'ailleurs remarquer que le jeune président russe (il est né en 1965) est plus sensible à la culture occidentale, qu'il a rompu avec le style agressif de Poutine et tente depuis le début de l'année 2009 de se rapprocher prudemment de la société civile et des personnalités démocratiques qui militent en son sein. La pression internationale y est évidemment pour quelque chose.

Changer de style ne veut pas dire changer de politique. Ceux qui ont cru un moment que le nouveau « style » de Medvedev aiderait à faire la lumière sur l'assassinat d'Anna Politkovskaïa en seront pour leurs frais. L'annonce d'un nouveau jugement des meurtriers présumés se révélera de pure forme. Les amis de la journaliste, ses confrères de *Novaïa Gazeta* et sa famille ne réclamaient pas seulement une nouvelle procédure mais surtout une nouvelle enquête sur les circonstances de sa mort. C'était aussi la requête de l'avocat de la défense et, paradoxalement, du ministère public. Ce sera en vain. Au début du mois d'août 2009, le nouveau procès des trois complices présumés n'est pas plus tôt ouvert qu'il est aussitôt ajourné. Deux jours plus tard, le juge du tribunal militaire annonce qu'il n'y a pas lieu d'effectuer une nouvelle instruction.

Les proches de la disparue clament à juste titre leur indignation. Dans une lettre ouverte publiée dans *Novaïa Gazeta*, les deux enfants d'Ania, Vera et Ilia Politkovskaïa, n'ont pas de mots assez durs pour dénoncer cette reculade. « L'État, écrivent-ils, ne souhaite absolument pas élucider ce crime. En fait, il couvre les vrais tueurs. » Un peu plus loin, ils ajoutent : « Cette enquête qui dure depuis près de trois ans est devenue une farce. » Tout semble indiquer que, de cette farce tragique, on ne sortira plus.

Certains des amis d'Ania aiment citer cette question posée par Aliocha dans *Les Frères Karamazov* de Dostoïevski, une question plus opportune que jamais : « Comment vivre avec tant d'enfer dans la tête ? »

JCG

27 décembre 2007

Benazir Bhutto : toute la violence du monde

On aurait du mal à trouver un événement plus caractéristique de l'« état de violence » de ce début de siècle que celui du 27 décembre 2007. L'endroit d'abord : l'attentat se produit à Rawalpindi, près d'Islamabad, dans ce Pakistan effervescent, miné tout à la fois par les assauts du terrorisme islamique, par la corruption et par le jeu très ambigu des services spéciaux, qu'ils soient domestiques ou serviteurs de l'« étranger ». La région tout entière – du nord de l'Inde à l'Afghanistan, des confins de l'Iran aux rivages du golfe Persique – est devenue un chaudron du diable, le creuset en fusion où se joue une bonne part de l'équilibre du monde. Cette extrémité septentrionale du sous-continent asiatique – là où deux puissances nucléaires, Inde et Pakistan, se font face – est désormais scrutée par tous les gouvernements de la planète, avec le même souci que pouvaient l'être l'Amérique latine et l'Asie du Sud-Est (Vietnam, Cambodge, etc.) dans les années 1970.

L'agression qui, ce jour-là, blesse mortellement Benazir Bhutto, revenue depuis peu défendre les couleurs de son parti, le Pakistan People Parti (PPP), aux élections législatives de 2008, est également exemplaire pour bien des raisons autres que strictement géographiques. D'abord revendiquée par un groupe islamiste proche d'Al Qaïda [1], elle illustre tout à la fois une forme spécifique d'hyper-violence et un jeu labyrinthique d'apparences en trompe l'œil, de discours à double sens, d'opacité durable, sans compter cette incompréhension récurrente entre l'Occident et le reste du monde en laquelle Samuel Huntington

1. Cette revendication fut démentie par un responsable d'Al Qaïda au Pakistan, Baïtullah Mehsud.

avait cru déceler, en 1993 (très abusivement), l'annonce d'un « choc des civilisations ». Deux univers que, dans un livre publié après sa mort, Benazir assurait vouloir réconcilier [1].

Dans cette partie du monde continûment embrasée, tout se passe comme si la vérité – quand elle n'est pas occultée – était toujours à double, triple, voire quadruple sens. Rien n'est jamais comme on le dit ou comme on le croit. Il y a toujours une « autre » version des choses et chacun trouve naturel de subodorer un complot derrière le complot, une manipulation derrière la manipulation. Or chacune des caractéristiques ci-dessus énumérées se trouve présente – et de manière troublante – dans les « événements » qui ont abouti à la mort de Benazir Bhutto, fille de l'ancien homme fort du Pakistan, Ali Bhutto, qui avait été lui-même condamné à mort et pendu le 4 avril 1979.

De l'hyper-violence à la guerre secrète

Concernant la première d'entre elles, l'hyper-violence, on doit convenir que ni par ses modalités ni par son intensité elle ne ressemble à celle qui ensanglanta l'hémisphère Sud durant les quatre décennies qui ont suivi la Deuxième Guerre mondiale. Elle est devenue asymétrique et sauvage. C'est une offensive dite « du faible au fort », d'autant plus déchaînée qu'elle vise à « terroriser » faute de pouvoir vaincre militairement. Sa particularité tient à un usage systématique de l'attentat dirigé contre les civils et à l'utilisation fréquente d'un *chahid* (« martyr »), prêt à mourir pour remplir sa « mission ». Le préfixe « hyper » qu'on emploie pour souligner son intensité n'est pas infondé.

Qu'on en juge. Dans le cas de Benazir Bhutto, l'assassinat du 27 décembre 2007 avait été précédé, quelques semaines auparavant, d'une attaque suicide dirigée le 18 octobre contre le convoi blindé qui la ramenait dans son pays après un exil de huit années. L'agression manquée avait coûté la vie à cent trente personnes et blessé quatre cent cinquante autres. Ce n'est pas tout. Deux jours avant la mort de Benazir

1. Benazir Bhutto, *Reconciliation Islam Democracy and the West*, HarperCollins, 2008.

Bhutto, un autre kamikaze s'était fait sauter dans une mosquée de la ville de Charsadda, non loin de la frontière afghane, et cinquante-six personnes avaient péri. Ainsi est-ce, en connaissance de cause, dans un furieux crépitement de crimes et d'explosions dévastatrices que cette femme de cinquante-quatre ans (elle est née en 1953) avait décidé de revenir dans son pays pour y tenir (folie ?) des réunions électorales publiques.

Il s'agissait de préparer les élections législatives prévues pour 2008. À la suite de longues tractations, le président en exercice, Pervez Musharraf, avait décrété une « réconciliation » nationale lui permettant d'amnistier Benazir et son mari – poursuivis pour corruption et autorisés du même coup à rentrer au pays. Benazir et Musharraf semblaient disposés, après les élections, à partager le pouvoir comme le souhaitait d'ailleurs Washington. C'est peu de dire que ce retour s'annonçait risqué.

La décision téméraire de Benazir illustrait assez bien ce qu'est devenu le « quotidien » de ces pays embrasés par l'extrémisme religieux et travaillés par d'indéchiffrables complots. Le pluriel s'impose pour ce dernier mot. À côté des guerres officielles – notamment celle qui implique le terrorisme islamiste –, quantité de « guerres secrètes » se poursuivent ici. Benazir non seulement avait choisi de courir le risque, mais elle avait multiplié publiquement, non sans courage, les déclarations crânes. « Je n'ai pas peur de mourir », avait-elle proclamé trois heures après l'attentat manqué du 18 octobre, avant d'ajouter à l'intention d'un journaliste occidental : « Je sais exactement qui veut me tuer. Ce sont les dignitaires de l'ancien régime du général Mohamad Zia ul-Haq, qui sont aujourd'hui derrière l'extrémisme et le fanatisme. »

Il n'empêche ! Avant de rentrer au Pakistan, si l'on en croit le quotidien israélien *Maariv*, elle avait sollicité – autre détail révélateur – la protection de la CIA américaine, du Mossad israélien et des services britanniques. À son grand désappointement, lesdits « services » avaient rejeté sa requête par crainte d'humilier deux États aussi considérables d'un point de vue géopolitique que l'Inde et le Pakistan. Quant aux services proprement pakistanais – notamment le tout-puissant Inter Service Intelligence ou ISI –, leur jeu est trop ténébreux au Pakistan pour que Benazir ait grand-chose à espérer d'une organisation gouvernementale dont les liens avec la mouvance islamique sont avérés.

Fondé en 1948, l'ISI – dont le siège est précisément à Rawalpindi, où se produit l'attentat – n'est théoriquement que l'une des trois sections du renseignement pakistanais, mais c'est sûrement la plus puissante. Dans les années 1980, il a collaboré avec les services américains et saoudiens pour aider les moudjahidines afghans qui résistaient aux offensives de l'armée soviétique. Il a contribué ensuite à la montée en puissance des talibans, groupes avec lesquels il a gardé de solides contacts, bien que ces derniers, après avoir été soutenus par les Américains (la fameuse stratégie du « vert contre le rouge »), soient devenus leur principale cible dans la région. Si l'ISI a été réorganisé et « purgé » en 2007 à la demande expresse de Washington, il n'en reste pas moins un « État dans l'État », dont les menées sont aussi machiavéliques qu'imprévisibles.

Ce n'est pas de sa part, on s'en doute, que Benazir Bhutto, ouvertement pro-occidentale, et même proaméricaine, pouvait espérer un quelconque secours. Elle ne pouvait pas davantage tabler sur le gouvernement « officiel », celui de Musharraf, puisqu'elle venait justement défier son pouvoir devant les électeurs. Il avait d'ailleurs fallu l'intervention insistante de trois sénateurs américains pour que Musharraf consente à lui fournir la (relative) protection d'une voiture blindée aux vitres teintées et d'une escorte.

Une chose est claire : elle arrivait là sous la seule protection de ses partisans, les nombreux militants du PPP, ceux-là mêmes qui étaient venus, pleurant d'émotion, l'accueillir le 18 octobre à l'aéroport international de Jinnah et formèrent aussitôt une chaîne humaine pour protéger des kamikazes leur « présidente à vie ». Ce sont ces volontaires qui payèrent le plus lourd tribut lors de l'attentat manqué commis ce premier jour du retour d'exil. Une autre vérité semblait évidente : c'est d'abord contre les islamistes qu'elle entendait mobiliser le peuple. Dans ses discours, la revanche contre les « politiciens du passé » viendrait dans un deuxième temps. Les Américains avaient bien compris qu'une Benazir déterminée à combattre avec fermeté les « barbus », y compris les talibans, représentait une alternative présentable à un Musharraf démonétisé. On lui prêtait même l'intention, si elle parvenait au pouvoir, d'autoriser l'armée américaine à venir poursuivre jusqu'au Pakistan les talibans afghans – notamment ceux des fameuses « zones tribales » – qui s'abritent derrière la frontière et jouent sur le nationalisme ombrageux des Pakistanais.

Pour l'opinion américaine et européenne, Benazir, diplômée d'Oxford et totalement occidentalisée, apparaissait donc comme une « amie » et une alliée crédible dans la lutte contre l'islamisme radical.

Des réalités en trompe l'œil

Une alliée crédible ? Était-ce si sûr ? On a parlé plus haut de réalité en trompe l'œil et de vérité à double sens. La remarque s'applique très bien au « cas » Benazir. Sa détermination antiterroriste et sa « crédibilité » démocratique méritent l'une et l'autre d'être interrogées. Rien n'est simple, on l'a dit. Disons que, dans le passé, son interprétation de l'islamisme radical a varié à plusieurs reprises.

Alors que, depuis l'Europe dans les années 1980, elle critiquait la résistance des moudjahidines afghans à l'invasion soviétique, elle change bientôt d'avis au sujet des « fous de Dieu ». Lorsqu'elle revient démocratiquement au pouvoir en 1993 – après avoir été destituée en 1990 sous l'accusation de corruption –, Benazir Bhutto approuve clairement le soutien apporté aux talibans par les services pakistanais. Elle affirme alors que ces derniers constituent un « facteur de stabilité pour la région ». Au Pakistan, son parti noue en 1994 une alliance avec les islamistes du Jamiat Ulema-e-islami, dont les *madrasas* (« écoles coraniques ») forment et endoctrinent les futurs talibans. On peut même dire que sa politique – conforme à l'époque à celle de l'ISI – sera déterminante dans la prise de pouvoir des talibans à Kaboul en septembre 1996. Voilà qui, pour les Américains, n'est pas exactement conforme à l'image d'une alliée idéale.

Ce n'est pas tout. Cette même année 1996, après l'échec électoral du PPP en novembre, Benazir est à nouveau accusée de corruption et, en 1998, elle doit s'exiler à Dubai pour échapper aux poursuites judiciaires. Sa « crédibilité démocratique » apparaît bien, elle aussi, comme une vérité en trompe l'œil. Le thème de la corruption est omniprésent dans la carrière de cette femme. Les premières accusations remontent à 1990. Elles lui valent, on l'a dit, une première destitution. De longues procédures judiciaires s'ensuivront, tantôt suspendues, tantôt reprises, tantôt écartées, tout cela au gré des fortunes politiques du Pakistan People Parti.

C'est surtout son mari, Asif Ali Zardari, qui fait l'objet de graves accusations. Elles vaudront – notamment – aux deux époux d'être condamnés en août 2003 par la justice helvétique à payer onze millions de dollars au gouvernement pakistanais. Zardari, quant à lui, a déjà passé onze années en prison (il n'en sortira qu'en 2004) et fait l'unanimité contre lui au sein du PPP où on l'appelle « monsieur dix pour cent ». Il est accusé, entre autres choses, d'avoir profité de la position de sa femme quand elle était aux affaires, et de son poste de ministre de l'Investissement pour toucher de faramineux pots-de-vin sur les ventes effectuées par des sociétés étrangères, dont Dassault Aviation, au Pakistan. Certes, les deux époux ont toujours rejeté ces accusations, mais les enquêtes menées dans plusieurs pays européens à ce sujet semblent indiquer qu'elles ne sont pas infondées.

Encore une vérité à double fond. Cette détestable aura qui entoure depuis l'origine les activités de Benazir et de son époux risquait de compromettre le choix stratégique des Américains, comme cela avait déjà été le cas en Afghanistan avec l'entourage d'Hamid Karzaï, installé au pouvoir par Washington après l'offensive militaire de 2001 contre le régime des talibans et leurs « protégés » du réseau terroriste Al Qaïda.

Qu'il s'agisse de l'Irak, de l'Afghanistan ou du Pakistan, les desseins « démocratiques » des Américains doivent tenir compte des deux écueils symétriques que sont le terrorisme des uns et la corruption des autres. Le cas s'était déjà présenté au Sud Vietnam, où la difficulté fut toujours de trouver des alliés locaux « présentables » pour faire pièce aux « barbares » que l'on entendait combattre, islamistes ici, communistes jadis.

La situation de Benazir Bhutto était donc, là aussi, emblématique d'une incompréhension tenace qui n'est pas seulement d'ordre politique mais touche à la culture, voire à l'anthropologie. Sur le front de la communication médiatique et des images, la distance entre les mots et les choses fut rarement aussi grande. Pour les médias occidentaux, Benazir apparaissait comme une femme rebelle dont l'éclatante beauté et le style très glamour s'alliaient à une intrépidité admirable. Héritière et continuatrice légendaire de son père, assassiné par une junte militaire, elle incarnait une princesse orientale dressée contre le cynisme et la barbarie. Véritable icône de la liberté, figure hollywoodienne, elle séduisait les magazines à grand tirage, heureux de reproduire ce beau visage encadré par un voile blanc tombant jusqu'aux épaules.

Son assassinat conforta évidemment la légende. Partout, ce ne fut qu'un concert de louanges posthumes. Le destin tragique de l'héroïne devenue officiellement *shahid* («martyre») fut partout pleuré. Et notablement enjolivé. Au Pakistan même, les télévisions publiques et privées racontèrent longuement, sur le mode héroïque, la vie d'une «martyre» en s'abstenant de toute critique. Bien rares furent alors les quelques voix discordantes qui rappelèrent que la carrière politique de Benazir avait – aussi – été celle d'une politicienne chevronnée, souvent cynique et moins soucieuse des «petites gens» que sa légende ne le laissait accroire.

Bien peu nombreux furent ceux qui osèrent rappeler le climat de rivalité meurtrière qui régnait au sein même de la famille Bhutto. La nièce de Benazir n'avait-elle pas laissé entendre qu'Asif Ali Zardari, le mari de celle-ci, était sans doute responsable de l'assassinat en 1995 du frère de la disparue, Murtaza, qui reprochait au couple sa malhonnêteté ? Ultérieurement, un long article du journaliste britannique William, publié le 18 mai 2008 dans le *Sunday Times*, permit de se faire une idée de la dureté des rapports qui prévalait dans cette famille aux visées dynastiques.

Quant à la saga racontée par les médias de l'hémisphère Nord, au lendemain de l'assassinat, elle fut tout aussi respectueuse de l'icône, et sans doute davantage. Le journaliste René Naba, spécialiste du monde musulman, ironisait en janvier 2008 sur l'image colportée par les intellectuels occidentaux. «Benazir, écrivait-il, constitue pour eux, à proprement parler, un fantasme exotique absolu : la belle sultane dévoilée, l'anti-burka, le chef du Harem politiquement parlant [1] ».

1. Interview diffusée sur le blog de René Naba : http//www.renenaba.blog.fr

Plus sévère encore, le chercheur français du Centre de recherches sur le terrorisme, Alain Chevalérias, racontait en février 2008 avoir rencontré à deux reprises Benazir Bhutto. « Je garde le souvenir, écrit-il, d'une femme hautaine, éloignée des problèmes réels de la population. » Dans le même texte, il ajoute : « Dans la famille Bhutto, derrière les sourires et les masques de la démocratie, se cachent des mœurs de satrapes orientaux [1]. » Le plus médiatiquement incorrect fut néanmoins le photographe français Patrick Chauvel, invité dès le lendemain de l'attentat à l'émission « C dans l'air », diffusée sur la chaîne de télévision France 5. Pour les besoins d'un film, il venait de passer trois jours entiers avec Benazir Bhutto, au domicile de celle-ci. À la grande surprise de l'animateur, il écorna lui aussi l'icône en déclarant que, durant ces deux journées, il l'avait surtout trouvée arrogante, âpre au gain et autoritaire.

Comment est-elle morte ?

C'est enfin au chapitre des réalités ambiguës qu'il faut ranger l'assassinat lui-même. Les circonstances de celui-ci continuent de faire débat, bien qu'il ait été commis devant des milliers de témoins. A-t-elle été atteinte par une des balles tirées par le kamikaze ou s'est-elle gravement blessée à la tête en heurtant le levier commandant le toit ouvrant de sa voiture blindée ? La réponse donnée à cette question ne va pas de soi. Pour les partisans de la victime, l'ancienne Premier ministre a bien été touchée par le tir de l'un des terroristes, aperçu tirant trois coups de feu à deux mètres d'elle. Benazir Bhutto, à demi sortie de sa voiture par le toit ouvrant, était en train de saluer la foule avant de quitter le lieu de la réunion. Au même moment, un deuxième kamikaze actionnait sa ceinture d'explosifs, tuant ainsi une vingtaine de personnes et en blessant plusieurs dizaines d'autres.

La porte-parole de Benazir a déclaré avoir clairement constaté

1. Disponible sur le site du centre de recherches : http://www.recherches-sur-le-terrorisme.com

qu'elle « avait une blessure par balle à l'arrière de la tête et une autre, causée par la sortie de la même balle [1] ». Pour le représentant du ministère de l'Intérieur, c'est en cherchant à éviter les tirs du terroriste que Benazir a heurté violemment le levier du toit ouvrant. Reprenant cette thèse à son compte, Pervez Musharraf n'hésita pas à en conclure dans une interview donnée ultérieurement à la chaîne américaine CBS qu'elle était ainsi « responsable de sa propre mort ». Transportée à 17 h 55 à l'hôpital général de Rawalpindi, elle vivait encore mais avait perdu beaucoup de sang. Elle fit l'objet d'un massage cardiaque et d'une mise sous respiration artificielle. Sans résultat. Une demi-heure après l'admission, à 18 h 16, les médecins constatèrent le décès. Conformément à la tradition musulmane, le corps de la victime fut transporté la nuit même dans sa ville natale de Garhi Khuda Bakhsh et inhumé dans le caveau familial, à côté de son père.

La controverse sur les circonstances exactes de l'assassinat est évidemment chargée d'arrière-pensées politiques. Pour les partisans de Benazir Bhutto, le pouvoir – Musharraf lui-même – est responsable de l'attentat faussement attribué aux islamistes. Ils expliquent que, dans le courant de la campagne électorale qu'elle menait rondement, Benazir avait rompu le pacte implicite (« futur partage du pouvoir ») qui la liait à Musharraf. Quelques semaines avant sa mort, le 13 novembre, elle avait pris la tête d'une manifestation contre l'état d'urgence clairement dirigée contre Musharraf. Pis encore : le même jour, elle avait demandé à la communauté internationale – en langage clair aux Américains – de ne plus soutenir ce dernier.

C'est peu de dire que la querelle sur les circonstances de l'attentat était empoisonnée. Elle donna d'ailleurs lieu à des émeutes qui firent une trentaine de morts à travers le pays. Seule une autopsie aurait permis de mettre un terme à la polémique. Le ministère de l'Intérieur se déclara prêt à autoriser pour cela une exhumation « si son parti le souhaitait ». Zardari, le veuf de l'ancienne Premier ministre, désireux de remplacer son épouse à la tête du PPP, s'y opposa tout en réclamant l'ouverture d'une enquête des Nations unies. D'abord désigné comme coprésident du parti, il fut élu le 6 septembre 2008, lui l'ancien

1. Déclaration reprise par le quotidien belge *Le Soir* du 29 décembre 2009.

« corrompu », président de la République du Pakistan ! Contre toute attente, en effet, le PPP avait gagné entre-temps les élections législatives du 18 février 2008, une victoire partagée avec la « Ligue musulmane du Pakistan-Nawaz » (branche anti-Musharraf de la Ligue).

*   *
*

Une commission internationale fut donc tardivement désignée par le secrétaire général des Nations unies avec pour mission de faire toute la lumière sur les circonstances de l'attentat du 27 décembre 2007. Présidée par le représentant permanent du Chili, Heraldo Munoz, elle n'a commencé officiellement ses travaux que le 1er juillet 2009 et disposait de six mois pour remettre son rapport au Secrétaire général qui, à son tour, transmettra son propre rapport au gouvernement du Pakistan.

Nul ne peut dire ce qu'il sera advenu entre-temps dans cette région où, comme un orage sans cesse plus menaçant, paraît s'assembler toute la violence du monde.

JCG

Conclusion

Sur quelques oublis…

Il serait absurde de camoufler les manques dont souffre ce martyrologe. Une « sélection » de ce type ne saurait être qu'arbitraire, et incomplète. Fût-elle circonscrite à la période 1963-2009, c'est-à-dire au demi-siècle, elle est condamnée à oublier un certain nombre de tragédies contemporaines, qu'elles aient endeuillé, à travers une victime, l'Afghanistan, le Maroc, le Chili ou le Congo.

D'autant que le concept d'assassinat n'est pas toujours facile à cerner. Englobe-t-il la liquidation hâtive d'un condamné, quelque piège de guerre, un massacre collectif ? Ne saurait-il être reconnu pour tel qu'en temps de paix, rompant avec un ordre établi ? Doit-il viser un personnage éminent de la société, détenteur d'un pouvoir politique, religieux, intellectuel ? Nous nous sommes accordé quelque liberté de choix : certains surprendront.

L'assassinat du président américain John Kennedy a été tenu pour inaugural en raison, certes, de la chronologie, mais également de l'émotion qu'il souleva dans le monde et de l'ampleur de ses conséquences. Si l'immolation de telle présidente indienne ou les meurtres de tels chefs de gouvernement italien ou suédois sont étudiés ici de préférence à d'autres crimes tout aussi révoltants, c'est surtout en raison de leur caractère exemplaire – et pour les seconds, afin de rappeler que l'Europe la plus démocratique, ou policée, n'est pas à l'abri de telles horreurs. Ni même du terrorisme « autochtone », comme le fut, en Italie et en Allemagne, celui des fractions les plus radicales de l'extrême gauche des années 1970.

Ont été ainsi tenus à l'écart quelques épisodes qui viennent à l'esprit de beaucoup – l'élimination de l'Afghan Massoud en septembre 2001 ou du Chilien Allende en septembre 1973 – considérant le premier comme un guet-apens lié à une action de guerre, et le second comme un suicide héroïque, défini comme tel par la majorité des historiens. Libre au lecteur de contester cette exclusion. De la même façon, nous avons renoncé à traiter de l'enlèvement, dans des conditions confuses et peu honorables pour la France, en octobre 1965, de Mehdi Ben Barka, opposant de gauche et grande figure militante marocaine. Il eût fallu traiter l'ensemble de l'« affaire Ben Barka », c'est-à-dire aller bien au-delà de l'assassinat proprement dit.

Ce qui peut être tenu pour plus intéressant qu'une sélection nécessairement arbitraire, c'est, dans cette incohérente stratégie du meurtre politique, son caractère constamment contraire à la paix ou à toute forme d'harmonisation sociale. Si condamnable qu'en soit en tout état de cause la pratique, on pourrait imaginer que telle ou telle de ces opérations criminelles tendrait à la suppression d'un dictateur raciste, d'un tyran aux mains couvertes de sang…

Mais non : ce n'est pas Hitler qu'on assassine (bien qu'il ait échappé de justesse à la bombe du colonel Stauffenberg), ni Staline, ni Pol Pot, ni Bokassa, ni Ceaucescu, ni Saddam Hussein, mais Martin Luther King, apôtre de la non-violence, Yitzhak Rabin aux portes de la paix, le médiateur Olof Palme ou encore Anna Politkovskaïa en lutte contre le néototalitarisme de Poutine. C'est Jaurès qui est abattu et non l'un des potentats qui se ruent au massacre, Gandhi qui tombe sous les coups du fanatisme… Partis pour dénoncer la substitution à la guerre froide de la « gangsterisation » des relations internationales, nous voilà conduits à conclure que, si les moyens ne sauraient être justifiés par la fin, ils peuvent, horribles, en aggraver l'horreur.

JL, JCG

Table

Crédits photographiques

1. © Bettmann / CORBIS.
2. © Bettmann / CORBIS.
3. © Time & Life Pictures / Getty Images.
4. © KEYSTONE France / Eyedea.
5. © KEYSTONE France / Eyedea.
6. © AL AKHBAR / Gamma / Eyedea.
7. © AFP.
8. © Bettmann / CORBIS.
9. © AFP / John Wahlbarj.
10. © AFP PHOTO DOMINIQUE FAGET / ALEXANDER JOE.
11. © RIA Novosti / AFP.
12. © Pascal Parrot / Sygma / Corbis.
13. © AFP.
14. © AFP / HASAN IBRAHIM.
15. © Gueorgui Pinkhassov / Magnum Photos.
16. © AFP / Asif HASSAN.

Ouvrages de Jean-Claude Guillebaud

Les Jours terribles d'Israël
Seuil, « L'Histoire immédiate », 1974

Les Confettis de l'Empire
Seuil, « L'Histoire immédiate », 1976

Les Années orphelines
Seuil, « Intervention », 1978

Un voyage vers l'Asie
Seuil, 1979
et « Point Actuels », n° 37

Un voyage en Océanie
Seuil, 1980
et « Points Actuels », n° 49

L'Ancienne Comédie
roman
Seuil, 1984
et « Points Roman », n° R479

Le Voyage à Kéren
roman
Arléa, 1988, prix Roger-Nimier
et « Arléa-poche », 1996

L'Accent du pays
Seuil, 1990

Cabu en Amérique
(en collaboration avec Cabu et Laurent Joffrin)
Seuil, « L'Histoire immédiate », 1990

Sauve qui peut à l'Est
(en collaboration avec Cabu)
Seuil, « L'Histoire immédiate », 1991

Le Rendez-vous d'Irkoutsk
Arléa, 1991

La Colline des Anges
Retour au Vietnam
(en collaboration avec Raymond Depardon)
Seuil, 1993, prix de l'Astrolabe
et « Points », n° P1557

Sur la route des croisades
Arléa, 1993
et « Points », n° P84

La Trahison des Lumières
Enquête sur le désarroi contemporain
Seuil, 1995, prix Jean-Jacques-Rousseau
et « Points », n° P257

Écoutez voir !
Arléa, 1996

La Porte des Larmes
Retour vers l'Abyssinie
(en collaboration avec Raymond Depardon)
Seuil, 1996

La Tyrannie du plaisir
Seuil, 1998, prix Renaudot essai
et « Points Essais », n° 588

La Traversée du monde
Arléa, 1998
et « Arléa-poche », 2009

La Refondation du monde
Seuil, 1999
et « Points Essais », n° 589

L'Esprit du lieu
Arléa, 2000
et « Arléa-poche », 2002

Le Principe d'humanité
Seuil, 2001, Grand Prix européen de l'essai
et « Points », n° P1027

Istanbul
(en collaboration avec Marc Riboud)
Imprimerie nationale, 2003

Le Goût de l'avenir
Seuil, 2003
et « Points Essais », n° 568

L'homme est-il en voie de disparition ?
Fides, 2004

La Force de conviction
À quoi pouvons-nous croire ?
Seuil, 2005, prix Siloë et prix humanisme
de la Franc-maçonnerie française
et « Points Essais », n° 552

L'homme est-il encore humain ?
Racine, 2005

La psychanalyse peut-elle guérir ?
(en collaboration avec Armand Abecassis et Juan David Nasio,
sous la direction d'Alain Houziaux)
Éditions de l'Atelier, 2005

La Mémoire, pour quoi faire ?
(en collaboration avec François Dosse et Alain Finkelkraut,
sous la direction d'Alain Houziaux)
Éditions de l'Atelier, 2006

Comment je suis redevenu chrétien
Albin Michel, 2007, prix 2008 des libraires de la Procure
et « Points Essais », n° 625

Le Commencement d'un monde
Seuil, 2008

La Confusion des valeurs
Desclée de Brouwer/La Vie, 2009

Ouvrages de Jean Lacouture

L'Égypte en mouvement
(en collaboration avec Simonne Lacouture)
Seuil, 1956

Le Maroc à l'épreuve
(en collaboration avec Simonne Lacouture)
Seuil, 1958

La Fin d'une guerre
(en collaboration avec Philippe Devillers)
Seuil, 1960, nouvelle édition 1969

Cinq Hommes et la France
Seuil, 1961

Le Poids du tiers monde
(en collaboration avec Jean Baumier)
Arthaud, 1962

De Gaulle
Seuil, 1965, nouvelle édition 1971

Le Vietnam entre deux paix
Seuil, 1965

Hô Chi Minh
Seuil, 1967, nouvelle édition 1976

Quatre Hommes et leur peuple
Sur-pouvoir et sous-développement
Seuil, 1969

Nasser
Seuil, 1971

L'Indochine vue de Pékin
Entretiens avec le prince Sihanouk
Seuil, 1972

André Malraux, une vie dans le siècle
Seuil, 1973
et « Points », n° P251, 1976
prix Aujourd'hui, 1973

Un sang d'encre
Stock-Seuil, 1974

Les Émirats mirages
(en collaboration avec Gabriel Dardaud et Simonne Lacouture)
Seuil, 1975

Vietnam, voyage à travers une victoire
(en collaboration avec Simonne Lacouture)
Seuil, 1976

Léon Blum
Seuil, 1977
et « Points Histoire », n° 42, 1979

Survive le peuple cambodgien !
Seuil, 1978

Le rugby, c'est un monde
Seuil, « Points Actuels », n° A24, 1979

Signes du Taureau
Julliard, 1979

François Mauriac
1. Le Sondeur d'abîmes (1885-1933)
2. Un citoyen du siècle (1933-1970)
Seuil, 1980
et « Poins Essais », 2 vol., n° 206 et n° 207, 1990
Bourse Goncourt de la biographie

Pierre Mendès France
Seuil, 1981
et « Points », n° 1058, 1979

Julie de Lespinasse
(en collaboration avec Marie-Christine d'Aragon)
Ramsay, 1980

Le Piéton de Bordeaux
ACE, 1981

En passant par la France
Journal de voyage
(en collaboration avec Simonne Lacouture)
Seuil, 1982

Profils perdus
53 portraits contemporains
Métailié, 1983

De Gaulle
1. Le Rebelle (1890-1944)
2. Le Politique (1944-1959)
3. Le Souverain (1959-1970)
(préface de René Rémond)
Seuil, 1984, 1985 et 1986
et « Points Histoire », 3 vol., n° 132, n° 133 et n° 134, 1990

Algérie 1962, la guerre est finie
(en collaboration avec Catherine Grünblatt)
Complexe, 1985, rééd. 2002

De Gaulle ou l'éternel défi
(en collaboration avec Roland Mehl)
Seuil, « L'histoire immédiate », 1988

Champollion
Une vie de lumières
Grasset, 1989
et « Le Livre de poche », n° 6995

Enquête sur l'auteur
Arléa, 1989
Seuil, « Points Actuels », n° A104, 1991

Une certaine espérance
Conversations de Henri Guillemin avec Jean Lacouture
Arléa, 1992
et « Arléa-poche », 1997

Jésuites : une multibiographie
vol. 1 : Les Conquérants
vol. 2 : Les Revenants
Seuil, 1991
et « Points », 2 vol., n° P136 et P137, 1995

Le Citoyen Mendès France
(en collaboration avec Jean Daniel)
Seuil, « L'histoire immédiate », 1992

Voyous et Gentlemen
Une histoire du rugby
Gallimard, « Découvertes », 1993

Le Désempire
Figures et thèmes de l'anticolonialisme
(en collaboration avec Dominique Chagnollaud)
Denoël, « Destins croisés », 1993

Une adolescence du siècle
Jacques Rivière et la NRF
Seuil, 1994
Gallimard, « Folio », n° 3017, 1998

Mes héros et nos monstres
Seuil, 1995
« Arléa-poche », n° 21

Montaigne à cheval
Seuil, 1996
et « Points », n° P500, 1998

Histoire de France en cent tableaux
(en collaboration avec Simonne Lacouture)
Hazan, 1996

Une mémoire républicaine
Entretiens avec Jean-Marcel Jeanneney
Seuil, 1997

La Traversée du mal
Entretiens avec Germaine Tillion
Arléa, 1997

Musique pour l'espérance
Entretiens avec Miguel Angel Estrella
Seuil, 1997

La Passion de l'État
Entretiens avec Edgar Pisani
Arléa, 1998

Mitterrand : une histoire de français
t.1, Les Risques de l'escalade
t. 2, Les Vertiges du sommet
Seuil, 1998
et « Points », n° P744 et P745, 2000

Greta Garbo
La dame aux caméras
Liana Levi/Seuil, 1999

John F. Kennedy
Nathan, « Photo Poche », n° 4, 2000

Mitterrand raconté par... :
Le Roman du pouvoir
(en collaboration avec Patrick Rotman)
Seuil, 2000

Le témoignage est un combat :
une biographie de Germaine Tillion
Seuil, 2000

L'Invention du Grand Louvre
(en collaboration avec I. M. Pei et Émile Biasini)
Odile Jacob, 2001

Voyage dans le demi-siècle
Entretiens croisés avec André Versaille
(en collaboration avec Gérard Chaliand)
Complexe, 2001

De Gaulle raconté à Benjamin
Indigène, 2002

La Raison de l'Autre
Montaigne, Montesquieu, Mauriac
Confluences, 2002

Un siècle pour rien
Le Moyen-Orient arabe de l'empire ottoman à l'empire américain
(en collaboration avec Ghassan Tuéni et Gérard D. Khoury)
Albin Michel, 2002
« Le Livre de poche », n° 4383

Profession biographe
Conversations avec Claude Kiejman
Hachette Littératures, 2003

Montesquieu
Les vendanges de la liberté
Seuil, 2003
et « Points », n° P1348, 2005

Stendhal
Le bonheur vagabond
Seuil, 2004
et « Points », n° P1349, 2005

Robert Capa
Actes Sud, « Photo poche », n° 36, 2004

Haroun Tazieff : une vie en feu
(en collaboration avec France Tazieff)
Glénat, 2004

La Rumeur d'Aquitaine
Stock, 2004

Gamal Abdel Nasser
Bayard, 2005

Éloge du secret
Entretiens avec Hugues Le Paige
Labor, 2005

Une vie de rencontres
Seuil, 2005

Alexandre Dumas à la conquête de Paris
Complexe, 2005

Paroles de Présidents
Dalloz, 2006

Molière et le roi
L'affaire Tartuffe
(en collaboration avec François Rey)
Seuil, 2007

Lois et mœurs du rugby
(en collaboration avec Fabien Galthié)
Dalloz, 2007

Le monde est mon métier
Le journaliste, les pouvoirs et la vérité
(en collaboration avec Bernard Guetta)
Grasset, 2007

L'Algérie algérienne
Fin d'un empire, naissance d'une nation
(préface de Jean Daniel)
Gallimard, coll. « Témoins », 2008

Nos Orients
Entretiens avec Ahmed Youssouf
Éditions du Rocher, 2009

Dialogue ininterrompu au pays des ocres
Entretiens avec Raymond Jean
Éditions de l'Aube, 2009

Les Impatients de l'Histoire
Grands journalistes français de Théophraste Renaudot à Jean Daniel
Grasset, 2009

RÉALISATION : PAO ÉDITIONS DU SEUIL
IMPRESSION : CPI – FIRMIN DIDOT À MESNIL-SUR-L'ESTRÉE (EURE)
DÉPÔT LÉGAL : JANVIER 2010. N° 99832 (97632)
IMPRIMÉ EN FRANCE